Globalization and Its Discontents
by Saskia Sassen

グローバル空間の政治経済学

都市・移民・情報化

サスキア・サッセン

田淵太一　原田太津男　尹春志【訳】

JN147953

岩波書店

GLOBALIZATION AND ITS DISCONTENTS

by Saskia Sassen

Copyright © 1998 by Saskia Sassen

This Japanese edition published 2004
by Iwanami Shoten, Publishers, Tokyo
by arrangement with The New Press, New York.

"Countergeographies of Globalization: the Feminization of Survival"
by Saskia Sassen
Copyright © 2004 by Saskia Sassen

日本語版への序文

グローバルなものをローカル化する

本書で私は新時代の到来を告げる変容の特徴をいくつか理解しようと試みているが、それらは、一九八〇年代に高度先進諸国で、また一九九〇年代には世界の残りの大部分の地域でも出現し始めたものである。グローバル化を理解するために、本書では、国民国家および国家的領域の内奥で生じている力学の重要性に着目するという分析手法を用いた。この接近法に通底する論理は、経済の領域においてであれ、あるいは政治的・文化的領域においてであれ、グローバル化と呼ばれる現象が、国家的領域および国家的制度のなかに部分的に組み込まれているというものである。その意味で、それぞれの国の特殊事情(ここでは日本の例を考えてくだされぱよい)が、今日、われわれがグローバルだと目している主たる諸過程や諸制度を構成する際に、きわめて重要なものとなるのである。

この種のグローバル化理解にとってとりわけ重要なのは日本についての知識である。日本の読者は自国にかんする知識を私が本書で展開した分析上および歴史上の論点にふりむけることができよう。相対的にいえば重厚、複雑かつ捉えどころのないこうした方法で、グローバル化を理解するために必要なのは、グローバルな支配的主体(すなわち、米国、日本のグローバル企業、グローバル市場、国際通貨基金＝IMF、世界貿易機関＝WTOなど)にかんする詳細な知識ばかりでない。さまざまな種類の国家的主体が、こうしたグローバルな主体との相互作用やそれらの課す要求にたいして、どのように貢献し、抗い、交渉を行なうのか、また、たとえば移民のように、力なきグローバルな主体が、どのようにして国家的なものの内部にグローバルなものを生み出す役割の一端を担うのかについて知ることも必要なのである。このことは、われわれが生き抜かねばならない新たな変容を適切に理解するために、多種多様な国の研究者や活動家で構成されるネットワークが必要であることを意味している。というのも、グローバル化を生み出す(そして、それに抵抗し、あるいはそれを「市民のものとする」)作業の一部は、国家レベルや国家より下位の構成単位で成し遂げられるからである。私は、日本の状況にもとづいて、この種のグローバルなものの写像を描けるほど、日本にかんする詳細な知識をもちあわせていない。したがって、本書は、物語の半分を構成するにすぎない。残りの半分は、日本の読者自身にお任せすることにする。私としては、本書で提示する分析上の枠組がその一助となることを願うばかりである。

このように、本書で展開するグローバル化の理解の背後には、通常の把握とはかなり異なるグローバル化概念がある。私に言わせれば、グローバルであることが自明なものに焦点を合わせることでグローバルなものを説明するだけでは十分とはいえない。私の問題意識は、われわれの時代の画期的変容を説明するためには、このグローバル化という用語そのものが、(a)どのように定義され、(b)どのように使用されてきたのか明らかにしなければならないということにも及んでいる。したがって、多くの点で、本書は、現在の変容を説明し、グローバル化を概念化する私の方法を提示するものであるといえるだろう。

本書に一貫して流れる主たる問題設定は、われわれがグローバル化という語で呼ぼうとしているものとは一体何なのかという点にある。実際、私のみるところ、そこには、二つの明確に異なる力学体系が存在するといってよい。そのうちの一つは、世界貿易機関、グローバル金融市場、新たな世界市民主義、戦争犯罪法廷といった明らかにグローバルといえる諸制度や諸過程の形成と関連するものである。単一通貨ユーロの創出や中東欧への拡大を含む欧州連合の最近の特徴的な動向も、多くの点で、この力学体系にかかわるものであるといってよい。こうした力学が作動する実際上の活動や組織形態が、典型的にグローバルな規模で展開されているとみなされるものの構成要素となっているのである。

だが、もう一つの諸過程の集合が存在することにも注目しなければならない。私の主張は、それは必ずしもグローバルな規模で展開するものではないが、たしかにグローバル化の一部を構成するものである、というところにある。世界全体でというわけではないが、その大部分で、そうした諸過程が生起しているのは、実は、ほとんどの場合、国家的な単位で構成されてきた領域や制度的領域の内部においてなのである。国家的な環境、実際には、その下位の構成単位の環境のなかに局所化されているにもかかわらず、そうした諸過程が、グローバル化の一部を構成するようになるのは、それが国境を越えたネットワークや構成体にかかわるものである一方で、そうしたネットワークや構成体が、多様な局所的あるいは「国家的」諸過程や諸主体を結びつけ、あるいはそれらを結節点とするものだからなのである。多くの人権擁護団体や環境保護団体と並んで、グローバルな政治課題(そういうものとして明らかなケースばかりではないが)にかんして特定の局所的な闘争に従事する国境を越えた活動家のネットワークを、私は、そうした諸過程のなかに含めている。また皮肉なことに、大部分の反グローバル化運動もそれに相当するだろう。だが、国家が担う役割の特定の側面もまたそこには含まれる。たとえば、ますます多くの国で実行されている特定の金融・財政政策は、グローバル市場の構成にとって決定的に重要なものとなっているし、労働市場の構成要素、とくにグローバル都市のそれは、たとえローカルな職やローカルな労働者にかんするものであっても、グローバル労働市場の一部を構成するという状況が生み出されているのである。私は、各国の法廷で、国際人権の法文書が使用されていることも、そうした過程に含まれると考えている。最後に、いまだにローカルな問題や闘争に執着する偏狭な地方的形態をまとったグローバル政治や想像領域とみなしうるものや、一度も国境を越えたことがなくても自分たちが他地域の同種のローカルな取り組みを包含するグローバルで水平的なネットワークの一部を構成していると考えている主体も含まれるだろう。

次に、グローバルなものを研究する際には、明らかに規模からみてグローバルといえるものだけでなく、規模的にはローカルなものであるが、グローバルな力学と接合した実際上の活動や諸条件にも焦点を合わせる必要がある。また、主体が自らの地方性にこだわり、グローバルに行動するものでない場合でも、さまざまなローカルな現場の国境を越えた結びつきが増え続けているという事実にも目を向けねばならない。さらに、グローバル資本市場といったグローバル規模での力学の多くが、実際には、国家よりも下位の構成単位やそうしたさまざまな規模の活動や組織形態のあいだの動きのなかに、部分的にではあれ組み込まれているということを認識することも必要である。たとえば、グローバル資本市場は、グローバルな広がりをもつ電子取引市場と局所的な場に組み込まれた諸条件、すなわち「各国」金融市場のグローバルなネットワークの双方をつうじて構成されている。要するに、こうした研究の対象として選び出される包括的なグローバルな力学(全般的な相互依存、時空の圧縮、新たなグローバルな諸制度)に加えて、国家的な構成要素やローカルな構成要素も同様に扱うわけである。われわれは、多様な場をもつシステムを取り扱っているのであるが、そこには、国民国家や他の国家的主体の作動にかんする、特殊で高度に特化した側面が含まれている。

グローバル経済の大部分を組織し管理している、四〇かそこらの大規模なグローバル都市(ニューヨーク、ロンドン、サンパウロなど)と小規模なグローバル都市を一例としてあげることができよう。国家内の一部を占めるこれらの都市では、多様なグローバルな回路が交差し、それによって、多くの場合、そうしたグローバル都市は、国境を越える高度に特化した地理的構造のなかに位置づけられることになるのである。こうした地理的構造の各々は、通常、明確な範囲を有し、特徴的な活動や主体からなっている。自らが含まれるグローバルな回路の数が限られる都市もある。そうした回路は、グローバルというよりも地域的なものとなる場合が多い。ここで重要なのは、各国の主たる国際ビジネス・金融センターごとに、回路のもつ特定の地理的構造が異なるものになるという点にある。たとえば、少なくとも、サンパウロをグローバルな力学に結びつける回路の一部が、フランクフルトやヨハネスブルク、ボンベイのものと違っているということは容易に理解できるであろう。さらに、重複する回路の組み合わせに違いのあることが、国境を越えた地理的構造にも違いを生み出す一因となっている。一例を挙げるならば、今日、急速に増大する国境を越える回路に上海が接合されるという地理的構造の新たな構成に加えて、ニューヨーク、マイアミ、メキシコシティ、サンパウロ間の取引の増大といった旧来のヘゲモニー関係によって特徴づけられる地理的構造が強化されるという事態をわれわれは目の当たりにしている。この種の分析によって手にすることができるグローバル化の構図は、グローバル市場や国際貿易あるいはそれと関連する超国家的な諸制度を中心としたものとは異なる。だが、前者に着目することが後者に優るということではなく、これまでもっとも慣れ親しんだ着眼点である後者では、もはや十分でないということなのだ。

本書で焦点を合わせた多様な事例には、グローバル都市にかかわるものも含まれている。本書の鍵を握るのは、グローバルな力学と国民国家の特殊な構成要素が織り成す特定の相互作用である。これは、私が、グローバルなものの一部が国家的なものに組み込まれることを重視しているからでもあり、おそらくその象徴となるのが、グローバル都市だからである。本書の主張の眼目は、グローバルなものに固有の構造化が、国家的領域として歴史的に構成され制度化されてきたもののなかに定着しているかぎり、さまざまな交渉の余地が生み出されるという点にある。私が述べるとおり、国民国家や国家的領域の特定の構成要素が、萌芽的にではあるが高度に特化し、部分的に脱国家化し、今日明らかになっている一連の諸結果をもたらしたのである。この過程は、イギリス、アルゼンチン、タイといった諸国ほど、日本(あるいは米国)では切迫したものとなっていない。

だが、別の事例に注目するならば、グローバルなネットワークのうえにローカルなものを位置づけなおす際に、双方向技術、とくにインターネットを中心とした新たなコンピューターが果たす役割を見出すことができる。このことは、ローカルなものをどのように概念化するのかという決定的に重要な課題へとわれわれを誘うであろう。この新技術をつうじて、金融サーヴィス業は、グローバルに拡大し続けるミクロ環境を提供する。だが、資源に乏しい組織や家計とて同じである。つまり、それらもまた、活動家組織あるいは移民家計と同様に、グローバルな広がりをもつミクロ環境となりうるのである。こうしたミクロ環境は、はるか遠くに位置する他のミクロな環境に適応しているが、それによって、多くの場合、ローカルなものという概念のなかに重層的に織り込まれているコンテクスト概念、ならびに、物理的な近さがローカルなものの特性あるいは指標の一つであるという概念を揺さぶる可能性がある。こうした方向で、ローカルなものを根底から概念化しなおすためには、ローカルという尺度で括られるものが、不可避的に、ローカル、地域、国家、国際と続く規模の階層的な入れ子構造の一部をなすという概念を少なくとも部分的に拒否することが必要となる。いまや、ローカルという尺度で括られているものは、外国で別のローカルという尺度で括られるものと直接相互作用することが可能となり、そのことが横型あるいは水平型のグローバル性を形成するのに寄与しているのである。

最後に、次のことを述べてこの序文を締めくくるとしよう。まず、こうした類の諸過程と諸主体をグローバル化の一部とみなす研究のなかでとくに取り組まねばならない課題として、国家的なものとして経験され表象され続けているが、いまやグローバルなものに転じているもののいくつかを解読する必要がある。第二に、この種の接近法が重視するのは、グローバルなものが、二者択一のものではなく、部分的であり、動態的であり、ミクロ的なものであって、たんなるマクロ的な現象ではない、という点である。そのような解読作業には、ある国の政治経済的構造にたいする深い知識と理解だけでなく、その文化的な諸活動や社会的な想像領域についても知り、理解する必要がある。

サスキア・サッセン

二〇〇四年一月

目次

序章　グローバル化に対抗する地理的力学——生き残りの女性化(1)

過去一〇年間、国境を越えるさまざまな回路のなかで女性の存在は無視できないものとなってきた。こうした回路は、きわめて多様であるが、一つの特徴を共有している。つまり、それらはすべて、真の意味で不利な状況に置かれた人々にもたれかかって発展した利潤形成もしくは歳入創出回路なのである。そこには、セックス産業、そしてフォーマル、インフォーマルを問わず、さまざまな種類の労働市場に送り出される非合法な人身売買が含まれている。また、そこには合法、非合法双方の国際移民が含まれており、彼らが、本国政府にとって交換可能通貨を獲得する重要な源泉となっている。こうした回路の形成と強化は、かなりの部分、より広い構造的諸条件が生み出した一つの結果である。そうした諸条件から出現し、こうした特定の回路を具現化した重要な主体の一つが、ほかならぬ仕事を求めている女性たちなのである。だが、そのほかにも、移民の本国政府だけでなく、非合法の人身売買業者や請負業者もそうした主体に含まれており、しかもその傾向は強まるばかりである。

私は、こうした回路をグローバル化に対抗する地理的力学という概念によって表現している。それは、グローバル化を構成する主要な力学の一部、つまりグローバル市場の形成、国家および地方を越えたネットワークの増大、既存の監視活動を容易にかいくぐる通信技術の発展と深く重層的に結びついている。新しいグローバルな回路の強化、また場合によってはその形成そのものが、グローバル経済とそれと結びついた国境を越えるマネー・フローや市場を支えるさまざまな制度の発展に組み込まれ、可能になっているのである。(2) こうした対抗的な地理的力学は動態的なものであり、その立地上の特徴は変化し続けている。そして、それらは、ある程度までは地下経済の一部であるが、明らかに正規の経済の制度的インフラストラクチャーの一部を活用しているのである。(3)

本章では、こうした対抗的な地理的力学の主要な特徴のうち、とくに外国生まれの女性にかかわるものの位置づけを行なう。この位置づけの論理は、一方では、生き残りのための、また利潤形成のための、そして交換可能通貨を獲得するための代替回路が存在し、他方でまた、経済のグローバル化と関連する発展途上国の主要な諸条件が存在しており、その両者が構造的に結びつきうる、というものである。そうした条件としてあげることができるのは、失業の増大、輸出市場ではなく国内市場志向をもつ数多くの典型的中小企業の閉鎖、巨額の(そして多くの場合、増大傾向にある)政府債務などである。こうした諸条件をともなう経済は、しばしば発展途上という名の下に一括りにされるが、低迷あるいは停滞し縮小している経済の場合もある。だが、単純化のために、この種の状況を手短に表現する用語として、発展途上という語を用いることにしよう。

新たな概念的見取り図の位置づけ

女性をますます編入しつづけているさまざまなグローバルな回路が強化されてきた時期は、経済のグローバル化と結びついた主要な力学が発展途上国に重要な影響を及ぼしてきた時期と重なり合う。発展途上国は、これまでも、新たな政策体系を実行に移し、グローバル化と関連する新しい諸条件に適応しなければならなかった。そうした政策として、構造調整プログラム(Structural Adjustment Programs: SAPs)、外国企業にたいする経済の開放、多様な国家補助の撤廃があげられる。だがそれらは、ほぼ不可避的に金融危機をひきおこし、一般に流布している、実際的な解決策がＩＭＦによって強制された。いまや明白なことに、メキシコであれ韓国であれ、当該諸国の大部分で、こうした諸条件は経済の特定部門と住民に膨大なコストを課すだけで、政府債務を根本的に削減するものでない。

これら諸国に課されたこうしたコストとしてとくに際立っているのが、失業の増大、多くの場合、現地市場あるいは国内市場をもつ、かなり伝統的な部門に属する無数の企業の閉鎖、現地市場や国内市場向けの生存維持的農業・食料生産から輸出志向性を強める換金作物生産促進への転換、そして大部分が重荷と化した政府債務負担の増大である。

この二つの事態の展開(上述のさまざまなグローバルな回路のなかで途上国経済出身の女性の存在が無視できなくなっていることと、その同じ経済で失業と債務が増大していること)は、構造的に結びついているのだろうか。このことを実質的に明らかにする一つの方法は、次のように仮定してみることである。つまり、(a)そうした諸国の大部分で男性の雇用機会が縮小していること、(b)その同じ諸国の幅広い経済部門がますます多くの外国企業を受け入れ、輸出産業を発展させる方向に圧力がかけられるにつれて、より伝統的な形態の利潤形成機会が縮小していること、そして(c)部分的にはこれらの諸条件と債務履行義務の負担によって、こうした諸国の多くで政府歳入が減少していること、そして、これらすべてが要因となって、(d)生計を立て、利潤を生み出し、政府歳入を確保するための代替的な手段の重要性が高まっている、という仮定である。

これら四つの諸条件のどれを実証するにしても、不完全で部分的なものにならざるをえない。だが、上述の最初の三点については、専門家のあいだで一致した見解が生まれつつある。私がさらに考察を進めて仮定しているのは、これら三つの条件が拡大し、発展途上の、通常は低迷している経済にとっての新たな政治経済的現実のなかに、いっそう浸透してきている、ということであり、そしてまさにこうした背景をうけてはじめて、先の第四の動態的変化が生み出されている、ということである。私が仮定しているのは、また、こうした状況のなかで、その接合関係が自明でもなく、具体的な形姿をとっていないことが多いとしても(次節で論じるように、実際、開発全般における女性の役割を理解しにくくしている理由の大部分は、この事情からくるものであるが)、こうした諸条件のすべてが、発展途上のあるいは低迷している経済出身の女性の生活構成要素として立ち現れてきた、ということである。たしかに、これらは、多くの点で、昔からある条件である。今日、異なっているのは、それが急速に国際化し、かなりの程度制度化されているという点である。

私が分析にあたっておもに試みたのは、次の二つの事象のあいだの構造的な結びつきを明らかにすることである。つまり、一方で、貧しく、低所得であり、その意味で付加価値の低い者とみなされ、資源というよりは負担としてしばしば表象されるものと、他方で、とりわけ地下経済において利潤を生み出し、政府歳入を増やす重要な源泉として現れつつあるものの間の関係である。売春と労働移民は、生計手段として、また、セックス産業や労働者として働かせるための女性および子供の非合法な人身売買は、利潤形成手段として、ともに重要度を増しており、そして移民による送金は、労働者の組織的な輸出とともに、こうした政府の一部にとって重要な歳入源となっているのである。これまでに女性は、売春やセックス産業向けの人身売買の対象となる主たる集団であり、労働移民でも主たる集団となっている。外国生まれの女性を雇用し使用することが、たとえば売春のような非合法・非倫理的な産業から、看護のような高度に規制された産業にいたるまで、ますます多くの経済部門に広がっている。

こうした回路は、部分的ではあるにせよ、生き残りの女性化(feminization of survival)と呼びうる現象を示していると考えることができる。というのも、こうした形態の生計、利潤形成、政府歳入確保は、ますます女性に支えられないかぎり実現できないようになっているからである。したがって、生き残りの女性化という概念を用いて私が言おうとしているのは、世帯および実際にはコミュニティ全体がその生き残りのために女性に依存する度合いを強めているということにとどまらない。私が重視したいのは、政府もまたこうしたさまざまな回路で女性が稼ぐ収入にたいする依存をいっそう深めており、さらに「合法」経済の周縁部に利潤形成の手段をもっているような企業も同様だ、ということなのである。最後に、回路という用語を使用する際に強調したいのは、こうした力学がある程度制度化されており、それらは個々の行動の単純な集計ではない、という点である。(4)

本章でこれまで述べてきたことは、実際、一つの概念的見取り図を提供するものである。データは、その議論自体を証明するのに適切ではない。しかしながら、データの一部がありさえすれば、こうした展開のうち説明できる側面もある。さらに、互いに関連づけて収集したものではないが、上で提示した相互連関の一部を説明するためのデータは、列挙可能である。また、女性や債務にかんしては古くから文献の蓄積があるが、それらは、一九八〇年代の政府債務の増大と関連して、いくつかの発展途上国で実施された第一世代の構造調整プログラム（SAPs）に注目したものである。そうした文献は、このプログラムがどれほど女性に偏重して負担を課してきたかについて、証明してきた。(5)また、今日では、第二世代のプログラムにかんする新たな研究もある。そうしたプログラムは、一九九〇年代のグローバル経済の出現とより直接的な形で結びついたものであり、その一部については本章でも後ほど取り上げている。だが、こうしたさまざまな情報源のすべてが、ここで仮定している現実の力学を十分実証的に確定するために積み上げられたものというわけではない。とはいえ、それらのおかげで、その一部は証明可能なのである。

グローバル経済におけるジェンダー化の戦略的な例証

これまでにも、国際経済の諸過程で女性が果たす役割を復権しようとする、かなり長期にわたる研究および理論化の試みが存在する。この初期の研究文献の大部分で行なわれたおもな試みは、普通詳細に説明されてはいないが、国際的な経済開発研究の焦点が過度に男性中心となっている偏向を修正するというものであった。主流派開発論の文献では、多くの場合、おそらくは無意識のうちに、ジェンダーという点になると、こうした諸過程がまるで中立的であるかのように描かれてきたのである(6)。

私のみるところ、グローバル化は、女性が中心的な役割を演じる一連の力学をも生み出している。そして現行のグローバル化の諸過程にかんする新たな経済系文献は、またしてもこの新たな経済局面がまるでジェンダー中立的であるかのように取り扱っているのである。こうしたジェンダーをめぐる力学は、グローバル経済の主流部分との接合という観点からは、見えなくなってきたものである。この一連の力学は、女性の役割、とりわけ移民女性であるという条件が決定的となる、国境を越える上述の代替回路のなかに見出すことができる。こうしたジェンダーにかんする力学は、グローバル経済の主流部分の中心的特徴のなかにも見出すことができるが、このテーマは本章の議論の対象外である(7)。思うに、そうした現在の展開は、長い歴史の一部として理解する必要がある。というのも、そのなかで、重要な経済諸過程において女性が果たす役割を隠しようがなくなってきたからである。

経済の国際化にかんする近年の歴史においてジェンダー化を研究するにあたっては、二つの局面がすでに存在したことが確認できる。両者はともに、今日も継続している諸過程に関心を払ったものであったが、より最近の変容に焦点をあわせた第三の研究局面では、多くの場合、この過去の二つの局面で提起されたカテゴリーや研究結果を精緻化することに取り組むものである。

第一の局面は、典型的には外国企業によって実行される換金作物と賃金労働一般の移植にかんする開発研究であり、また、世帯の生産と生存維持的農業をつうじて男性の賃金労働を女性が補助する力学にその移植が部分的に依存していることを明らかにした開発研究である。ボズラップ、ディーアその他多くの研究者が、豊富かつ意味ある膨大な研究を残しており、この力学に多様な形態が存在することを明らかにした(8)。生存維持部門と近代資本主義企業は、結びついていないどころか、ジェンダー力学をつうじて接合されていることが明らかになっている。さらに、このジェンダー力学は、この接合を覆い隠していた。生存維持経済で食料その他の必需品を生産する女性の「隠された」仕事こそが、多くの場合、輸出に力を注ぐ商業的大農場や鉱山における極端な低賃金の維持を可能にする要因となっていたのである。それによって、いわゆる生存維持部門の女性は、だいたいにおいて貨幣化されない生存維持的生産をつうじて「近代化された」部門の資金調達に貢献した。だが、標準的な開発研究では、生存維持部門は、せいぜい近代部門にとっての足かせや後進性の指標としかみなされていなかった。それは、標準的な経済分析では測定されなかったのである。フェミニスト分析が明らかにしたのは、この近代化過程のもつ現実の力学であり、それが生存維持部門に依存しているということな

のだ。(9)

第二の局面は、製造業生産の国際化とそれにともなう労働者の女性化にかんする研究である。(10) この研究がおもに分析した要素は、低コストで生産された財の輸入圧力が高まるなか、これまでだいたいにおいて工業経済の外部に取り残されてきたより貧しい諸国の女性労働が、海外生産を進める製造業の職に偏って動員されている、ということであった。この点にかんして、この分析は、たとえば、その国の発展水準にかかわりなく、なぜ特定の産業、とりわけ衣料や電子製品組立といった産業において女性が支配的となるのかといった国家単位の論点とも接点をもつものであった。(11) 世界経済の視点からみれば、海外生産向けに女性化した労働者が形成されたおかげで、企業は、資本送出国でますます強力になる労働組合から逃れ、海外で組み立てられ再輸入される財の価格競争力を容易に確保できたのである。

新たに登場しつつある女性とグローバル経済についての第三の研究局面は、ジェンダー化、女性の主観性、女性の成員資格の変容を強調する諸過程をめぐるものである。こうした研究は、多くのさまざまな研究を表象するものである。なかでも本章で議論する主題にとって、もっとも豊富で適切なものは、女性移民にかんする新たなフェミニスト研究である。それは、たとえば、国際移民がジェンダーのパターンをどのようにして変化させるのかという論点や、国境を越える世帯の形成がいかにして女性の権利拡大に貢献するのかといった論点を検証するものである。(12) また新たな形態の国境を越える連帯、つまりフェミニスト的な主体性を含む新たな主体性を表象する集団帰属とアイデンティティ形成の経験に焦点をあわせた新たな重要な研究も存在する。[13]

一つの重要な方法論的問題は、フェミニスト的な視点から国際経済の諸過程を研究することが可能となる戦略的な拠点とは一体どこなのか、ということである。輸出志向の農業の場合、この戦略的拠点とは、生存維持経済と資本家的企業のあいだの結びつきである。また、製造業生産の国際化の場合、戦略的な拠点とは、先進国経済の労働力の大部分に利益が波及する主要産業において、たいてい男性で構成されてきた従来の「労働貴族」の崩壊と、新旧の成長部門においてほぼ女性労働者で構成される海外低賃金の形成とのあいだの結びつきということになる。（結局は、成長産業となる産業で雇用される）こうした労働者のオフショア化と女性化によって、労働者は、実際の組合権力を有し権限付与された「労働貴族」にはなれなかったし、多くは男性で構成される既存の「労働貴族」よりも強力になれなかった。経済諸過程をジェンダーから理解する視点に立つことによって、こうした結びつきがあらわになる、つまりそうした結びつきが、操作可能な現実として、また分析的な戦略として存在していることがわかるのである。

今日、グローバル化を導いている諸過程において戦略的な拠点とは何か。別稿において、筆者は、現行のグローバル経済システムの主要な特徴を明らかにするという視点から、この論点について検討した。[14] そこで私が注目したのが、グローバル都市であり、この場こそがグローバルな経済諸過程の特化したサーヴィス、金融、経営の戦略的拠点となっているのである。また、こうした都市は、戦略的部門に奉仕する諸活動に無数の女性および移民を編入する拠点ともなっている。だが、この編入様式をつうじて、そうした労働者がグローバルな情報経済の一部であるという事実は視界から消えてしまい、それによって、(歴史的には先進国経済で見られたとおり)基幹産業で労働者になれば、「労働貴族」もしくはその現代的な相当物になる機会を得られる、という結びつきは断ち切られてしまう。その意味で、「女性と移民」は、海外労働者の構造的等価物として立ち現れている。さらに、グローバル都市におけるトップレベルの専門労働者と管理職労働者にたいする需要がきわめて高いために、通常の家事を処理する様式や生活様式は不適切になってしまった。その結果、われわれは、世界中のあらゆるグローバル都市において、いわゆる「給仕階級」の復活を目の当たりにしているが、彼らは大部分移民と移民女性によって構成されているのである。[15]

ここで私が関心を寄せるグローバルな代替回路は、グローバル都市の視点からではなく発展途上経済の視点からも、こうしたグローバル化の力学にもう一つの例証を与えるものである。経済のグローバル化は、局所的に展開する多様な事象のなかで理解する必要がある。だが、その多くが、一般的にはグローバル経済と何らかの関係があるものとして規範化されているわけではない。次節では、まずグローバルな代替回路の局所化、つまりグローバル化に対抗する地理的力学のいくつかを実証的に特定することからはじめよう。この特定化の作業は、データが不適切なものであるために、部分的なものとならざるをえない。だが、それでも、その主要な側面のいくつかを例証する一助となるであろう。

政府債務

債務と債務履行義務問題は、一九八〇年代から続く発展途上国の構造的特徴となってきた。それらは、グローバル化に対抗する新たな地理的力学の形成を内包する構造的特徴でもある、というのが私の見解である。それが女性および生き残りの女性化におよぼす影響は、債務それ自体というよりは、債務の特定の側面によって媒介されている。この論理をつねに念頭におきながら、本節では、発展途上経済における政府債務のさまざまな特徴について検討する。

そのような債務が女性や子供にたいする政府のプログラム、とりわけ教育や保健医療(それらがよりよい未来を保証するために必要な投資であることは明らかである)におよぼす決定的な効果を明らかにする研究には、かなりの蓄積がある。さらに、通常、政府債務を解消するために国際機関が実行する緊縮財政政策や調整政策によって増大する失業も、女性に悪影響をおよぼすことがわかっている。[16] 世帯における女性自身の失業とより一般的には男性の失業の双方が圧力となって、女性は世帯の生き残りを確保する手段を探さねばならない羽目に陥ってきた。生存維持的食糧生産、インフォーマルな仕事、移民、売春はすべて、女性が生き残りのためにとる選択肢として成長してきたものである。[17]

過重な政府債務と高失業によって、生存のための代替手段をみつける必要性が生じ、また、正規の経済機会の縮小によって、企業や組織による非合法の利潤形成を活用する余地が広がることとなった。

これと関連して、重債務負担は生き残りのための、そして利潤形成、政府歳入増大のための対抗的な地理的力学を形成するのに、重要な役割を演じている。経済のグローバル化は、ある程度、この債務の特定の構成要素を急速に増大させるという事態をもたらし、国境を越えたフローとグローバル市場のための制度的なインフラストラクチャーを提供してきた。経済のグローバル化が、グローバルな規模で対抗的な地理的力学が作動するのを促進しているとみなすことができるのである。(18)

一般的に、一九八〇年代に重債務国となった諸国の大部分は、この問題が解決不能となった。また九〇年代には、まったく新しい諸国が重債務国となっている。過去二〇年間にわたって、多くの技術革新が始まってきたが、そのなかでもIMFと世界銀行がそれぞれ構造調整プログラム（SAPs）と構造調整貸付をつうじて行なったものが、もっとも重要である。後者は、特定のプロジェクトに資金を提供するのではなく、経済政策改革と結びついたものであった。そのようなプログラムの目的は、国家をより「競争的」なものにすることに置かれ、それは、通常、さまざまな社会プログラムにおける政府支出の急激な削減をもたらした。九〇年までに、そのような貸付は、ほぼ二〇〇件に達している。また八〇年代には、レーガン政権が、多くの諸国にたいしてSAPsと類似の新自由主義的政策を実行するよう大きな圧力をかけた。

SAPsは長期的な成長と健全な政府政策を確保する有望な方法であるとして、世界銀行やIMFにとっての新たな規範となった。だが、こうした諸国はどれも依然として重債務状態にあり、そのうちの四一か国がいまや重債務貧困国とみなされている。さらに、こうした債務の現実の構成、その履行義務、そしてそうした諸国が債務国となった経緯をみれば、そのほとんどの国が、現行の条件で債務を完全に弁済できる見込みは低いことがわかる。(19) SAPsは、経済改革を要求し、実際には、失業と多くの国内市場志向の小規模企業の倒産を増大させたことによって、いっそう見通しが暗くなったように思われる。

一九九〇年代の経済危機の前でも、南に属する貧困諸国の債務は、八〇年の五〇七〇億ドルから九二年の一兆四〇〇〇億ドルにまで増大していた。債務の元利払いだけでも一兆六〇〇〇億ドルにまで増大し、現実の債務よりも多い。さらに、今日、広く認識されているように、南の諸国は、すでにその債務の数倍におよぶ支払いを行なっているにもかかわらず、債務そのものは二五〇パーセントも増大したのである。なかには、八二年から九八年にかけて、重債務国は本来の債務額の四倍も支払ったのに、債務ストックも同時に四倍増えてしまっているとの推計もある。(20)

だが、これら諸国は、債務の元利払いのために歳入総額のかなりの部分を支払い続けている。四一か国の重債務国のうち三三か国が一ドルの開発援助を得るために、北側諸国にたいして三ドルの債務の元利払いを行なっていることになる。こうした諸国の多くが、政府歳入の五〇パーセント以上、輸出収入の二〇パーセントから二五パーセントを、債務の元利払いのために当てているのである。(21)

こうした債務負担は、まちがいなく国家支出の構成に大きな影響を与える。この好例となるのが、ザンビア、ガーナ、ウガンダである。これら三か国は、SAPsを効果的に実行してきただけでなく、世界銀行によって協力的で責任ある国とみなされてきた。たとえば、ザンビアでは、政府は債務に一三億ドルも支払っているが、初等教育には三七〇〇万ドルしか支出していない。ガーナの社会支出は、七五〇〇万ドルで債務元利払いの二〇パーセントでしかない。またウガンダの債務元利払い額は、一人当たり九ドルにもなるが、保健医療には一ドルしか支出していないのである。[22] 一九九四年の時点で、北側の銀行に送金された額は、これら三か国だけでも二七億ドルにもなる。アフリカの債務弁済額は、一九九八年には五〇億ドルに達し、それは、一ドルの援助にたいして、アフリカ諸国が一・四ドルの債務元利払いを行なっている計算になる。

ＧＤＰに占める債務元利払いの比率は、多くの重債務国で持続可能な限界を超えてしまっている。多くの国が、一九八〇年代のラテンアメリカ債務危機において管理可能とみなされた水準すらはるかに超えているのである。[23] ＧＤＰに占める債務の比率は、とくにアフリカで高く、一二三パーセントにもなり、ラテンアメリカの四二パーセント、アジアの二八パーセントと比較しても際立っている。[24]

こうした現在の状況の特徴からわかるのは、こうした諸国の大部分が、ＳＡＰｓのような現行の戦略では重債務状態から抜け出すことができないということである。実際、ＳＡＰｓは多くの場合、国の債務依存度を高める効果をもってきた。さらに、他のさまざまな力学ともあわさって、ＳＡＰｓは、失業と貧困の増大の一因ともなってきたのである。

これとの関連で、東南アジアにおける最近の金融危機は示唆的である。実際、東南アジア諸国は、かつてはきわめて活力に富む経済であったし、いまもなおそうである。だが、これら諸国は、高水準の債務と広範囲にわたる企業や部門の経済的破綻という状況に直面せざるをえなくなった。（その構造とそれがもたらした結果の双方をつうじて）金融危機は、構造調整政策を課した結果、国内市場および輸出市場向けに活動する中小企業が広範囲にわたって破綻したために失業と貧困が増大する、という事態を招いたのであった[25]。政府の自律性を縮小するSAPsの導入を認めた一二〇〇億ドルにもおよぶ支援パッケージは、多数の人々の貧困や失業を解消するためではなく、外国の機関投資家の損失を補塡するために使われた。IMFをつうじた危機管理は、かえって失業者や貧困層の状況を悪化させているとみなすものもいるほどである。

生き残りのための代替回路

まさしくこうした背景の下で、生き残りのための代替回路が現れ、それが、こうした諸条件と接合しているとみなすことができる。私の解釈によれば、その特徴となっている構造的な諸条件とは、高失業、貧困、多数の企業の倒産、社会的ニーズを満たすための国内資源の減少などである。ここで私が注目したいのは、セックス産業その他で働かせるために人身売買される女性にかんする一部のデータである。それによって、利潤形成の選択肢としてこうした人身売買がますます大きな比重を占めるようになっており、多くの送出国の経常収支に占める移民送金の比重が高まっているという事態が明らかになっているからである。

女性の人身売買

人身売買とは、労働やサーヴィスに従事させることを目的として、国家内部や国境を越えて、人々を強制的に募集し輸送することを意味する。それには、さまざまな形態があるがいずれもが強制を伴うものである。人身売買は、人権、市民権、政治的権利といった明確ないくつかの種類の権利を侵害するものである。人身売買は、おもにセックス市場、労働市場、非合法移民と関連しているように思われる。国際条約や国際憲章、国連決議、さまざまな団体および委員会など、多くの司法上の取り組みが、人身売買問題を解決するためになされてきた。[26] NGOもまたますます重要な役割を果たしている。[27]

セックス産業に従事させるための女性の人身売買は、そうした取引を行なうものにとってきわめて高い利潤源泉となっている。国際連合の推計によれば、一九九八年に四〇〇万人の人が取引され、犯罪者集団に七〇億ドルもの利潤をもたらした。[28] この金額のなかには、こうした諸国における売春婦の収入と黒幕や斡旋者への支払いが含まれている。日本では、セックス産業のあげる利潤は、過去数年にわたって年当たり約四兆二〇〇〇億円になる。ポーランドでは、引きわたされる女性一人当たりにつき、人身売買業者は、約七〇〇ドルを受け取ると警察は推計している。オーストラリアでは、連邦警察の推計によると、二〇〇人の売春婦が生み出すキャッシュ・フローは、週当たり九〇万ドルにのぼる。ウクライナとロシアの女性は、セックス産業では高く評価されており、引きわたされる女性一人当たり約五〇〇ドルから一〇〇〇ドルを犯罪組織は稼いでいる。こうした女性は、一日平均一五人の顧客にサーヴィスすると期待できるので、月額では一人が二一万五〇〇〇ドルを組織のために稼ぎ出すと推測できるのである。(29)

近年、数百万人もの女性および女子児童がアジアや旧ソビエト連邦内外で売買されているとの推計があり、両地域は主要な人身売買地域となっている。この二つの地域における人身売買の増大は、貧困に追いやられた女性や、家計や両親の貧困ゆえに斡旋業者に売り渡された女性と関連づけることができる。旧ソビエトに属する共和国における高失業は、女性の人身売買の増大のみならず、犯罪組織の巨大化を促進する一つの要因となってきた。アルメニア、ロシア、ブルガリアそしてクロアチアにおける女性の失業率は、七〇パーセントに達し、ウクライナでは、市場政策の実施により、失業率は八〇パーセントを示している。実際、経済的な必要性が売春産業に参入する決定要因であることを示す研究もいくつか存在する。(30)

移民の売買もまた利潤率の高いビジネスとなっている。(31) 国連報告によれば、一九九〇年代に犯罪組織は、(女性にかぎらず)移民全般の人身売買によって年当たり三五億ドルの利潤をあげたと推計されている。近年における移民売買の展開の一つは、こうした組織犯罪の関与にもとめることができる。過去の移民取引においては、この種の人身売買に従事する犯罪は、大部分とるにたらないものであった。また、犯罪組織が、いくつかの諸国をまたがる共通のエスニシティで構成されるネットワークをつうじて大陸横断的な戦略的提携を形成しているとの報告もある。この戦略的提携によって、移民の輸送、現地での接触と手配、偽造文書の提供等々が容易になっているのである。グローバル・サバイバル・ネットワークは、二年間にわたって非合法取引に参入すべく偽装会社を設立し調査を行なった後、こうした活動の実態について報告している。[32] また、そうした取引のネットワークは、送出国から受入国へという経路だけでなく、売買される女性の第三国間での循環を促進している。人身売買業者は、女性を、ミャンマー、ラオス、ベトナム、中国からタイに動かす一方で、タイの女性は、日本や米国へと移動させられているのである。[33]

移民受入政策とその実施にかんする特徴のなかには、人身売買の犠牲者となっている女性をさらに傷つきやすく無防備な状態にし、彼女たちに法の訴求権をほとんど与えない要因となっているものもある。かりに彼女たちが不法移民とすれば(実際、そうなる可能性が高いのであるが)、入国、居住、就労にかんする法律に違反しているかぎり、彼女たちは虐待の犠牲者としてではなく、法を犯した犯罪者として取り扱われることになる。[34] 国境での入国管理を強化することによって、不法移民や人身売買に対処しようとする試みは、女性が国境を越えるために人身売買業者を活用する可能性を高めるだけである。そのため、こうした女性たちの一部は、結局、セックス産業と結びついた犯罪組織の一員となってしまうかもしれないのである。

さらに、外国人による売春を禁じている国は多いが、その結果、犯罪組織は売春にかんしてより大きな役割を果たすようになっている。また、その結果、一般的に言って、職にたいするアクセスが制限されている外国人女性の生き残りの選択肢の一つが消失してしまうことを意味する。多くの国は、外国人女性の売春にたいしては寛容であるが、労働市場での正規の職についてはそうではない。これは、オランダやスイスの事例に当てはまる。ＩＯＭ（国際移住機関）のデータによれば、多くのＥＵ諸国で、移民女性売春婦の数は、自国籍人売春婦の数よりも多く、ドイツで七五パーセント、イタリアのミラノでは八〇パーセントにもなる。

自分たちが売春のために売買されているということを知っている女性もなかにはいるが、多くの女性にとって、採用の条件や虐待や拘束の程度は、受入国に着いてようやく明らかになる。監禁条件は極端に悪く、ほぼ奴隷状態であるといってよい。またレイプその他の形態の性的暴力や物理的な体罰を含む虐待の状況も同様である。彼女たちにたいする賃金の過少支払いはひどいものであり、ピンはねされる場合も少なくない。彼女たちは、ＡＩＤＳ感染を防ぐための予防手段を使うことを許されず、通常、医療診療を受ける権利ももたない。彼女たちが警察に助けを求めようとしても、入管法に違反しているために拘束されるかもしれない。偽造文書を与えられていれば、刑事責任を問われかねない。[35]

過去一〇年間にわたって、観光業は、急速に成長し、都市や地域、そして国全体にとっても主要な開発戦略の対象となっている。だが、それとともに、娯楽部門もまた成長を遂げ、一つの重要な開発戦略として認知を得ているのである。[36]多くの場所で、性行為の売買が、娯楽産業の一部を構成するようになり、同様に成長を遂げている。[37]場所によっては、高失業や貧困が政府の歳入や外貨準備にとって絶望的な水準にある地域で、性行為の売買そのものが、一つの開発戦略となりうることが明らかとなっている。現地の製造業や農業がもはや雇用や利潤、政府歳入の源泉として機能しえなくなったとき、かつては所得、利潤、歳入の源泉としては取るに足らないものでしかなかったものが、いまやはるかに重要なものになってしまっているのである。開発においてこうした部門がますます重要になるにつれて、抱き合わせ販売するものも増えているのである。たとえば、ＩＭＦと世界銀行は、観光業を多くの貧困諸国の成長課題の一部を解決するものとみなし、その発展あるいは拡大のために貸付を行なっているが、その際、これらの機関が、娯楽産業や、また間接的には性行為の売買を拡大させる広い意味での制度的環境の発展に貢献していることも十分ありうる。この開発戦略との抱き合わせ販売は、女性の人身売買が今後急激に拡大を遂げる可能性が十分にあることを示している。

性行為の売買や国境を越えるエスニック・ネットワークの形成、観光業の多方面にわたる国際化の進展に犯罪組織が参入していることは、グローバルなセックス産業が、さらなる展開を遂げる可能性のあることを物語っている。これは、ますます拡大する「市場」に参入するために、ますます多くの試みがなされ、この産業の全般的な拡張が起こりうることを意味している。それは、とくにますます多くの女性が、あったとしてもわずかな雇用の選択肢しかもたなくなっている状況においては、まことに厄介な可能性である。失業と貧困が存在し、こうした経済の比較的伝統的な部門に組み込まれた就労機会の枠そのものが縮小し、さらに増大する政府債務負担のために政府が貧困者にたいして社会サーヴィスや支援を行なうことができなくなっている状況を踏まえれば、そのような女性の数はますます増大するものと予想することができる。

セックス産業に従事する女性は、ある種の経済においては、娯楽産業の拡張、それゆえに開発戦略としての観光業の拡張を支える決定的な環となっており、翻って政府の歳入源となっている。こうした抱き合わせは、構造的なものであって、陰謀に左右されるものではない。労働者、企業、政府にそれぞれ生計、利潤、歳入を確保する他の源泉がなかったり、限られたりしている場合には、そうした産業が経済に占める比重が高められることになるだろう。

送金

一般的に女性と移民がマクロレベルの開発戦略に入り込む経路にはもう一つある。すなわち、送金である。送金は、いまや多くの諸国で、政府の外貨準備の主たる源泉となっている。送金のフローは、さまざまな金融市場で日々巨額の取引が行なわれる資本フローと比較すれば軽微なものであるが、発展途上経済もしくは停滞経済にとってはかなり重要なものとなる場合が多いのである。

一九九八年の時点で、移民が本国に送金するグローバルな資金は、七〇〇億ドル以上に達した。[38] この数値がいかに重要かを理解するためには、グローバルな資本フローと比較するのではなく、特定の当該国のGDPや外貨準備と関連づけなければならない。たとえば、一般的に移民の主たる送出国であり、いくつかの諸国の娯楽産業に女性を送っているフィリピンでは、送金は過去数年にわたって外貨準備の三番目に大きな源泉であった。中東や日本、ヨーロッパのいくつかの国にかなりの数の自国労働者を有するもう一つの国であるバングラデシュでは、送金は外貨準備の三分の一を占めている。

労働者の輸出と送金は、政府が失業や外債に対処する手段となっている。政府がこうした戦略によって利益を確保する方法には次の二つがある。一つは、きわめて公式化されたものであり、もう一つは移民過程自体のたんなる副産物にすぎない。公的な労働輸出計画のもっとも説得力のある事例が、韓国とフィリピンである。[39] 一九七〇年代に、成長する海外の建設産業に不可欠の要素として、韓国は、まず中東OPEC諸国、続いて世界中に労働者輸出を促進する拡張的な計画を展開した。韓国自体が経済ブームに突入するにつれて、労働者輸出は、それほど必要でも魅力的な選択肢でもなくなった。これにたいして、フィリピン政府は、失業に対処し、必要な外貨準備を送金によって確保する手段として、自国市民を輸送するという考えを、どちらかといえば拡張し多様化した。次に、本章の核心に位置する一連の論点全体を例証するこの事例を検討してみよう。

フィリピン政府は、フィリピン海外雇用庁(POEA)をつうじて、米国、中東、日本にフィリピン女性が移民する際に重要な役割を果たしてきた。POEAは、一九八二年に設立され、世界中の需要の高い地域向けに看護師とメイドの輸出を組織し監督した。過重な対外債務と高失業が組み合わさって、この政策は魅力的なものとなった。フィリピン人海外労働者は、過去数年にわたって年平均一〇億ドルの送金を行なっている。他方で、さまざまな労働力輸入国は、それぞれの理由でこの政策を歓迎した。中東のOPEC諸国では、一九七三年の石油ブーム以後、国内労働需要が急速に増大していた。看護師は、訓練に数年を要するにもかかわらずかなり低い賃金しか手にすることのできない専門職であるが、その急激な不足に直面して、米国は、一九八九年移民看護師救済法を可決し、看護師の輸入を認めた。[40] また、日本も、八〇年代に、可処分所得の上昇と深刻な労働力不足を特徴とする急成長経済に「興行労働者」が参入することを認める法律を通過させた。[41]

また、フィリピン政府は、外国人男性と結婚することを目的に若いフィリピン女性を募集する通信販売型の花嫁斡旋所を契約取り決めの問題として許可する法令を通過させた。こうした取引が急速に増大したのは、おもに、政府による組織的な努力によるものである。主要な顧客が、米国と日本であった。日本の農業コミュニティが、このような花嫁の主たる行き先であった。日本経済が好景気に沸き、大都市地域での労働力需要がきわめて高いときに、日本の農村部では、著しい人手不足、とりわけ若い女性が不足していたのである。地方自治体は、フィリピン人花嫁を受け入れることを一つの政策にしていた。

こうしたチャンネルをつうじて海外、とりわけアジア諸国に渡ったフィリピン女性は、メイドとして就労する人数がもっとも多い[42]。次に多く、もっとも成長著しいのがおもに芸能関係者で、おおむね日本に渡航している[43]。芸能関係者として渡る移民の数が急増しているおもな理由は、国家の傘をはずれフィリピンで営業する五〇〇以上にも達する「興行手配師」が存在するからである。とはいえ、政府は依然としてこうした労働者の送金から利益を得ているといえるのだが。こうした手配師が、日本のセックス産業に女性を供給する役割を果たしている。そして日本では、芸能関係者の入国にかんしては、政府が管理する計画によるのではなく、基本的には犯罪組織たちがそうした活動を支援するか、もしくは管理しているのである。こうして日本に来る女性たちは、歌手、ダンサーその他の興行関係に従事するものとして募集されてはいるが、多くの場合、おそらくはほとんどの場合、売春をも強要されているのである[44]。

通信販売型の花嫁が、本来の国籍に関係なく、いくつかの国で、ひどい暴力にさらされていることを示す証拠が次々に出てきている。米国では、最近、移民帰化局(INS)が、通信販売型の妻にたいする家庭内暴力が切実な問題となっていることを示す報告書を提出している。また、法律も訴訟を起こそうとするこうした女性の味方ではない。というのも、かりに結婚して二年たつ前にそうした訴えを起こしても彼女たちは収監されることになる傾向があるからである。日本の場合、通信販売型の外国人妻には、完全に平等な法的地位が与えられておらず、彼女たちの多くが、夫のみならず親族たちから虐待を受けていることを明らかにするかなりの証拠が存在する。フィリピン政府は、一九八〇年まではほとんどの通信販売型花嫁斡旋業者を認可した。だが、コラソン・アキノ(Corazon Aquino)政権は、外国人配偶者による虐待の話を聞き、通信販売型花嫁事業を禁止した。しかしながら、こうした組織を排除することは、ほぼ不可能であり、彼らは法を犯してまでも活動し続けているのである。

フィリピンは、おそらくもっともそうした計画を発展させた国であるが、フィリピンだけがこうした戦略を活用してきたわけではない。タイもまた一九九七年から九八年の金融危機の後、就労目的の移民とタイ労働者が海外の企業に採用されるよう促進するキャンペーンを開始した。タイ政府は、中東、米国、イギリス、ドイツ、オーストリアそしてギリシアに労働者を輸出しようとした。スリランカ政府は、すでに海外にいる一〇〇万人に加えて、さらに二〇万人の労働者を輸出しようとした。スリランカ女性は、九八年に八億八〇〇〇万ドルを送金したが、そのほとんどが中東や極東においてメイドとして働く女性が稼いだものである。バングラデシュは、すでに七〇年代に中東OPEC諸国への労働輸出を拡大する計画を組織していた。この計画は継続しており、こうした諸国や他の諸国、とりわけ米国やイギリスに向かった個別の移民とともに、外貨獲得の重要な源泉となっている。バングラデシュの移民労働者は、過去数年にわたって毎年一四億ドルの送金を行なっているのである。(45)

結論

われわれは、生計を立て、利潤を生み出し、政府歳入を確保するためのさまざまなグローバルな代替回路が成長するのを目の当たりにしている。こうした回路は、ますます多くの女性を取り込んでいる。そうしたグローバルな回路のなかでももっとも重要なものが、正規の就労だけでなく売春をも目的とした女性の非合法な人身売買であり、花嫁、看護師、家政婦として女性を組織的に輸出することであり、ますます増大する女性移民労働力によって本国に送られる送金である。これら回路のいくつかは、部分的にせよ、全体的にせよ、地下経済のなかで作動している。

本章は、こうした回路の主要な特徴の一部に明確な図式を与えるとともに、その出現と強化の双方もしくはいずれかが経済のグローバル化の主要な力学と結びついており、そのことが発展途上経済に重要な影響を及ぼしてきたことを論じてきた。そのような影響の主たる指標が、過重でかつ増大しつづける政府債務負担であり、失業の増大、政府の社会支出の大幅な削減、多くの場合、現地市場もしくは国内市場志向の強いかなり伝統的な部門における多数の企業の閉鎖、そして輸出志向の成長促進なのである。

私は、こうした回路をグローバル化に対抗する地理的力学と呼んでいる。その理由は、そうした回路は、(1)直接・間接的に、グローバル経済の核心に位置する主要な計画や諸条件の一部と結びつくものではあるが、(2)通常、グローバル化と結びつくものと表象されたり、みなされたりすることがないからであり、また実際には法や条約の枠外やそれらを犯して作動してはいるが、非合法な薬物取引の場合のように、必ずしも犯罪組織に組み込まれた回路というわけではないからである。さらに、グローバル経済の成長は、それとともに、国境を越えたフローを増大させる制度的なインフラストラクチャーを生み出しており、その点において、こうした代替回路が作動することを可能にする環境を表象しているのである。

こうした形態の生き残り、利潤形成そして政府歳入増大のための回路は、ますます女性に支えられて作動するようになっている。これに、保健医療や教育支出の削減による節約から追加的な政府歳入が生まれていることを付け加えてもよい。こうした分野への政府支出の削減は、多くの場合、構造調整プログラムやグローバル化の現局面と結びついた他の政策が要求するように、国家により競争力をもたせる試みの一部である。女性が世帯構成員の健康と教育に責任をもつかぎり、一般的にいって、この種の支出削減は、とりわけ女性に深刻な打撃を与えるものとみなされている。

こうした対抗的な地理的力学は、多くの場合、資源としてではなくお荷物として描かれるたいてい貧しく低賃金の女性と、非合法の重要な利潤形成源として、また政府にとっての重要な外貨獲得源として、立ち現れているものとの構造的な結びつきをあらわにしてくれる。こうした対抗的な地理的力学をグローバル経済の核心に位置する計画や諸条件に結びつけてみれば、われわれは、いかにジェンダー化が形成され、活力をもつようになるのかを理解することができるのである。

（1）本章は著者のシカゴ大学社会学部での多年度研究プロジェクト「グローバル経済における統治と説明責任(Governance and Accountability in the Global Economy)」にもとづくものである。

（2）国際労働移民のケースで、このことについてはすでに論じている(たとえば本書第2、3章、およびSassen 1999)．また Castro (1999)と Bonilla et al. (1998)も参照。

（3）著者は、この種の動態的かつ多様な立地をもつ部分的な地下経済をインフォーマル経済研究のなかで分析している(本書第7章)。

（4）ここで簡潔に論じた概念的・実証的要素のより詳しい議論については、注(1)で引用しておいたプロジェクトを参照。

（5）これまでに、そうした文献はさまざまな言語で書かれており、膨大な数に上っているが、そこには、さまざまな活動家や支援団体によって作成された膨大な数の配布先限定の文献も含まれている。その概要については、たとえば、Ward (1990)；Ward and Pyle (1995)；Bose and Acosta-Belen (1995)；Beneria and Feldman (1992)；Bradshaw et al. (1993)；Tinker (1990)；Moser (1989)を参照されたい。

（6）こうした論点の検討については、Ward and Pyle (1995)；Tinker (1990)；Morokvasic (1984)などを参照。

（7） たとえば、この手段を取り扱ったものとして *Indiana Journal of Global Legal Studies*（1996）を参照。それは、地下経済ではなく、主権の部分的な解体とそれが国境を越えたフェミニストの行動方針にとってもつ意味、先進的なグローバル資本主義を遂行する新たなアジア的様式のなかで女性およびフェミニスト意識が占める場、そして女性の地位を変える権力といった合法的な領域にグローバル経済が及ぼす影響に注目している。また、Knop（1993）；Peterson（1992）；Mehra（1997）も参照されたい。

（8） Boserup（1970），Deere（1976）.

（9） 世界経済の展開という一般的な文脈で世帯を分析したものとしては、Smith and Wallerstein（1992）を参照。

（10） これには、世界のさまざまな地域に焦点を合わせた膨大な文献がある。たとえば、Lim（1980）；Enloe（1988）；Safa（1995）；Sassen（1988）；Ward（1990）；Chant（1992）；Bonacich et al.（1994）を参照。

（11） たとえば、Milkman（1987）；Beneria and Stimpson（1987）参照。

（12） Castro（1986）；Grasmuck and Pessar（1991）；Boyd（1989）；Hondagneu-Sotelo（1994）を参照。

（13） Basch et al.（1994）；Soysal（1994）；Malkki（1995）；Eisenstein（1996）および Ong（1996a）も参照。

（14） 本書第4章を参照。

（15） Sassen（2000, ch. 9）. グローバル経済における都市との関連で、こうした状況が生まれる政治的含意については、Copjec and Sorkin（1999）を参照。

（16） たとえば、Chossudovsky（1997）；Standing（1999）；Rahman（1999）；Elson（1995）を参照。また債務が女性に及ぼす影響について考察した優れた研究として、Ward（1999）も参照。

（17） こうしたさまざまな論点については、たとえば、Alarcon-Gonzalez and McKinley（1999）；Buchmann (1996) ; Safa (1995) ; Jones (1999) ; Cagatay and Ozler (1995) ; Jones (1999) およびこれまで注で引用してきた文献の一部も参照されたい。

(18) このことが、私のグローバル研究にとって重要な要素となってきた。つまり、いったんグローバル化のための制度的なインフラストラクチャーが存在するようになると、基本的には国家レベルで作動してきた諸過程が、たとえその作動そのものにとって必ずしも必要なものではなくても、グローバルな水準にまで規模を拡大しうるという見方である。この点と対照的なのは、たとえば、グローバル資本市場の基礎をなす金融市場のネットワークのような特徴があってはじめてグローバルといえる諸過程である(Sassen 1999 を参照)。

(19) 一九九八年の時点で、そうした債務の保有者の構成をみれば、多角的機関(ＩＭＦ、世界銀行および各地域の開発銀行)が全体の四五パーセント、個別国家やパリ・グループといった二国間債務が四五パーセント、そして民間商業機関が一〇パーセントとなっている(Ambrogi 1999)。

(20) Toussaint (1999, p. 1). スーザン・ジョージによれば、南は北にマーシャル・プランの六倍の額を返済したことになる (Bandarage 1997)。

(21) Ambrogi (1999).

(22) Ismi (1998).

(23) OXFAM (1999).

(24) ＩＭＦは、重債務貧困諸国(ＨＩＰＣｓ)に輸出収入の二〇パーセントから二五パーセントを債務元利支払いに当てるよう求めている。これにたいして、一九五三年の時点で、連合国は、ドイツの戦時債務の八〇パーセントを帳消しにし、輸出収入の三パーセントから五パーセントだけを元利払いに当てるよう主張した。こうしたより一般的な条件については、中央ヨーロッパが共産主義体制から抜け出した近年の歴史のなかでも自明なものとなっている。

(25) たとえば Olds et al. (1999)を参照。

(26) Chuang (1998)を参照。人身売買は、一つの論点として十分に認知されており、一九九八年三月のG8バーミンガム会議においても表明されている(IOM 1998)。先進主要八か国の首脳は、国際的な組織犯罪と人身売買に対処するための協力の重要性を強調した。米国大統領は、女性および女子児童の人身売買に対処する努力を強化し活発化するために、行政府にたいして一連の指令を発している。このことは、翻って、ポール・ウェルストン議員による法案発議を引き出し、一九九九年には上院において法案S六〇〇が提出された。

(27) Coalition Against Trafficking in Women は、オーストラリア、バングラデシュ、ヨーロッパ、ラテンアメリカ、北米、アフリカおよびアジア太平洋にセンターと代表を置いている。また、Women's Rights Advocacy Program は、グローバルな人身売買と闘うために、The Initiative Against Trafficking in Persons を打ち出している。他のNGO団体については、本章をつうじて言及している。

(28) Foundation Against Trafficking in Women (STV) および The Global Alliance Against Traffic in Women (GAATW) をみよ。また定期的に更新される人身売買の情報源としては、http://www.hrlawgroup.org/site/programs/traffic.html を、全般的な状況については、Altink (1995) ; Kempadoo and Doezema (1998) ; Shannon (1999) ; Lin and Marjan (1997) ; Lim (1998)を参照。

(29) こうした多様な側面にかんするより詳細な情報についてはIOM (1996)を参照。

(30) ますます多くの子供が、セックス産業向けに取引されている。この取引は、タイで長いあいだみられたが、いまや他のいくつかのアジア諸国、東ヨーロッパ、ラテンアメリカにも存在する。

(31) IOM (1996).

(32) Global Survival Network (1997)を参照。

(33) 人身売買にともなう特定の国境を越える移動についてはさまざまな報告がある。マレーシアの仲介業者は、マレーシア女性をオーストラリアの売春業に売りとばしている。アルバニアやコソボ出身の東ヨーロッパの女性は、犯罪組織に売買されてロンドンの売春街に売られている。パリその他の都市出身のヨーロッパの一〇代の女性は、アラブ諸国やアフリカの顧客たちに売り払われていた(Shannon 1999)。米国では、警察が、中国やタイ、韓国、マレーシア、ベトナムといった国から女性を輸入する国際的なアジア人集団を崩壊させた(Booth 1999)。セックス産業や衣類製造業での労働で女性に支払われる料金は、契約上は三万ドルから四万ドルのあいだであった。セックス産業の女性は、米国のいくつかの州を往復して、たえずひとまとめにして顧客に運ばれていた。

(34) 全般的な状況については、Castles and Miller (1998) ; Mahler (1995) ; Castro (1999)を参照。

(35) Coalition to Abolish Slavery and Traffickingによるファクトシートの報告するところでは、アジア人セックス労働者にかんするあるサーヴェイによって、レイプが売春業に売り渡される前に横行しており、彼女らの約三分の一が、騙されて売春業に売り渡されたことが明らかになっている。

(36) Judd and Fainstein (1999)を参照。

(37) たとえば、Bishop and Robinson (1998)およびBooth (1999)を参照。

(38) 一般的な記述については、Castles and Miller (1998)およびCastro (1999)を参照。

(39) Sassen (1988).

(40) この新法の下、連れてこられた看護師の約八〇パーセントが、フィリピン出身であった。

(41)　(厳密にいえば、旧法の修正であるが)日本は、新たな入管法を通過させ、外国人労働者の入国にかんする条件の線引きを根本的に改めた。それは、新たなサーヴィス業が、支配的な経済と関連する一連の専門職(西欧型の金融、会計、法律などの専門家)の入国を認めたが、いわゆる「単純労働者」を非合法扱いするものであった。後者の規定によって、低賃金職目的の不法入国が急激に増大した。この単純労働者の入国禁止は、新法が、「興行関係者」の入国にかんして特別の規定を設けているのと好対照をなす(本書、第5章参照)。

(42)　Yeoh et al. (1999) ; Chin (1997) ; Heyzer (1994).

(43)　Sassen (2000, ch. 9).

(44)　こうした女性には、公的かつ合法的なチャンネルをつうじて募集され連れてこられたものもいれば、非合法なものもいる。いずれにせよ、彼女たちは、抵抗する力をほとんどもっていない。彼女たちは、最低賃金以下の賃金しか受け取っていないために、当該の仲介業者や雇用者にはかなりの利潤を生み出しているのである。日本では、いわゆる興行ビジネスが凄まじい勢いで増大した。

(45)　David (1999).

第1章　都市は誰のものか？——グローバル化が生み出す新たな不満

本書を貫くテーマの一つは、経済のグローバル化を構成する多くの回路の中枢をなすのが場(place)である、という点にある。本書が主眼をおくのは、グローバル化の展開にとって戦略的に重要な場としての都市である。経済のグローバル化の分析に都市を含めることは、概念的な推論の必然的な帰結にほかならない。経済のグローバル化は通常、グローバル／ナショナルという二項図式から表象されてきた。そこでは、グローバルなものがナショナルなものを犠牲にして力と利益を得ると捉えられる。しかも経済のグローバル化は、おもに資本の国際化、それも資本の上層回路、とりわけ金融の視点のみから概念化されてきた。経済のグローバル化の分析に都市を導入すれば、特定の場で展開される具体的で複雑な経済事象としてグローバル化の過程を捉えなおすことができる。都市に焦点を合わせることによって、国民経済はさまざまな国家より下位の構成単位に分解され、あるものはグローバル経済に深く包摂され、あるものはそうではない、というように把握できる。グローバル化とはまた、単一のカテゴリーとしての国民経済が重要性を低下させている事実を示すものでもある。国民経済が単一のカテゴリーであったのは、政治的言説と政策においてだけであった。近代国民国家はこれまでつねに、国家を超えた経済主体や経済活動を抱えてきたのである。それでもここ五〇年にわたって、まったく違った局面、すなわち、新たな形態のグローバル化に直面するうちに国民経済がますます単一のカテゴリーでなくなってゆくという局面が現れてきたのである。

場、とりわけ大都市として形成される場をグローバル経済の分析に再導入することが、どうして重要なのだろうか？　理由は以下の通りである。まず第一に、都市を分析すれば、グローバルな情報経済を育んできた経済と労働文化が多様なものであることが示される。第二に、都市を分析すると、グローバル化が生じる具体的・地域的過程を再発見することができ、大都市における多元的文化が国際金融と同様にグローバル化の一部となっていることがわかる。第三に、都市に焦点を合わせることにより、経済のグローバル化のなかで互いに結びつけられた戦略的に重要な場を地球規模で地理学的に分析することができる。私はこれを新しい中心性の地理的力学と呼んでいるが、これが提起する問題のひとつは、この国家を超えた新しい地理的力学が、国家を超えた新しい政治の空間にもなりうるのかどうかという点である。

グローバル都市の経済分析は、通常はグローバル経済の一部とみなされていないような幅広い職や労働文化を再発見する。そのうえで、輸出加工区の工場労働者からウォール街の清掃人にいたるまで、これまで不利な境遇におかれてきた主体が、国家を超えた新たな経済地理的力学において、新しい政治的役割を果たすことができるかどうかを詳細に検討することができる。この政治とは、次の二要素の接点で生じるものである。（1）不利な境遇におかれている多くの労働者たちが経済過程のなかで実践しているグローバル経済への参加。(2)企業のみが参加者であるかのように表象し、価値付与する(valorize)[1]政治システムとレトリック。

場、すなわち特定の種類の場を、グローバル経済の中枢と捉えれば、新たな権利主張、つまりは権利の獲得(entitlement)の形成に向けた、国家を超えた経済上・政治上の突破口を設定することができる。新たな権利主張とはつまり、場にたいする諸権利、より根源的には「市民権」の形成である。都市は実際、新たな権利主張の場となりつつある。都市を「組織化された商品」とみなすグローバル資本ばかりでなく、大都市においては資本と同様に国際化された存在である不利な境遇におかれた都市住民も、新たな権利主張を行なうのである。都市空間が国家のものでなくなり、国家を超えた主体が新たな権利主張を行なうようになれば、次の問いかけが浮かぶ。都市は誰のものか？と。

　私はこれを、国境を越えた諸力が統合され国内の対立が先鋭化するある種の政治的な幕開けと見る。グローバル資本と新たな移民労働こそが、国家を超えたカテゴリーないし主体の二つの主要な例である。それらは国境を越えた均一の属性を有し、グローバル都市で互いに対抗関係にあると認識している。グローバル都市とは、大企業資本に過大な価値を付与し、企業であれ労働者であれ、不利な境遇におかれた経済主体に過小な価値を付与する場である。大企業資本による先端部門はいまや組織においても活動においてもグローバルである。グローバル都市で不利な境遇におかれた労働者の多くは女性、移民、有色人種であり、そういった人々の政治意識や帰属意識は必ずしも「国民」や「民族共同体」におかれていない。どちらの側の勢力も、グローバル都市に経済的・政治的活動の場を見出している。

本書では、詳細な経済学的分析にもとづいて、グローバル化によって現実のものとなった新たな政治を解釈している。とりわけ、政治的レトリックや政策の文脈においては情報通信のグローバル化や資本移動の高度化によって場は中立的なものとみなされるが、本書はこれに抗して、場が中枢にあると捉える。(1)国家を超えた経済地理的力学において国家を超えた新たな政治が中心におかれうるかどうかを理解するために、まずグローバル化の経済学を詳細に分析する必要がある。次に、グローバル経済における場の経済学を詳細に分析することによって、グローバル化を構成する大企業以外の要素を再発見し、国家を超えた新たな政治、すなわち無力だが「その場にいる」人々による政治が実現可能かどうか問うことができる。

本書に収録された論文は、以上のテーマを展開するために、四つの主要な課題に焦点を合わせる。移民は、国家を超えた新たな政治経済が形成される重要な過程のひとつである。移民は大都市に固有のものである。米国、日本、西欧を問わず、ほとんどの移民は大都市に流入するからである。私の理解によれば、移民は今日のグローバル化を構成する本質的要素のひとつである。たとえグローバル経済にかんする主流派の説明とは食い違うとしても、そうなのである。これが第I部の課題である。

グローバル都市は力を奪われた人々にとって戦略的に重要な場である。なぜなら、たとえ彼らが直接的権力を獲得できないとしても、その場に存在し、真の主体として登場することが可能になるからである。移民、女性、アフリカ系米国人、有色人種、抑圧されたマイノリティは、田舎や小さな町ではなしえないようなやり方で、重要な主体として登場する。本書の第Ⅱ部では以上の課題、とくに女性の社会的地位をめぐる課題を考察する。

力をもった新たな企業の世界と大都市において不利な境遇におかれた人々を結びつけるもののひとつは、労働市場である。第Ⅲ部では、グローバル都市ないし先進国一般に見られる新たな雇用レジームとそれにともなう階級編成や不平等を検証する。第7章では、経済部門間の利潤形成能力格差、家計の所得稼得能力格差、上層市場と下層市場の価格設定能力格差といった新たな不平等によって、先進国の大都市にもインフォーマル部門が形成されてきたことを示す。

新たな政治の領域が登場したのは、とりわけグローバル都市とハイテク産業地域といった国家より下位の構成単位が国際経済を舞台に活躍する主体として優位に立つのと同時であった。デジタル化が進展し電子空間が民間の活動においても公的な活動においても重要性を増すにつれて、政治を構成する多くの要素が国家から奪われた。第Ⅳ部でこうした政治の再配置を考察する。

本章の以下の部分では、後の章の議論のための地ならしを行なう。ここでは、対立、新たな階級編成、国家を超えた新たな政治ないし政治の脱国家化の可能性といった諸問題を整理しておこう。

グローバル経済における場と生産

経済活動の空間的な分散については膨大な実証研究が行なわれているが、これとともにトップレベルの経営と支配が一部の地域に集中する新たな形態がもたらされた。まず第一に、グローバルに統合された事業ばかりでなく国内市場とグローバル市場も、グローバル化の努力を行なうための中枢的な場を必要とする。第二に、情報産業は、設備が高度に集積した戦略的拠点を含む膨大な物的インフラを必要とする。第三に、最先端の情報産業でさえ労働過程、すなわち労働者、機械、建物の複合体を必要とする。これは一般に想像される情報経済よりも場に拘束されるものである。

経済活動の地理的分散と支配・経営の集中化は、「世界システム」の要素として必然的に生じるわけではない。これには、高度な専門的サーヴィス、通信インフラ、産業サーヴィスが広範囲に生産されていることが必要である。これらは今日の先端的な資本に価値を付与するために決定的に重要なものである。経済のグローバル化を説明するために単純に多国籍企業の力を引き合いに出すよりも、むしろ場と生産に焦点を合わせるほうが、工場、サーヴィス活動、市場が織りなす世界的なネットワークを作りあげ維持するためにどのような活動や組織が必要なのかをより明らかにできる。多国籍企業や多国籍銀行の活動はこうした過程を部分的にしか含んでいないのである。

私が抱いてきた主要な関心のひとつは、都市を現代の先端的サーヴィス産業のための生産拠点と捉え、そこから先進的な大企業の経済を動かすために必要な基盤となる、諸活動・企業・職を明らかにすることであった。グローバルな支配の実際面に焦点を合わせたい。グローバル都市は国際貿易、投資、統括本部業務と資金調達を行なう中枢である。これはすなわち、今日の先端部門の資本が価値付与され、さらには過大な価値付与を得るために、グローバル都市で多様な専門的活動が行なわれることが決定的に重要だということを示している。この意味で、グローバル都市は今日の先端的経済部門のための戦略的に重要な生産拠点となっているのである。この機能は、先進国経済においてこうした活動が優位に立っていることの現れである。(2)

こうした都市において中心街の密集度がきわめて高いという事実は、この論理を空間的に表現したものである。この論理を表すもうひとつの事実は、こうした活動の多くが全世界に分散するよりもむしろ巨大都市圏に再集中しているという事実である。グローバルな情報通信の進歩によって最大限の分散が可能になったのだから産業集積は時代遅れだとする考えが広く受け入れられているが、これは部分的にのみ正しい。まさに情報通信の進歩によって地域的分散が可能になったからこそ、中枢化された諸活動の集積が急速に進展しているのである。これはたんに産業集積の古い様式が存続しているのではなく、産業集積の新たな論理であるといってよい。情報技術は集積をもたらす新たな論理のもうひとつの要因となっているのである。こうした設備が利用できるという特有の条件こそが、もっとも先進的なユーザーがもっとも先進的な情報通信中枢に集中する結果を促進したのである(Castells 1989)。

管制機能の背後にある職、金融とサーヴィスの複合体で実際に行なわれている生産過程、およびグローバル市場という場に焦点を合わせれば、グローバル化の土台にある物的設備と大企業部門に通常は属さないと考えられている基盤的な仕事を統一的に把握することができる。情報経済という概念が示唆するものとはまったく異なった経済的な配置が出現している。物的条件、生産拠点、そして場に拘束されることが、グローバル化と情報経済の一部であることはすでに見た(*Competition and Change* 1995)。

言い換えれば、きわめて多様な企業、労働者、労働文化、居住環境といったこれまでグローバル化の過程の一部とはけっしてみなされず、またそのような評価も受けていなかったものをわれわれは再発見するのである。こうした点からすれば、グローバル都市やそれに準ずる都市においてとりわけ顕著になっている新たな都市経済は、重要な争点になる。都市経済において新しい不平等の力学が一挙に作動するからである(Sassen 1994b, ch. 5; King 1996)。専門的サーヴィスと金融という新たな成長部門は旧来の経済部門よりはるかに収益力が高い。旧来の部門は、都市経済を運営し、また住民の日常的な必要を満たすために不可欠なものであるが、金融と専門サーヴィスが高収益を稼ぎだす状況のもとでは存立が危うくなる。インフォーマル部門に移行するか、それともインフォーマル企業と下請け契約を結ぶことがしばしば解決策となる。(3)

異なった経済部門間あるいは企業間の利潤形成能力格差は長らく市場経済の基本的な特徴であった。しかし今日見られる格差は桁違いに大きく、住宅市場から労働市場にいたるまでさまざまな市場の作用に大きな歪みを生み出している。たとえば、この影響は、トップ企業に入社できたビジネス・スクールやロー・スクールの卒業生の初任給が異常な急上昇をみせたのにたいし、未熟練肉体労働者や事務系労働者の賃金が急低下したことに現れている。同じ影響は、多くの不動産業者が中・下位所得層用の住宅市場から撤退し、所得の高い新たな専門職によって住宅需要が急拡大し、住宅価格が過度に上昇する可能性に目を向けたことにも現れている。

こうした展開は価値付与の力学と関連している。高い価値付与、ないし実際には過大な価値付与を受ける部門と、たとえ先端的なグローバル産業の一部であったとしても過小な価値付与を受ける部門の間に、格差が急激に広がっているのである。経済の成長部門においてこのような過小な価値付与が生じることの背景には、都市の労働力構成において女性、アフリカ系米国人、第三世界からの移民の比率がますます大きくなっているという変化がある。

大企業の力の圧倒的な集中と「その他」の集中が同時に起きているという興味深い事実をここに見ることができる。先進国の大都市は、グローバル化の多様な過程が具体的で地域的な形態をとる領域なのである。こうした地域的な形態こそが、おおむね、まさにグローバル化そのものの姿なのである。都市とは資本の国際化が生み出す矛盾が現れる場、より一般的にいえば、一連の対立と矛盾が現れる戦略的に重要な地点であるということを次に見てゆこう。

中心性と周縁性の新たな地理的力学

グローバル経済は、輸出加工区から国際的なビジネスと金融の中枢にいたる戦略的に重要な場を世界規模で網の目状に配置するという姿をとって、現実のものとなっている。このグローバルな網の目は、国境や旧来の南北間の区分を縦横に分断する、中心性の新たな経済地理的力学を形づくっている。

それが示すのは、新たな権力の政治地理、すなわちグローバル資本が新たな権利要求を行なうための国家を超えた空間が現れつつあるという事実である(Sassen 1996a, ch. 2を参照)。この新しい中心性の経済地理的力学は、従来の不平等を部分的に再生産するばかりでなく、現代の経済成長に特有の力学が生み出した帰結でもある。この経済地理的力学は多種多様な形態をとって、通信設備の配分から経済や雇用の構造にいたる多くの領域で作用している。

都市間で作用する中心性の新たな経済地理的力学のうちでもっとも強力なのは、ニューヨーク、ロンドン、東京、パリ、フランクフルト、チューリヒ、アムステルダム、ロサンゼルス、シドニー、香港、等々の国際的な金融・ビジネスの中枢を結びつけているものである。しかし、今日の中心性の地理的力学は、サンパウロ、ブエノスアイレス、バンコク、台北、ボンベイ、メキシコシティといった都市も包含している。金融市場、サーヴィス貿易、投資をつうじたこうした都市における取引は、集中度を急速に高めており、規模も格段に大きくなっている。同時に、戦略的に重要な資源や活動の集中により、こういった都市と国内の他の諸都市との間の不平等が先鋭化しつつある。グローバル都市にグローバル経済における経済力と管制中枢が限りなく集中してゆく一方で、旧来の製造業の中心地は極度の衰退に苦しんでいるのである。

グローバル市場に統合される金融センターがますます増えれば、上位の金融センターの集中度が低下すると想像する読者もいるかもしれない。しかしそうではない(4)。また、グローバルな取引の急増が原因でこうした現象が生じていると考える人もいるかもしれない(5)。しかし金融業とそれを支える基盤

が激変しても、集中の水準自体は不変なのである。(6)

金融と専門的サーヴィスのグローバル市場が成長し、国際投資の急増から国家を超えたサーヴィスのネットワークが必要となり、国際的な経済活動を規制する政府の役割が低下する一方でグローバル市場や大企業の本部といった政府以外の制度が優勢になってゆく、といった現象はすべて、複数国に立地しその意味で国家を超えた特徴をもつ、一連の経済活動が存在することを指し示している。ここに、国家を超えた都市システムの形成、少なくともその初期段階を見出すことができる(Sassen 1991a, ch. 7 ; 1994b, ch. 3 ; Knox and Taylor 1995)。

こうした都市に顕著に現れている世界市場志向によって、国民国家、諸地域、都市のもつ巨大な経済的・社会的構造をどのように有機的に関連づけるかという問題が生じている。都市は、通常、地域の経済に深く組み込まれ、地域の特色を反映することが多いし、依然としてそのようになっているのがふつうである。しかし都市は、グローバル経済における戦略拠点でもあり、ある程度地域やさらには国家からも分離する傾向をもつ。この事実は都市システムにかんする従来の学説と矛盾する。従来の学説は、都市システムが地域経済や国民経済の地理的統合を促進するという主要命題を唱えてきたのである。

都市とハイテク産業地域が属する新たなグローバルかつ地域的な階層構造の傍らには、ますます周辺に追いやられ、新しいグローバル経済が成長してゆく際の原動力となる重要な経済過程からますます排除される、広大な地域が存在する。以前は重要だった製造業の中心地や港湾都市の多くが機能を失って衰退しつつあるが、これは途上国ばかりでなく先進国にも見られる現象である。これは経済のグローバル化がもつもうひとつの意味である。

しかしグローバル都市の内部にも中心性と周縁性の新たな地理的力学を見出すことができる。グローバル都市や巨大なビジネス中枢の中心街には、不動産・情報通信に莫大な投資が行なわれるのにたいし、低所得地区へ向けられる資金はほとんどない。先端部門に雇用された教育水準の高い労働者が異例な高賃金を享受するのにたいし、同じ部門に雇用された中・下位の熟練度をもつ労働者は賃金の低下に甘んじている。金融サーヴィスが高収益を生み出しているのにたいし、製造業はかろうじて生き延びているにすぎない。先進国の主要都市においても、グローバル経済に統合されるようになった途上国の主要都市においても、程度は異なるが、こういった傾向は明らかである。

新たなグローバルな網の目における資本の権利

グローバル経済にかんするさまざまな論議において基本命題とされているのは、国家が自国経済にたいしてもつ主権が衰退しているということである。経済のグローバル化は国民国家の領域を超えて経済を拡大させる。このことは先端部門においてとりわけ顕著である。国家を超えた経済活動や主体にたいする既存の管理・責任体制は、先端産業にかんしてはほとんど支配が及ばない。金融や先端サーヴィスのグローバル市場は、国家中心型でなく市場中心型の「規制」の傘のもとで部分的に作動している。より一般的に言えば、中心性の新たな地理的力学は国家を超えており、法的な権限がまったく及ばない電子空間でほとんどの活動を行なっているというわけである。

しかしながら、この命題は、この一五年間に生じた変化の重要な要素を捉え損なっている。その変化とはすなわち、国内およびグローバルな権利を資本に保障するよう国民国家の側が新たに主張し始めたことである。われわれの目的にとって重要なのは、グローバル資本がそのような権利主張を行なったのにたいして、国民国家が新しい法レジームを生み出すことで応えた、という点である。大企業の活動という観点からばかりでなく、国家が新しい法体系を生み出すという観点からみても、中心性の新しい地理的力学が創出されたのである。国民国家がたんに重要性を失ったとする表象は、この重要な次元を捉え損ねている。そして現実に生じたことを、グローバル／ナショナルの二重性のもとで前者が勝ち後者が負けたという関係に縮約してしまったのである。

ここには二つの別個の問題がある。ひとつは、国家主権と大企業の国家を超えた経済活動の間で取り決められたこの新たな法レジームが支配的になっているという点である。ふたつめの問題は、この新レジームの内容である。これは特定の経済主体をより有利にし他のものを弱体化させるという特徴をもっている。市場、規制緩和、自由貿易を強調する新自由主義的経済観が一九八〇年代に米国と英国の政策に影響を及ぼし、いまや大陸欧州諸国でもますます影響力を拡大しつつある。この動きは、欧米中心の契約と財産権の概念にもとづく超国家的な法レジーム形成に寄与した。(7) 国際通貨基金（ＩＭＦ）や国際復興開発銀行（世界銀行＝ＩＢＲＤ）、関税と貿易に関する一般協定（ＧＡＴＴ、一九九五年からは世界貿易機関＝ＷＴＯ）などをつうじて、このレジームは途上国にも広められた（Mittelman 1996）。これは、富の集中、貧困、世界規模の不平等をますます悪化させるレジームである。先に述べたように、グローバル都市という特定の様相で、このような事態が現れているのである。

規制緩和は、グローバルなものとナショナルなものの並立を取り決める決定的に重要な機構である。規制緩和が市場を自由化し国家主権を制限するものと単純に捉えるのでなく、むしろこれまでほとんど留意されてこなかった側面に注目すべきであろう。すなわち、規制緩和は、とりわけ先端部門にたいして、国家内部の領域を部分的に脱国家化する効果をもっているのである（Sassen 1996a を参照）。言い換えれば、それはたんに経済空間が国家の領域を超えて外延的に拡大するだけではない。先進的な情報産業の経済空間に例示されるように、グローバル化によって国家の領域が脱国家化されるのである。この脱国家化は、グローバル都市においてかなりの程度現実のものとなっているのだが、資本の要求にかなうものとなってきたし、また実際、多くの政府エリートと経済顧問が肯定的な意味合いをもたせるべく印象づけてきた。人々にとって状況はまさにこれと正反対であって、それは反移民感情と国家主義的政策への復帰要求が高まることに顕著に現れる。

資本は国家を超えた存在であり、容易に移動しうるものだと過度に強調されてきたので、地域的主体は無力感を抱き、抵抗しても無駄だと感じるようになっている。しかし、場に力点を置くこれまでの諸節の分析が明らかにしたのは、戦略拠点を結ぶ新たなグローバルな網の目は、政治的闘争の領域でもある、ということである。さらに、中央政府も地方政府も、闘争に関与させることができるのだ。

グローバルな経済システムを実効あるものにする役割のために、国家自体が変容を遂げている。この変容は、先進国の大半と多くの途上国政府において、国内・国際金融市場に結びついた機関が優位に立った結果もたらされたものである。逆に、国内の平等問題に関係する政府機関は権力と威信を失墜している。これらの政府機関はいまや公然たる闘争状態にたびたび陥る。

場に焦点を合わせることにより、主権の喪失など、グローバル化をめぐる論議で用いられる重要概念を彫琢し明確化することができる。グローバル化の重要な構成要素が国家の領域内に立地する組織に組み込まれていることが強調される。グローバル都市のような戦略的に重要な国家より下位の構成単位はこういった諸条件を象徴する存在である。これら諸条件は、従来のナショナルなもの／グローバルなものの二重性という議論ではうまく把握できなかったものである。

グローバル都市における基幹産業に焦点を合わせることにより、統治をめぐる議論に、地方政府が規制を行なうことは可能かどうかという論点を導入することができる。こうした規制は、戦略的に重要な場に重要資源が過度に集中することからもちあがる問題である。こうした重要資源には固定資本が含まれている。それらはグローバル経済に参加するために不可欠のものである。こうした資源の多くは場に拘束される性格をもつのに反して、こうした産業の生産物は、とりわけ金融のような場合には、移動が容易である。移動しやすい生産物にたいする場合と、光ファイバーケーブルを備えたオフィスビルから専門的労働者にいたる組織を支える基盤にたいする場合とでは、国家が発揮できる規制能力が大きく異なる。

経済のグローバル化の重要な要素が場に拘束される性格をもっと強調することによって提起される問題は、通常のグローバル／ナショナルの二項図式の文脈で提起される問題とはまったく異なる。二重性の構図に焦点を合わせれば、グローバルな経済主体に比べて国家の重要性が低下するという単純な命題が導き出されるだけである。グローバル化と先端的情報産業の経済分析に見られる顕著な特徴は、次のような特定の側面ばかりを過度に強調することである。すなわち、生産物のほうには注意を向けるが生産過程は軽視し、瞬時に世界中に情報伝達する能力に注目するがこの能力を可能にする基盤には目を向けず、そうした能力が国民国家の領域外に拡張する面ばかりを見て、生産物を規制する能力がないことを強調するのである。こうした強調はそれ自体誤りではないのだが、グローバル化が統治にたいしてもつ意義を部分的にしか説明していないのである。

世界経済に構造変化が生じて、とくに金融および先進的なサーヴィスが先端産業として台頭してきたことにより、金融センター、グローバル市場、多国籍企業によって支配される新たな国際経済秩序が生み出されつつある。国際ビジネスおよび金融センターとして機能する都市は、世界市場と直結して取引を行なう拠点であり、政府の監査を受けずにすむ。たとえば、(国際銀行機能を果たす)ユーロ市場やニューヨークの国際金融地区がそうである。これらの都市やそこに含まれるグローバル志向の市場や企業は、世界市場と国民国家の関係、および国民国家間の関係を仲介する存在である。これに関連して、国家より下位の、あるいは超国家的な、政治的カテゴリー・主体がますます重要になってきているということを見ることにしよう。

漂流するアイデンティティと国家を超えた新たな政治

これまでの諸節で論じたのは、新たな形態の合法性と国家を超えた新たな法レジームが形成された結果、資本がグローバルな主体として再構成されたうえ、資本の活動に必要な脱国家化された空間が特権として付与された、という点であった。とはいえ同時に、こうした超国家化のもうひとつの重要な側面をも包摂する新たな法形態と法レジームが、欠如しているのである。超国家化のもうひとつの側面とは、労働の超国家化である。私を含む何人かはこれを資本の超国家化に対応するものと考えている。われわれはこの過程を記述するために、移民という用語を依然として用いざるをえない。[8] また、次のような動きを包摂する新しい法形態、法レジームも欠如している。つまり、国家を唯一の、ないし第一の帰属意識（アイデンティティ）の源泉と考えない多様な集団が存在するが、彼らの帰属意識や忠誠心の形成は超国家的であり、新たな連帯意識や仲間意識が生まれているのである。大都市は資本にとっての戦略拠点であるばかりでなく、労働の超国家化と超国家的帰属意識の形成が行なわれる戦略拠点でもあるのだ。この観点からいえば、大都市は新たな形態の政治活動のための拠点なのである。

都市は、多くの国々から来た人々が出会い、さまざまな文化が合流する場所である。主要都市の国際性とは、情報通信基盤や国際企業だけでなく、多種多様な文化的環境にも存するのである。だとすればもはや、国際ビジネスや金融センターをたんに大企業の高層ビルや企業文化の観点からのみ捉えてはならない。今日のグローバル都市は部分的にポスト・コロニアリズムの空間であり、ポスト・コロニアリズムの言説を形成する条件を実際に備えているのである(Hall 1991 ; King 1996)。

今日の欧米の大都市は、多様性を凝縮している。大都市空間には、支配的な大企業文化ばかりでなく多種多様な異文化やさまざまな帰属意識も浸透している。「脱漏」は明白である。支配的文化は都市の一部しか包摂していないのである。(9) 大企業の力が多様な文化に浸透し、多様な文化を「異質性」と認定し、それによって多様な文化が低い価値付与を受けたとしても、多様な文化がいたるところに存在するという事実にかわりはない。たとえば、もともと地方文化にすぎなかったものが、移民をつうじて増殖し、いまでは多くの大都市に存在するようになっているのである。一方、大都市のエリートは、国際人を自認し、いかなる地方性からも免れていると信じている。「地方的」文化に属する人々は、実際、広範な文化的多様性をもつさまざまな場に出自をもっており、エリートと同程度に国際人たりうる。それぞれ特定の国や町、村に起源をもつはかり知れないほど多様な文化が、世界中から集まって、いまや、ニューヨーク、ロサンゼルス、パリ、ロンドン、最近では東京(10)といったほんのいくつかの場に、再び根を下ろそうとしているのである。

上述のものとは異なるグローバル性についての表象、競合するさまざまな表象があるということは承知している。そういった表象は、移民やそれにともなう文化的環境をも視野に入れてはいるが、しばしばエスニシティという観念でひとくくりにしてしまう。われわれが移民やエスニシティという用語でいまだに語っている事象は、実際には、経済活動、文化活動、帰属意識の形成といったもののグローバル化と関連する一連の過程なのである。移民とエスニシティは異質性とみなされることがあまりに多い。グローバルなものが地域化し、国際的な労働市場が形成され、世界中の文化がいったん土地から離れ再び根を下ろす一連の過程として移民とエスニシティを理解すれば、資本の国際化とならんでグローバル化の根本にあるものとして、それらを正しく位置づけることができる。(11) 戦後期の膨大な移民をこのように語れば、今日のグローバル化の重要な過程、とりわけ移民送出国と受入国を結びつける過程(12)にたいして、植民地主義とポスト・コロニアリズムの時代の帝国の形態がどれほどの重みをもっているのかを、把握することができるだろう。移民受入国のどこにどのような責任があるかは事例や時期によってさまざまであるが、主要な移民受入国が歴史の受動的な傍観者でなかったことだけはたしかである。

都市への権利要求

こうした過程が示す変化は、人々と場の関連の仕方や、人々が都市へ権利要求するようになったことに現れている。たしかに歴史をつうじて人々は移動してきたし、移動とともに場を構成してきた。しかし今日、土地と人々の接合は少なくとも一点において根本的に異なっている。その一点とは、接合の仕方が変化する速さである。マルティノッティ（Martinotti 1993）が述べているように、変化が速いために、結びつきが実際に起きるか、起きるかもしれない空間が拡大しているのである。距離の縮小と移動速度の速さという現代の特徴が極端な形で現れているのは、電子的基盤をもつ共同体の形成である。そこでは世界中の個人や組織が、インターネット関連のネットワーク上で双方向の情報を瞬時に交わし合っているのである。

私が論じたい現代のもうひとつの根本的な形態とは、人々と土地との結びつきが、国家や村落といったもともとの帰属意識の源泉から切り離されて漂泊していることである。帰属意識の形成過程におけるこのような漂流は、共同体、仲間、権利の獲得にかんする新たな考え方を生み出すものなのである。

グローバルな都市の網の目が構成する空間、新たな経済的・政治的可能性を秘めた空間とは、国家を超えた帰属意識と共同体を形成するための戦略的にもっとも重要な空間なのである。このような空間は二重の意味で中心的な場である。つまり、その空間は特定の戦略的な場所に属しながらも、地理的に隣接していない拠点と相互に強く結びついているがゆえに領域を超えているのである。すでに論じたように、こうしたグローバルな網の目のなかで領域を超えて移動しているのは資本だけではない。富裕な人々(新たな専門的労働者階級)も貧しい人々(ほとんどの移民労働者)も移動しているばかりか、この空間で、多様な文化も移動し、もともと「地方的」なサブ・カルチャーだったものが再び土地に根を下ろすのである。重要な問題は、この空間が新たな政治の空間でもあるのかどうかである。つまり、文化と帰属意識をめぐる政治に少なくとも部分的には足場をおきながらも、それを乗りこえていくような新しい政治である。

このような都市を拠りどころにした国家を超えた戦略的に重要な空間がもつ政治的含意について、さらに別の角度から考察することができる。そうした空間にたいして新たに権利要求が生じるようになる、という視点である。先に述べたとおり、この一〇年間、都市にたいして権利要求を行なっている新しい主体は、国民経済の規制緩和により手厚く権利付与されるようになった外国企業と、ますます増大する国際的な企業人である。彼らは新たな「都市利用者」である。彼らは都市景観を一変させてしまった。都市への費用・便益をたとえ検証できたとしても、都市にたいする彼らの権利要求が反対を受けることはない。

新たな都市利用者たちは都市にたいして過大な権利要求をしばしば行ない、都市を自分たちの願望通りに再構成してしまった。彼らの権利要求が検証され異議申し立てが行なわれることなどめったにない。彼らは都市の社会的地形を変容させるのに力を尽くし、マルティノッティ (Martinotti 1993) が第二世代の巨大都市、後期近代の都市と呼んだものを形づくったのである。こうした新たな都市利用者たちの都市は脆弱なものであり、生き残って繁栄するためには高い生産性、先端技術、取引の増大が欠かせないのである。

このことは、一方では、国際的な企業人にとって都市とは何かという問題を提起する。つまり、空港や最高のビジネス街を備え、一流ホテルやレストランが立ち並ぶといった、都市のうちでも魅力的な区域、国際ビジネスの超空間が、彼らにとっての都市なのである。他方では、国際ビジネス・センターとして機能する都市がセンターたりうるために要した費用を本当に回収しているのか確定するという困難な課題がある。最新技術に支えられたビジネス街を維持し、先端的な通信設備から最高の安全と「世界水準の文化」まで、ビジネス・センターが必要とするすべてのものをまかなう費用である。

合法性にかんする正反対の極端はおそらく、都市にたいする権利要求を行なうために政治的暴力に訴える人々であろう。これは、都市を利用する企業人たちが享受している既存の合法性から逸脱する権利要求である(Body-Gendrot 1993)[13]。もちろんこうした権利要求には長い歴史がある。どの時代にも権利要求を行なう際にとられる特定の方法があった。「犯罪行為」の増加、たとえば、車を壊したり、商店の窓ガラスを割ったり、店を襲って略奪・放火したりといった、ここ一〇年ほど先進国の大都市でみられるようになった暴動は、おそらく不平等が先鋭化していることの現れである。都市の魅惑的な地区と戦争状態にある地区の間に生じているこうした格差は、きわめて大きなものとなっている。こうした格差は一目瞭然なので、無関心をきめこんで富を貪る新たなエリートと無力感に苛まれ憤激した貧しい人々の間の闘争は、ますます無慈悲なものになりがちなのである。

したがって、新たな権利要求の形成が国家を超えた政治にたいしてもつ意味には、二つの側面がある。ひとつは、諸部門、とりわけ国際ビジネスと、アフリカ系米国人、移民、女性といった「その他」に属する大勢の低所得層がもちだす権利要求の食い違いが、ますます先鋭化し大きくなっているという点である。ふたつめは、権利主張の内容と主張者自身がますます超国家化しているという点である。これは政治闘争が、特定の場で生じつつ超国家的性格をもつものでもあることを示している。

グローバル化とは内部矛盾を抱えた空間を生み出す過程である。その過程の特徴は、闘争、内部の差異化、たえざる越境にある。グローバル都市はこうした状況の象徴である。グローバル都市にはグローバル企業の力のうちの不釣り合いに大きな部分が集中する。グローバル都市はグローバル企業が高い価値付与を獲得するために重要な拠点でもある。しかしグローバル都市には不利な境遇におかれた人々もまた不釣り合いなほど集中しているし、それはまた彼らに低い価値を付与する拠点でもある。こうした共存が生じたのは、経済のグローバル化が急速に進み、グローバル資本にとって都市がますます重要な戦略拠点となると同時に、周縁に追いやられた人々が都市にたいして抗議と権利主張を行なうようになったという文脈からである。両者の格差がますます拡大するにつれて、こうした共存にいっそうの関心が集まるようになる。いまや中枢に巨大な経済的・政治的な力が集中しつつある。そうした力は、グローバルな支配能力と高収益を稼得する能力から生まれる。経済力や旧来の政治力をほとんどもたない主体は、文化と帰属意識をめぐる新たな政治、経済グローバル化が生み出した新たな地理的力学に根ざす新しい国家を超えた政治をつうじて、ますます確固とした存在となってきた。両主体とも、ますます超国家的になり、またますます対立しつつ、自らの戦略的な活動の場を都市に見出している。しかし都市は対等な競争条件を備えた場とはほど遠い。

(1) 本書の分析は、現代のグローバル経済のうちで戦略的に重要だと私が考える構成要素の詳細な研究を基礎にしている。そのような詳細な分析を本書で行なうことは不可能である。興味をもたれた読者、ならびに懐疑的ないし批判的な方は、必要とされる理論的・実証的内容と広範な参考文献をもつ私の別の著作を参照していただきたい。また、Sassen (1988) および Sassen (in progress) も見られたい。

(2) 別のところ(Sassen 1991a, および本書第4章)で述べたとおり、サーヴィス産業へのシフトはたんにサーヴィス雇用が成長したというだけでなく、より重要なのは、先進国経済を組織するうえでサーヴィスの重要性が増大したことである。すなわち、鉱山業から卸売業にいたるあらゆる産業において、二〇年前よりも会計、法律、広告、金融、経済予測といったサーヴィスへの需要が高まっているのである。グローバルであれ地域的であれ、都市はこうした専門的サーヴィスの生産拠点として十分な存在であるばかりか、しばしば最良の存在である。こうしたサーヴィスが都市で急成長し不均等に集中する事実は、大規模製造業が支配的部門であった時代に失われていた重要な生産拠点としての役割を、都市が取り戻したことを示している。

(3) こうしたインフォーマル組織は次の二要素の交渉の産物と解釈できる。(1)上述の新たな経済的傾向。(2)旧来の経済条件に対応して発展した既存の規制の枠組。

(4) さらに言えば、金融サーヴィスの移動がかつてないほど容易になった時代にもかかわらず、上位の金融センターの集中度は不変なのである。グローバル化、規制緩和(これはグローバル化に不可欠の要素である)、証券化が金融サーヴィスの移動を容易にした鍵である。これらは、情報通信と電子ネットワークの急速な進歩を背景に生じたのである(証券化とは、もともと「非流動的な資本」だったものを取引可能な手段へと転換する過程であり、一九八〇年代に劇的に増大した)。高度に移動する金融活動をめぐってセンター間で競争が激化しているというのがひとつの結論である。私の考えでは、一般的に言ってもこの話題に限っても、競争が強調されすぎていると思われる。別のところで論じたとおり(Sassen 1991a, ch. 7)、多様な主要金融センターの間では機能の分業も行なわれているのである。その意味で、超国家的なシステムには多様な立地が伴うと考えることができる。

（5）　たとえば、国際的な銀行貸付は、一九八〇年の一兆八九〇〇億米ドルから九一年には六兆二四〇〇億米ドルへと、一〇年間で五倍に増大した。国際決済銀行(世界規模で銀行活動を監督する機関)のデータによれば、ニューヨーク、ロンドン、東京の三大都市が国際貸付全体に占めるシェアは、八〇年に四二パーセントであったが、九一年にも四一パーセントであった。構成は変化している。すなわち、日本のシェアが六・二パーセントから一五・一パーセントに上昇し、英国のシェアが二六・二パーセントから一六・三パーセントに低下している。米国のシェアは不変である。絶対額ではすべて増大している。三か国以外に、スイス、フランス、ドイツ、ルクセンブルクを含めた上位の金融センターが占めるシェアは、九一年に六四パーセントだったが、これは一九八〇年に同じ国々が占めていたシェアとほぼ等しい。シカゴは、一都市だけで、世界のフューチャーズ取引を支配している。九一年の世界全体のオプション・フューチャーズ取引のうち、シカゴのシェアは六〇パーセントに達した。

（6）　この文脈で、欧州の市場統合・金融統合をめぐる論議によって、従来通り各国が一都市を主要金融センターに育成するよう望むのでなく、金融機能と資本を少数の都市に集中する可能性が生じてきた。欧州が競争力をもつためには、このことが必要であるとさえ言えよう。

（7）　欧米の法概念普及を見るうえで重要な問題は、欧米の法分野を規定する著作権や財産権の哲学的前提を批判的に検証することである。Coombe (1993)を見よ。

（8）　移民という用語によって、通常より貧しく不利な状況にある国から受入国が提供するよりよい生活を求めて移入する人々を指し示すかぎり、この用語を用いることによってますます移民に低い価値を付与することになる。この用語は暗黙のうちに受入国に高い価値を付与し、送出国に低い価値を付与している。歴史的な連想から、この言葉には肯定的な含意が欠如しているのである。

(9) こうした競合や「脱漏」がとる形態は多種多様である。King (1996); Dunn (1994); *Social Justice* (1993)を参照せよ。グローバルな大衆文化は多様な地方文化を均質化し呑み込んでしまいかねないが、この過程が完遂されることはありえない。私はむしろ反対の方向に作用する力学を電子部品産業に発見した。すなわち、先端産業の雇用が労働者をすべて不可避的に労働貴族として吸収してしまうことなどありえないということが示されたのである。このように、第三世界の輸出加工区で働く女性労働者は、権利を付与されていないのである。資本主義は差異をつうじてはじめて作動しうるのである。もうひとつの例が不法移民である。不法移民をみれば、国境が差異を生み出し、その差異を犯罪化する効果をもっていることがわかる。この種の差異化が世界経済システム形成の核心をなしているのである(Wallerstein 1990)。

(10) 東京には現在、中国、バングラデシュ、パキスタン、フィリピンその他出身の合法・非合法移民、たいていは労働者階級が集まる地点が数か所存在する。移民にたいする日本の法的・文化的閉鎖性からすれば、この事実は驚くべきことである。この現象はたんに送出国の貧困によるものなのだろうか。これらの国は長らく貧しかったので、それだけでは十分な説明にならない。私の考えでは、日本経済の国際化とともにこれらの国にたいする投資も行なわれ、これらの国で日本の文化的影響も増大して、これらの国と日本の間に架け橋が形成され、日本にたいする距離感が縮まったのである。Sassen (1991a, pp. 307–415); Shank (1994)および本書第3章を参照せよ。

(11) 国際的な専門的労働者階級が形成されるとともに、外国企業や社員が高度に国際化された環境をもたらし、芸術分野のグローバル市場や上層文化の国際的な流通が生じていることは、かなり認識されるようになった。見落とされているのは、低賃金肉体労働者・サーヴィス労働者の国際労働市場が形成される可能性である。この過程は、いまだに「移民物語」として語られているのである。これは、過去の時代に起源をもつ、おそらくはまったく別の文化を背景とした物語である。

(12)　この二〇年間に資本の国際化が特殊な形態をとったために、人々はますます移民の流れに動員されることになった。つまり、小土地所有農業を輸出志向型商品作物の栽培や輸出のための製造業に転換する戦略から、教育制度の欧米化まで、何よりもまず欧米の開発戦略を植え付けることによって資本の国際化が遂行されたのである。同時に、欧州諸国が植民地帝国だった頃の行政、商業、開発のネットワークと、パクス・アメリカーナ下の新たな形態のネットワーク(直接投資、輸出加工区、「民主主義」のための戦争)は、中心から周辺への資本、情報、幹部人員の流れを形成したばかりでなく、周辺から中心への移民の流れをも生み出したのである。

(13)　Body-Gendrot (1993)が示したところによれば、都市は競争の場であり、新たな若い人々が参加者として次々と参入してくるのである。都市とは、さまざまな制約や政府が平等の要求に取り組む際の制度的限界によって社会的混乱が生じている場所である。彼女が論じるところでは、都市の政治的暴力は筋の通ったイデオロギーではなくむしろ一時的な政治的戦術である。政治的暴力を行使することにより、弱者側の主体は、弱者にとってより望ましい条件を権力者から引き出すべく交渉にはいるのである。

訳注

〔1〕　valorization という語は「価値増殖」と訳出するのが通例となっているが、本書では「価値付与」という訳語を採用した。この語は、著者自身の説明によれば、「さまざまな経済活動とその生産物の価値ないし価格を新しい〔一定の〕基準で規定すること」を意味する(本書三〇八ページ)。(self-)valorization は元来、

マルクス主義文献において、資本による剰余価値の搾取＝「価値増殖」を意味するが、Ａ・ネグリ等のイタリアの理論家によって、労働者自身が「自らの価値を高めること」という意味に転用された。サッセンの用法はこの延長上にあると言ってよい。

第Ⅰ部　逃れゆく人々

第2章　移民受入政策の事実上の超国家化(1)

国家は、移民受入政策を策定し実行するうえで、今なおもっとも重要な役割を果たしている。だが、その一方で、グローバルな経済システムや他の超国家的な諸過程の進展は国家そのものも変容させている。そのことが、翻って、規制面での国家の役割と実行能力に影響をおよぼす諸条件を生み出しているのである。なかでも次の二つの展開が、移民受入政策を策定しそれを実行に移す国家の役割にとって重要な意味をもっている。第一に、国家の権能のさまざまな構成要素が、たとえば欧州連合(EU)の諸機関や新たに結成された世界貿易機関(WTO)、国際人権規約といった超国家的組織に再配置されている。第二に、国境を越える事業取引にかんする民営化された新たな超国家的法レジームが出現し、今日、このレジームは、国境を越える労働移動、とくにサーヴィス労働者の移動にかかわる特定の構成要素を包含するものとなっている。

超国家的な過程のこれら二つの側面は、おもに移民受入政策にとって次のような含意をもっている。つまり、それによって国家主権が影響を受け、そうした新たな取決めの多くの実行に国家が参与するかぎり、国家自体が変容し、その結果、国家間システムまでもが変容してしまっているのである。移民受入政策が、国家主権や国家間システムの問題に深く組み込まれている以上、移民受入政策を設計し実行する国家の主権者としての役割をたんに強調するだけでは、もはや十分とはいえない状況になっている。国家自体の変容を検討するとともに、それが、移民政策や移民フローおよび移民の定住にかんする規制にどのような必然的帰結をもたらすことになるのかという点もまた検証しなければならないのである。

一方、グローバル化の進展とともに、経済的規制面での国家の重要度が低下していると主張するだけでも十分とはいえない(本書第9章参照)。いまや周知のように、国家は、経済のグローバル化に必要な法の改正や改革を行なう戦略的な制度となっている(たとえば、Panitch 1996 ; Cox 1987 を参照)。たしかに、そうした論点のなかには、移民受入政策の問題とはかけ離れているように思えるものもある。だが、われわれは、高度先進諸国における移民受入政策策定にどのような選択肢があるのかを検討するために分析範囲を拡張する必要に迫られているのである。

移民の受入をめぐってますます増大する係争点に対処しようとして、こうした再編成は、事実上の超国家主義と呼びうるものを生み出している。ここで注目すべきは、それがどのようにして行なわれているのかという点である。実際、それにはさまざまな形態がある。たとえば、欧州連合では、移民受入政策の特定の要素を超国家的諸機関に委譲するという形をとり、米―メキシコ二国間移民委員会では、協力の程度と内容を急速に高度化させるという形態をとっている。また、ヨーロッパと米国ではともに、移民および難民問題にかんする裁判のなかで、裁判官が国際人権規約を活用する頻度が劇的に増えている。そして、主要な自由貿易協定では、サーヴィス部門の国際貿易や投資を自由化する試みの一環として、サーヴィス労働者の循環のための民営化されたレジームが形成されているのである。

本章では、これらを含むさまざまな展開を事実上の超国家主義とみなしている。ここで事実上という語が冠せられるのは、それらが断片的、萌芽的なものであり、国際公法や国際協定のもっとも公的なレベルでも、また主権国家の国民的な表象においても、まだ十分には捉えられていないからである。そのため、本章で展開される議論は、公的な分野に目を向けるものではなく、その底流にある超国家主義の存在に着目するものとなっている。

そこで、第1節では、高度先進諸国における現行の移民受入政策の要ともいうべき二つの点、つまり規制を実行する場としての国境と個人について、簡単に検討することから議論を始めたい。そして、続く諸節で、今日、移民受入政策策定に際して、高度先進諸国の国家が直面している諸制約に焦点を合わせることにしよう。

規制の場としての国境と個人

超国家的な経済を形成する新たな諸条件が、高度先進諸国の政府や経済主体によって創出され実行されている。だが他方で、その同じ諸国において、移民受入政策の中心はいまだ旧態依然の管理概念

や規制概念に置かれ続けている。(2)

筆者のみるところでは、先進国ごとで異なる移民受入政策にはすべてを国家の役割や国境の役割にかんする共通の諸概念で基礎づけようとする基本的な枠組と呼べるものがある。とはいえ本節では、移民受入政策やその実践がさまざまな側面で収斂の度合いを強めているという点は重視するものの、それは、国家レベルの政策でみられる多くの差異を軽視するものではない。(3)

まず指摘すべきは、移民送出国の陸の境界であれ、空港であれ、領事館であれ、規制政策の核心に位置するのは、国家主権と国境管理であるという点である。次に、移民受入政策は、移民の流入が移住者の個人的な行動の結果であるとの理解にもとづいて策定されている、という点も踏まえておく必要がある。移民受入国は、受動的なエージェント、つまり移民排出過程に関与しないものとみなされているのである。これと対照的なのが難民政策である。難民の排出には、個人の管理という枠を超えて、それ以外の諸要因が作用していることが認められている。(4) したがって移民受入政策の基本的な二つの特性は、規制実行の場として国境と個人を選択しているということにあるといってよい。

入国にかんする権力をもつという点で、国家主権の地位は、条約や憲法によってゆるぎないものとなっている。実際、一九三〇年のハーグ協定は、市民であることを承認する権利が国家に存することを打ち出している。一方、五二年の難民協定では、出国の権利を普遍的権利であるとみなしつつも、入国の権利には一切触れられていない——これは、明らかな矛盾であるというよりも、あえて言及しなかったとみたほうがよい（周知のように、難民の地位と強制帰国を免れる権利は、国際法で確立されているが、それに相当するような亡命の権利というものはない。亡命権は、受入国の裁量に委ねられているのが現状である)。たしかに、人道主義の見地から、亡命を認めるよう国家に促すさまざまな人権宣言や協定は存在する。だが、この問題にかんしては、そうした宣言や協定でさえ国家に絶対的な裁量権を認めているのである。(5) オーストリアやドイツで顕著なとおり、最近まで、難民と公的に認定された人々にたいして、亡命の法的権利を与える国家もあった——だが、それも、九〇年代前半には修正されてしまっている。比較的最近の事例では、EU結成のためのさまざまな協定でも、入国可能な者は誰かを管理する権限は国家にあるということが主張され続けている。このことは、GATTや北米自由貿易協定(NAFTA)、そしてEUにおいて、資本、情報、サーヴィスといったフローにかんしては国家による国境管理の撤廃の必要性が叫ばれているのとはまったく対照的であるといえるだろう。

次に、規制実行の場としての個人という問題にかんしてみてみよう。これについては、二つの異なる操作上の論理が明らかになりつつある。その論理のうちの一つ——それは、移民受入政策に組み込まれた論理である——が、移民過程の責任をもっぱら個人に負わせ、個人を国家の権能行使の場とみなす、というものである。とくに、先進国の移民受入政策では、移民過程を個人の行動に還元する傾向が強く、個人が説明責任を果たし政策を実行する場であるとみなされている。だが、国際移民は、もっと大きな地政学上の力学や超国家的な経済の力学に組み込まれているとみねばならない(Sassen 1988)。世界の至る所から寄せられる事例からも明らかなように、移民は、かなりの程度地理的にみて一定のパターンを形成しており、主要な移民受入国は、自己の勢力圏から移民を獲得する傾向がある。このことは、米国、フランスあるいは日本というように多様な諸国に当てはまる。移民流入とは、少なくとも部分的には、受入国政府と主要な民間経済主体の行動の結果なのである。経済の国際化やかつての植民地化のパターンから生み出される地政学は、移民流入の責任がもっぱら移住者だけに帰せられるものではないということを物語っている(Sassen 1988 ; 1996a)。また、分析の面からいえば、移民流入が個人の行動の結果である、という移民分析の多くが暗黙の前提とする命題を疑問視してはじめて、こうした諸条件を国家や移民流入の理論化に組み入れることが可能となるのである。

もう一つの論理は、さまざまな人権条約に組み込まれたものである。そこでは、個人は人権の場と位置づけられ、それゆえに、個人は国家の権能(主権)にたいして異議申し立てを行なう場として立ち現れている。

主権を超えて——国家の政策立案に課される制約

移民受入政策という点で、法治国家が取り組まなければならない権利と義務の範囲はますます拡大している。普遍的な人権からそれほど普遍的とはいえないエスニック・ロビーにいたるまで、国家は内外の圧力にさらされている。その結果、全体的にみれば、国家の権能は制約され、移民管理の鍵となる概念の基礎が掘り崩されている。

この点にかんして、まず、われわれが目の当たりにするのは、移民が獲得するさまざまな権利や国際協定および国際条約を中心にして、事実上のレジームが出現しつつあるという事態である。（原則的には）それによって、移民管理における国家の役割が条件づけられている（たとえば、Hollifield 1992; Bauböck 1994; Sassen 1996a, Part Three を参照）。そのような協定の一つの事例が、一九九〇年一二月一八日に国連総会で採択された、すべての移民労働者とその家族構成員の権利保護にかんする国際協定である（国連決議四五／一五八）。また、移民居住者には、一連の権利が広く司法当局によって保護されている。さらに、過去三〇年間にわたって、女性であれ、エスニック・マイノリティであれ、また移民や難民であれ、法的にみて社会的底辺層に位置づけられる人々に市民権や社会権が徐々にではあるが拡張されている。

このような権利の拡張は、かなりの程度司法をつうじて行なわれているが、そのことで、国家はその内部に存在する多くの制約に直面するようになってきた。たとえば、フランスとドイツの議会は、家族の再会を目的とする移民を制限しようとしてきた。だが、この試みは、そのような制限が国際協定に違反するという理由で、行政府や憲法裁判所によって阻止されている。また、両国の憲法裁判所はともに移民居住者に一連の権利を保障することを支持しており、そのことも移民居住者にたいする政府の権力を制限する効果をもってきた。同様に、裁判所は、亡命希望者の入国を制限もしくは妨げる政府の能力をも限定的なものにしているのである。(6)

最後に、西ヨーロッパ、北米、日本では、移民受入政策論争に加わり、実際の政策立案にも関与する政治主体の数と種類が、二〇年前に比べてはるかに増大している。たとえば、EU、反移民政党、しばしば移民を代表し（あるいはそのように主張し）移民の権利のために闘うヨーロッパと北米の巨大な組織的ネットワークや移民協会、大部分が二世で構成される移民政治家たち、とくに米国で目立ついわゆるエスニック・ロビーが、それに当たるだろう。(7) 移民にかんする政策過程は、もはや内閣や行政府のやりとりという狭義の政府の活動領域には収まりきらなくなっている。世論や公の政治論争が、移民受入政策を策定する舞台の一部を構成しているのである。(8) なかでもヨーロッパ諸国の一部でみられるように、すべての政党が、移民にたいしてどのようなスタンスを取るかで、自己の政治的立場を示すようになっている。たしかに、こうした事態は、二〇世紀だけでなく一九世紀にも見られた。だが、今日、われわれは、二、三十年前に比べて、はるかに先鋭化した状況を目の当たりにしていると言えるだろう。

こうした展開は、とりわけEUにおいて際立っている。(9) ヨーロッパ単一市場計画は、国境のないコミュニティを創出する際の必要不可欠の要素として、人の自由な循環と関連するさまざまな問題点を浮上させるのに強い影響を及ぼした。かつてのECの諸機関には、こうした問題点の多くに対処する法的な権限はなかった。だが、今日、人の循環をめぐる問題点は、現実に取り組まねばならない課題となっている。結局のところ、EUの諸機関は、徐々にではあるが、査証政策や家族の再会、そして移民政策に深く関与するようになっている――これらはすべて、以前ならもっぱら個別国民国家の領分に属するものであった。各国政府は、こうしたかつての国家の排他的領分にEUがかかわることを拒否したし、いまも拒み続けている。だが、公に反対声明が出されていても、いまや法律面、実際面での諸問題が立ち現れるなかにあって、ＥＵの関与が受け入れられ、むしろそれは避けようのないものとなっている。

移民および難民政策の多くの側面が、ＥＵの法的権限と干渉しあうことは自明のものとなりつつある。この点における主たる結節点が、単一市場形成の一部を構成する人の自由移動と、それに伴う社会権である。実際、ＥＵは、これらの点でますます重要な役割を担うようになっており、その加盟国が移民受入国であるという事実が、ゆっくりとではあるが認識され始めている。経済通貨同盟を実現するためには、労働者とその家族の移動という面で、より高い柔軟性が求められるだろう。そのため、ＥＵ加盟国では、非ＥＵ国民を対象とした国家レベルの移民法にたいする疑問が、ますます多く指摘されることになると考えられるのである。

いまや、ＥＵ規模の移民政策が必要であるとの認識が高まっている。それは、個々の国家が長らく拒否し続けてきたものである。だが、社会主義ブロックの崩壊と、それとともに急増した難民の流出によって、ＥＵ規模の移民政策は緊急の課題となった(今日では、そうした難民の流出は、だいたいにおいて小康状態を保っているが)。全般的にみれば、ＥＵでは、非常に緩やかではあるが、加盟国の移民政策をより緊密に連携させる方向に向かっている。

米国の場合、政府レベルで作用する諸力の組合せは、ＥＵとまったく異なるものの、移民受入政策を立案するうえで国家に課された制約という点で、その一般的な含意が類似している。米国の移民受入政策は、主として議会で議論され策定される。したがって、それは、きわめて開かれたものであり、非常に多様かつ局所的な利害関係者、とりわけエスニック・ロビーの支配下におかれている。[10] そのため、移民受入政策の策定は、とりわけ公開的な過程となり、他の政策立案過程とはまったく異なるものとなっている。[11] だが、米国では、これまで移民受入は攻撃の的であり、そうした攻撃は広い意味での政治の再国民化のなかに位置づけることができる。また、その過程は、部分的には、経済のグローバル化にたいする反作用とみなすことができる。その意味で、こうした動きは、EUを強化する流れのなかで、西ヨーロッパに台頭する地域主義とも類似性をもつといえるだろう。

こうして、諸権利に基礎づけられた自由主義が二〇年間続いた後、米国の議会と世論は、不法移民は言うまでもなく、いまや合法移民にたいしてまでも諸権利と公的給付制度を目に見える形で削減する方向に向かっている。たしかに、移民受入政策およびその他の法律は、不法移民を含む移民の権利を拡張してきた。[12] だが、一九九〇年移民法が、公開的な議論もほとんどないままに、急遽可決されたときでさえ、世論はすでに移民受入反対に転じていたのである。近年、承認された一九九六年移民改革法案は、合法的な入国を規制するルールを引き締め、米国市民であり永住者でもある移民が、他の家族構成員を米国に呼び寄せるのに、さらに厳しい制限を課すようになっている。こうした展開は、財政コスト削減の推進と州への抜本的な内政権の付与という、より広い文脈のなかで起こっている。[13]

歴史的に米国では、移民受入は連邦政府の領分であった。そのことが、今日、内政権の移転——権力の州への返還——という流れのなかで、新たな意味をもとうとしている。[14] アルフレッド・アマン・ジュニア(Aman 1995)が指摘しているように、連邦の権力を州に再配分すべきとの政治的論調や憲法上の議論は目新しいものではない。だが、近年、憲法修正第一〇条[1]に注目が集まり、それが政治的に有効かつ人気の高い指針として再び取り上げられている事態は、連邦政府と州の関係をめぐるニューディール以来の政治的大変化を生み出している。いまや、州政府の一部と連邦政府のあいだには、移民にかんする連邦指令のなかでも――公的保健医療へのアクセスや就学といった――連邦からの委任金を伴わない特定の問題をめぐって対立が顕在化している。かくして、過剰な移民を受け入れている州は、想定される移民受入コストによって、不当に大きな負担を強いられていると主張するにいたっている。米国では、移民受入に伴うコストは、幅広く推計がなされるとともに、激しい論争の的となっている領域である[15]。この対立の核心に位置するのは、政策は連邦政府によって設定されながら、連邦政府は移民受入政策の主要な側面の多くを実行する財政およびその他の責任を負っていない、というものである。現在進行中の州への権限委譲によって、こうした分裂がさらに深まることになるだろう。

州は、供与するよう求められている給付やサーヴィスのコスト、とりわけ不法移民にたいするものを返還するよう連邦政府に要求しはじめている(Clark et al. 1994 ; GAO 1994 ; 1995)。一九九四年、(アリゾナ、カリフォルニア、フロリダ、ニュージャージー、ニューヨーク、テキサスの)六つの州が、それぞれ連邦地方裁判所に提訴し、連邦政府が、米国移民受入政策の実施に失敗し、国境を保護することもなく、移民流入の緊急事態に適切な資源を提供しなかったために、これらの州が被ったと主張するコストの返還を要求した[16](Dunlap and Morse 1995)。その額はさまざまであるが、たとえば、ニュージャージー州では、九三年会計年度における五〇〇名の不法移民重犯罪者の収監費用と将来の施設建設費用をあわせた五億五〇万ドルが要求され、ニューヨーク州でも、八八年から九三年にいたる州および郡全体の不法移民関連コストとして三億三六〇〇万ドルを請求している。米国の地方裁判所の判決は、この六つの訴訟をすべて退けたが、州のなかには控訴しているものもある。

絡みつく諸過程の網の目

こうした展開から浮上する問題点の一つが、移民流入を規制する際に国家が行なう管理の性格である。だが、ここで問題にしたいのは、国境にたいする国家管理がどの程度の効果を発揮するのかということではない――そうした管理がけっして絶対的なものでないことはわかっている。むしろ問われるべきは、国際的な人権条約や、過去二〇年間にわたる移民居住者にたいするさまざまな社会権や政治的権利の拡張、移民受入問題に関与する政治主体の多様化、移民流入とそれ以外の諸過程との相互作用を前提とするとき、国家による移民流入管理の実質的な性格がどのようなものになるのか、ということである。

第一に、移民受入政策そのものであれ、移民流入に影響をおよぼす他の政策であれ、そうした政策が意図せざる結果を生み出すという問題が存在する。たとえば、一九六五年の米国移民法は、その立案者たちが意図も予想もしなかった結果をもたらした(Reimers 1983; Briggs 1992)。この法律は家族の再会を重要視していたことから、当初の予想では、この法律の成立によってすでに米国に居住する人々と同じ国籍をもつ者、つまりヨーロッパ人をより多く呼び寄せることになると考えられていたのである。また、ここでいう意図せざる結果のなかには、生産の国際化や海外援助と関連するものもある(Sassen 1988 ; *Journal für Entwicklungspolitik* 1995 ; Bonacich et al. 1994)。多くの場合、こうした要因が、翻って移民流入に予想外の影響を及ぼした。たとえば、八〇年代の一〇年間にエルサルバドルで見られた同様の意図せざる結果は、米国による軍事援助が行なわれた後に難民の流出が生じたという事態に見出すことができる(Mahler 1995)。米国では、移民受入政策が、外交政策の明示的かつ公的な構成要素となることは稀であるが、いまや揺るぎない事実となっているインドシナ難民の場合以外でも、米国の外交政策が移民フローに重大な影響を及ぼしてきたのである。控えめにいっても、米国の海外援助が、移民流出を阻止する方向で機能することはめったになかったと言えるだろう。[17]

対外的にも大きな影響力をもつ米国の国内政策が、米国への移民流出の一因となったという点もまた指摘せねばならない。一九八〇年代前半の砂糖価格支持政策は、その有名な事例である。この政策の下、米国の納税者は、国内生産者の砂糖価格を支持するために毎年三〇億ドルも支払っていた。その一方で、この政策によって、カリブ海諸国は競争から排除され、その結果、八二年から八八年にかけてこの地域では四〇〇万人もの職が奪われたのである。とりわけ、ドミニカ共和国は、一〇年も経たないうちに、砂糖の輸出割当の四分の三を失っている。ここで、八〇年代は、同時に、この地域からの米国への移民が大規模に増大する時期でもあったことを想起してもらいたい。

国家による移民管理の実質的な性格を明らかにしてくれる状況の第二のタイプは、移民流入をゼロ・サム・ゲームとみなす議論にみられるねじれである。近年の歴史が示しているように、政府がある種の入国カテゴリーを閉ざせば、別のカテゴリーで入国する者の数が増大する。たとえば、政府が、亡命にたいしてきわめて自由主義的な政策をとる場合、世論がすべての亡命希望者にたいして受入反対に転じ、その国全体を閉鎖的なものにするというのも、この種の力学の一つに数えることができる。このことは、翻って、不法入国者の増大を助長する可能性を高めることになるのである。(18)

第三に、移民流入を管理する国家の自律性を低下させていると思われる一連の状況を指摘する必要があるだろう。大規模な国際移民は、きわめて複雑な経済的・社会的ネットワーク、そしてエスニック・ネットワークに組み込まれている。そのため、移民は、かなりの程度条件づけられ、構造化されたフローなのである。移民の流入は、個人の行動の集計結果であり、それ以外の主要な地政学的過程や超国家的な過程からは区別され自律したものとして処理すべきである、と国家は主張するかもしれない。だが、現実には、そうした大きな力学が与える影響やそうした諸過程から移民受入政策問題を切り離すべきであるとの主張がもたらす結果を、国家は避けて通ることはできない。

しかしながら、国家の移民管理能力に課されたこれらの諸制約を、管理の危機とみなすべきではない。むしろ、ここで、筆者が企図しているのは、規制実行の場としての国境や個人という馴染み深い枠組を超えて、移民受入政策の問題を自由に展開することである。これらの制約が示唆しているのは、国際移民が、送出地域・受入地域双方の経済の国際化から生じる諸条件に、部分的であれ、組み込まれている、ということなのである。たしかに、国民国家は、移民受入にかんする政策文書を作成する権力をもっている。だが、国民国家は、複雑かつ深く組み込まれた超国家的な過程に対処しなければならないであろう。通常、理解されているような移民受入政策では、その過程に対応したり、それを規制したりすることは、できたとしても部分的でしかないのである。(19)

異なるレジームが交錯するとき

あたかも隔離された閉鎖的事象として取り扱うことができるかのように、移民をそれ以外の主要な諸過程から形式的に分離することが、いまだに移民受入政策の特徴となっている。ここには、主として二つの認識の共同体が存在するといえる。つまり、資本や情報のフローにかんするものと、移民流入にかんするものである。この二つの認識の共同体はともに、国際的なものであり、両者は国家で構成されるコミュニティのなかで幅広いコンセンサスを享受している。

米国では、そうした資本のためのレジームと流入移民のためのレジームという異なるレジームの共存が、一つの論点を構成するものとみなされてこなかった。これにたいして、興味深いのがEUのケースである。EUでは、そのような異なる二つのレジームの維持を公式化することがかなり進んだ段階にあり、そうした試みのなかで、ヨーロッパ諸国は、その共存が不可能ではないにしても困難であることに気づきつつあるからである。EUとその加盟国政府は、移民流入にたいするレジームとそれ以外のフローにたいするレジームという多様なレジームが並存する状況は、きわめて対処しにくいものであるとみている。EUの形成を目指す政策協議や、その設計および実行をつうじて明らかになったのは、移民受入政策でも急速な経済の国際化という現実を考慮しなければならないということであった。EUは、国家が公的な政策枠組を設計する際、この矛盾に取り組まねばならない局面があることを非常に明快に示してくれているのである。これにたいして、世界の他の主要な自由貿易システムは、そうした局面からは程遠い段階にあり、その段階に至り着くことはけっしてないかもしれない。だが、EUほど公式化されていないとはいえ、そうしたシステムにも、形態は異なるが、国境のない経済と移民を排除し続ける国境管理の並存する状況が内包されているのである。NAFTAが、現存するそのような事例の一つである。そこでは、西半球の広域的な経済統合を推進するためのさまざまなイニシアティヴが、より多様な方法で実行されている。

西ヨーロッパや自由貿易システムほど明確ではないものの、国境を越える移民を抱える他の地域にも同様の問題点が存在している。それは、主要経済大国の勢力圏あるいは大国の地政学的勢力圏として構成される地域的システムである(たとえば、米国によるカリブ海諸国にたいする長期にわたる支配が、それに相当する)。ここで重要なのは、形態の異なるこうした地域的システムのなかに、大規模な国際移民フローが、かなりの程度、組み込まれているという点である。そして、そのような地域的システムの特徴をなす擬似的な超国家的経済統合自体が、国境のない経済空間の拡大と移民や難民を排除する国境管理とのあいだにさまざまな形で独自の矛盾を生み出しているのである。

資本循環と移民循環という非常に異なる二つのレジームの存在によって、旧来のゲームのルールでは解決できない問題が生じていることはいまや明らかである。そうした戦略拠点において、現実に進行する超国家化が、移民受入政策にかんする国家の諸決定に関与し圧力をかけているのである。たとえば、ＧＡＴＴやＮＡＦＴＡでは、サーヴィス部門における貿易と投資のさらなる国際化の一部を成すものとして、サーヴィス労働者を循環させる特別のレジームを創出しようとの要求がなされている（Sassen in progress を参照）。たしかに、このサーヴィス労働者循環のためのレジームが、いかなるものであれ、移民にかんする概念と結びつけられることはなかった。だが、現実をみれば、そうした循環は、一種の一時的な労働移民を表している。したがって、それは、おもに政府からまったく自律した主体の監視下におかれる労働移動のためのレジームなのである。このことは、入国にかんする主権の構成要素の一部が制度的に再編成されることを意味し、国家主権の一部が、グローバル経済を統治するための非政府もしくは擬似政府主体に移譲される全般的な諸過程の拡張形態であるとみなすことができるのである(20)。

たとえば、ＮＡＦＴＡにおけるサーヴィス、金融サーヴィス、電気通信および「実業家」の章には、市民権をもつ国以外で活動する人々について、多岐にわたってかなり詳細な規定が含まれている。ＮＡＦＴＡの第一二章「国境を越えるサーヴィス貿易」（ホワイトハウス文書、一九九三年九月二九日付）では、一二〇一条に、それが規定する五種類の措置の一つとして、「協定相手国のサーヴィス提供者の自国領土におけるプレゼンス」の取り扱いにかんする規定があり、そこには、企業と個別労働者双方にたいする規定も含まれている。また、同条文には、相手国の雇用市場にアクセスすることを要求したり、雇用にかんして何らかの権利を期待する非自国民にたいして、国境を越えるサーヴィス貿易協定が何ら義務を課すものではないことを明確に断言している箇所がある。また一二〇二条には、非自国民サーヴィス提供者の処遇にかんする諸条件が明記されており、そうした諸条件は一二〇三条、一二〇五条、一二一〇条(とくに付属文書一二一〇・五)、一二一三条二aおよびbにもみられる。同様に、電気通信にかんする第一三章と金融サーヴィスにかんする第一四章には、労働者に適用される詳細な規制を含むサーヴィス提供者にたいする規定がある。さらに、第一六章「実業家にかんする一時入国」は、「財の取引、サーヴィスの提供、投資活動に従事する」人々にたいする諸規定を網羅している(一六〇八条)。

労働者や実業家にかんする諸規定のこうした展開は、自由な貿易や投資の枠組を実行に移す際、人の循環を取り扱わずにおくことが困難であることを示している。こうした試み――つまりNAFTA、GATT、EU――は、国境を越える労働の循環にそれぞれ独自の方法で対処しなければならなくなっているのである。

グローバル化が政府の政策立案におよぼす影響の具体的事例は、一九九〇年に施行された日本の改正入管法にもみられる。この論点が自由貿易協定との関連で演じたのとはまったく異なる方法で、改正入管法は、国境の開放という考えを拒絶しつつ専門職労働者の国境を越える循環の必要性に対処する一つの方法を例証してくれている。日本における専門分野の国際化の高まりを認識しつつ、日本は、この法律をつうじて欧米的な背景をもつきわめて特殊な専門職(たとえば国際金融、欧米型会計、西洋医学といった分野の専門家)にかんするいくつかのカテゴリーに門戸を開いた。その一方で、それは、いわゆる「単純労働者」の入国を非合法なものにするものであった(本書第3章参照)。したがって、この法律は、「欧米の人的資本」を輸入するものであったが、「移民」にたいしては国境を閉ざすものであったとみなすことができるのである。

さらに、国境を越える人の循環に対処する必要性は、途上国、とりわけラテンアメリカの自由貿易協定でも顕在化している。南米南部共同市場(メルコスール)、アンデス・グループ、中米共同市場といった、この地域の主要貿易ブロックで、人の国際循環をめぐる活動が急激に活発化しているのである。一九九〇年代前半に、各地域貿易ブロックは、加盟国間の国際労働移民にたいしてさまざまなイニシアティヴを打ち出している。これは、多くの点で、新しい展開であった。たしかに、労働移民や人の循環にかんする相次ぐ会合に先立って、設立条約が締結される場合もあった。だが、九〇年代前半の状況は、国際労働移民という論点を明確に重要な行動計画として俎上に上らせた。現実に起こった事態を検証してみれば、これらの各地域では、八〇年代後半に、投資および貿易のための共同市場を形成する動きそのものが活性化していたことがわかる。つまり、グローバル化、規制緩和、民営化の影響を受けつつ、資本、財、情報の循環が高まったことこそが、人の循環の問題を重要な行動計画にまで高めたのである。

アンデス条約の場合、労働移民にかんする協定は、貿易協定の初期段階で締結されている。一九七三年に、社会および労働統合にかんするシモン・ボリバール協定が結ばれ、それは、七七年に、その運営上の取決めであるアンデス労働移民声明へと結実する。こうしたなか、各国の労働省内部には、この協定の実行および執行を担当する行政機関が設けられた。だが、アンデス共同市場にかんする一般協定と同じく、こうした機関も機能しなかった。この動きが、再び活性化するのは、八九年、アンデス戦略にかんする協定が、加盟国の大統領によって調印されて以降のことである。さらに、アンデス・グループの外観そのものも、グローバルなそして地域的な全体状況の急激な変化を反映して、初期の頃と比べて変化している[21](オリジナルの条約文書を含むより詳細な説明にかんしては、Acuerdo de Cartagena 1991a, b, c; Banco Interamericano de Desarrollo/JUNAC 1993; JUNAC-OIM 1993; Leon and Kratochwil 1993; Marmora 1985a, b を参照)。

一方、一九九一年に設立されたメルコスールは、代表的な新世代の地域協定である(Kratochwil 1995)。その設立条約が、アスンシオンで、アルゼンチン、ブラジル、パラグアイ、ウルグアイの大統領によって調印されたのは、一九九一年になってのことであった。だが、この協定は、この地域で、何年にもわたって半ば(あるいは完全に)休眠状態にあった、それ以前の国家間の諸協定を事実上吸収するものであった。メルコスールは、関税同盟を発効させる九四年のオーロプレト議定書をつうじて、国際法上の法的地位を獲得している。創設後まもなく、加盟国の移民および労働関連の当局者は、二つの作業部会を立ち上げた。そのうちの一つは、移民管理および国境管理の簡素化にかんする任務を担うものであった。国境問題全般や社会および労働問題にかんしても、さまざまな委員会や作業部会が追加的に設立された。いまでは、労働移民は、いくつかの行動計画で取り上げられ、さまざまな協定の主題を構成するものとなっている（詳細な説明にかんしては、OIM 1991b; CEPAL 1994; Torales 1993; Marmora 1994 を参照）。

一九五一年には中米機構（ODECA）が設立され、六一年には中米共同市場が創設されている。だが、中米移民機構（OCAM）が設立されたのは、ようやく九一年になってのことである。また、九一年には、中米議会（PARLACEN）と新地域統合システム（SICA（中米統合機構））も設置された。この二つの機関は、この地域を構成するすべての諸国の参加を目標にしているが、現状では、必ずしもすべての諸国が完全に参加しているわけではない。OCAMは、過去数年間にわたって積極的な活動を展開してきた。ここで、強調すべきは、この地域の諸条件が、ラテンアメリカにおける他の二つの地域ブロックとは根本的に異なっているという点である。この地域では、破壊的な内戦によって、地域全体に大規模な難民が生み出されていたが、最悪の軍事対立の多くが中止されるとともに、そうした難民の複雑な回帰現象が起こっているのである。こうした状況が目をひくものの、九〇年代には、地域経済統合や、それと関連する人の循環のための枠組に大きな関心が集まったことも見過ごすべきではない。こうした試みが、この地域の難民および帰国移民危機とは無関係に行なわれており、むしろ九〇年代の新しい経済力学と関連していることは明らかである（詳細については、Directores Generales de Migraciones 1992; CEPAL 1992; Stein 1993; SIECA 1991a, b; OIM 1991a, d を参照。また Fagen and Eldridge 1991 もあわせて参照されたい）。

米国と、その主要な移民送出国であるメキシコの場合、NAFTAの調印が、移民にかんする一連の新たなイニシアティヴの活性化に影響を及ぼしたと考えられる。これは、一種の事実上の二国間主義であり、おそらくそれは両国間の移民を取り扱う根本的に新しい局面が開かれたことを意味している。この点は、幾分詳細に検討するに値するであろう。

米国—メキシコ——事実上の二国間主義に向かうのか?

ラテンアメリカの場合とは異なり、国際移民問題をめぐって、旧来の手段が再び活力を取り戻しているだけでなく、新たな活動が相次いで現れるという事態を、われわれは目の当たりにしている。カーター大統領とロペス・ポルティージョ大統領は、米—メキシコ間の円滑な調整を行なうべく、米墨諮問メカニズムを設立した。最終的に、この機構は、一九八一年、米—メキシコ二国間委員会の設置に結実し、両国の閣僚レベルでの当局者間会合の場として機能した。同委員会は、柔軟なメカニズムと位置づけられ、年一回か二回のペースで開催される予定であった。その初期の作業部会の一つとして、八一年には、国境関係のアクション・グループが設置されている。

一九九六年の米国移民法の改正は、最小限のことしか言及せず、こうした動きに冷水を浴びせる効果をもつものであったとはいえ、九〇年代半ばになると、そうした作業部会会合開催の頻度、そこで取り上げられる論点、そして実際の作業といった点で状況は異なってくる。さらに、NAFTAは、これら作業部会における交渉と協力を強化する要因となった。なかでも精力的な活動を展開したのが、移民および領事問題についての作業部会である。[22] この部会は、両国が互いに利害関係を有する深刻な国境問題に取り組む手段として有効なものであった。九五年五月一六日の共同声明において、米国、メキシコの両国は、九五年二月のサカテカス会合で合意に達した事項にもとづいて進展をはかる旨を宣言した。とくに関心の高かった事項が、安全な国境運営を確保すること、つまり移動中の移民や国境線沿いの地域コミュニティに影響をおよぼす犯罪行為や暴力行為を防止し排除するということであった。また、両国は、法的地位に関係なく、米国におけるすべてのメキシコ人移民の人権と市民権を保護する責務を再確認した。この作業部会を構成する両国のメンバーの多くは、これが前例のない協力と対話の新たな局面であると確信しているように思える。また、メキシコ政府が、それほどまでに国際移民問題に関与したのも初めてのことであった。一般的に言って、メキシコ政府は、この問題にかんして、それまで自由放任の立場をとり、具体的な政策を展開することはなかったのである。

だが、両国の代表が、すべての点で合意したわけではなく、見解の相違も公然と論じられている。これになかでもメキシコの代表は、米国で昂揚する反移民感情と反移民政策に深い懸念を表明した。これにたいして、米国側代表は、こうした展開に対処すべく協力することに同意している。また、メキシコ側代表は、安全性確保のためにさまざまな場所で国境障壁を拡大・強化するという米国の提案にたいしても、懸念をあらわにした。彼らは、そのような政策が、国境線沿いの地域コミュニティに悪影響を及ぼし、最大の懸案地域の諸問題を解決しようとするメキシコの努力にたいしてマイナスの効果をもつという点を強調した。こうした深刻な食い違いがあったにもかかわらず、いやおそらくはそれが存在したがゆえに、両国の代表は、過去二年間にわたって発展させてきた協力と対話を継続させることの重要性を確認したのである。

一九九五年二月のサカテカス会合は、緊密な協力と開かれた対話に向けた努力をさらに推し進めるという点できわめて重要な意味をもっている。(23) サカテカス会合で合意に達したことの一つに、メキシコ政府が、国境沿いの地域における暴力に取り組むためのグループを設置したことが挙げられる。その一つの試みが、BETAと呼ばれる人権問題にかんする非政府組織の活動の拡大である。米国サイドには、市民諮問委員会が設置され、その主要な目的の一つとして国境侵害の届出についての処理手続を事後的に審査することを掲げた。今日、この国境連絡窓口メカニズムは、国境問題に対処するきわめて有効かつ有益な方途となっており、続々と新しい窓口が国境線上の各地に設置されている。

サカテカス会合に端を発する主要な試みには、人権規約を完全に遵守しつつ、合法移民を促進し不法移民の帰国を促すというものもある。この合意にもとづいて行動しながら、米国側代表は、一九九五年五月一六日の共同声明において、九五年四月までに主要な通関手続地点では、国境問題で未処理の問題はすべて解決したことを確認している。最終的に、両国の代表は、人権を十分に尊重しつつ、メキシコ人不法移民を、途中滞在することなくメキシコ内の通関手続地へと安全かつ規則どおりに送還するために、国際的な慣行と矛盾しない基準、手続き、法的条件を作成している。

両国の代表は、移民にかんして必要な情報へのアクセスを獲得することが必要不可欠であるとの認識に立ち、両国の専門家グループで現在進められている二国間移民研究を継続的に支援している。こうした試みは、二国間の移民フローに対処する建設的で長期的な新たな政策展開を促進することになるものと期待されている。

国際移民にかんして、事実上の二国間主義へと向かう非公式の兆候もある。一つの例が、北フロンテーラ大学の大規模な拡大と、それにたいする政府の強力な支援である。この大学は、ティファナ郊外に本部を置き、その分校を国境全体に広げている。この大学の目標は、国境を米国およびメキシコ双方にかかわりをもつ地域であると理解する研究母体を発展させ、その中核となる専門家を育成することにある。ワシントンDCにあるカーネギー国際平和基金の後援を受け設立された米墨諮問グループの形成が、もう一つの事例である。このグループは、両国の上級政策立案者や非政府専門家を非公式非公開の持続的対話に従事させ、移民およびそれに付随する労働問題にかんする米―メキシコ間の調整を促進することを目的にしている。その最初の会合は、一九九五年六月に開催され、政府代表のトップには米国・メキシコそれぞれの大使が就いている。

＊　＊　＊

以上でみた展開はすべて、次のような効果をもつものである。第一に、移民受入政策策定における国家の自律性を低下させる効果、第二に、移民受入政策に取り組む国家内部の部門の数を増大させ、それとともに国家内部の対立の余地を広げる効果である。国家が移民受入政策を担っているとの主張は、あまりにも一般的すぎるし、それを所与とみなすことは、ますます有用なものではなくなっている。国際的な係争点にかんする政策立案には、政府のかなり多様な部署がかかわることになる。グローバル経済への参入によって、国家自体が変容している。そればかりか、当然のことながら、国家が均質的な主体であることはけっしてない。国家は、多様な機関と社会勢力で構成されているのである。実際、国家が移民受入政策を集権的に管理するとしても、それに必要な権力を行使する作業は、多くの場合、国家と利害をもつ社会勢力との対立を抑制することから始まるといえるだろう(Mitchell 1989を参照)。こうした利害集団には、アグリビジネス、製造業、人道主義団体、労働組合、エスニック組織、人口ゼロ成長の提唱者たちが含まれている。今日では、これに、国家内部の権力と影響力の階層構造が、経済のグローバル化の拡大によって再編成されつつある、という状況を加味しなければならないのである。(24)

移民受入政策が策定され実行される諸条件には、今日、経済のグローバル化がもたらす圧力や、それが国家の役割にかんしてもつ含意から、人権にかんする国際的な合意に至るまで、幅広い要因が絡んでいる。また、移民受入政策が策定され実行される制度環境には、国民国家や地方政府から超国家機関にいたる幅広い主体が関与しているといってよい。

それでは、こうした国家や国家間システムの変容は、何ゆえに移民流入にとって重要であるといえるのか。統治機能が国家から非国家主体に置き換わることによって、国家の国境管理能力あるいは管理を持続する能力と、国家が国境内部で権力を行使する能力は影響を受けている。そのなかで、新たな統治システムが創出されつつあるのである。この新たなシステムは、旧来と同様の方法で移民流入を規制し続ける国家の能力とのあいだに、ますます対立を深める可能性がある。さらに、グローバルな諸過程を推進する国家の役割によって国家そのものが変容しており、それが一因となって、新たな制約条件や既得権益のみならず、新たな選択肢までもが生み出される可能性も十分にある。グローバル化の拡大と関連する機関の力が優勢となり、国内の平等問題を担う機関の力が衰退するという事態が、最終的に、移民受入にかんする行動計画に影響をおよぼす可能性はきわめて高いのである。

人権と移民受入政策

経済のグローバル化が生み出す新しい諸条件以外でも、移民受入政策とその実践が、新たな国際人権レジームから受ける影響はますます大きくなっている[(25)]。国家レベルの政策を策定するために、国際的誓約を発動させるという事態は、政府機能の置き換えに、また違ったタイプのものが存在することを示唆するものである。すなわち、正統化過程における置き換えである。この動きは、国家主義――国際法や国際関係において自国民を代表する国家の絶対的な権利――から離れ、概念的にも運用上も、国際法に国家以外の主題や主体を出現させる方向に向かうものである。国際人権レジームは、これまで国際法では目にとまることのなかった人々――つまり先住民族、移民および難民、女性――によって国際法上の主題を構成していくための重要なメカニズムとなっている。このメカニズムをつうじて、国家内部に部門間の不一致が生まれる事例がますます増えている。移民や難民そして亡命希望者などの権利保護の点からみれば、このことがおそらくもっとも顕在化するのは、高度先進国でこれまで司法が担ってきた戦略的な役割においてであろう。

人権は、国籍に左右されるものではない。人権は、国民と外国人との区別にもとづいて規定される政治的権利や社会権、市民権とは異なっている。人権は、そのような区別よりも優先されるものである。米国やフランスのように、こうした権利の根拠が国民国家の創設文書に置かれている場合でも、過去数年間にわたって、人権に明確な発展がみられることを理解しなければならない。今日、人権は、国民にたいする国家の排他的な権能の基盤を掘り崩し、国家間システムや国際法秩序を変容させる一つの力となっているのである。[26] 領土によって限定された国民国家の成員資格は、もはや権利を実現する唯一の基礎ではなくなっている。市民であろうとなかろうと、すべての住民が人権を主張できる(Jacobson 1996 ; Henkin 1990)。人権は、「人格性」という概念を強く打ち出すものである。国家がそのような人権を尊重しない場合、人権規約は国家の正統性の一部を侵すことができる。国家の正統性は、もはや正統性の条件として民族自決だけを問うものではなく、国際人権規約を遵守するかどうかという問題ともなっているのである(Franck 1992 を参照)。このことは、きわめて重要なシフトが生じていることを示している。つまり、正統性は、もはや民族自決権の発動に自動的に伴うものではない、と仮定されているのである。にもかかわらず、これとともに強調すべき重要な点は、人権を推進していくためには、国家に依存しなければならないということである。

人権法の影響力の高まりは、とりわけヨーロッパにおいて顕著である。たしかに、米国でも一九八〇年代になってようやく同様の事態が始まるが、それでもまだヨーロッパと比べれば遅れている。[27] 米国における人権法の影響力の高まりは、部分的には人格性の米国流の定義、とりわけ、領土的な境界にとらわれない人民および人々の不可譲の自然権であるという考えが生み出した一つの帰結であるとみなされてきた。この考えにもとづいて、たとえば、裁判所が、不法移民問題を米国の立憲政治の範囲内で取り扱う場合もある。人格を重要視することによって、市民であることを重視する場合にはありえない方法で、不法移民問題を解釈することが可能となる。七〇年代半ばから八〇年代前半になると、ようやく米国国内の裁判所は、人権規約を権利の規範的手段とみなしはじめた。不法移民の急激な増大と、その流入を管理し、人口を構成する多様なカテゴリーを規制する能力はもはや国家にはないとの意識が、裁判所をして国際人権レジームを考慮せしめる一因となったのである。それによって、裁判所は、国家の領土や法制度には正式には属さない個人、とりわけ密入国者と無許可の難民を基本的に保護するという立場から、判決を下すことができるようになっている。[28]

国際人権規約の観点から、個人や非国家主体は国家に異議申し立てができる。加えて、人権の伸張が国民国家という枠組を超えるという一つの展開を示してくれるのが、国際人権規約や国際人権機関にたいする法治国家の説明責任の高まりである。この主題について急進的な立場に立つ理論家の目には(たとえばJacobson 1996やSoysal 1994)、これが法治国家の正統性の基礎と国籍という概念を再定義する要因と映っている。人権レジームの下で、国家は、ますます人を、市民としてではなく、人として考慮しなければならなくなっている。つまり、いまや、市民であるか、外国人であるかを問わず、個人が法の対象であり、権利の場となっているのである。[29]

移民は、居住する国で社会権や市民権、そしてなんらかの政治的権利を蓄積していくなかで、市民であることの意味と、市民が国家にたいして主張する請求権の特殊性を希薄化させている(Bosniack 1992を参照)。一九七〇年代や八〇年代になると、社会サーヴィス(教育、健康保険、福祉、失業給付)の点でいえば、市民であるという地位はさして重要性をもたなくなっている。これにたいして、とりわけ重要視されるようになったのが、居住していることであり、合法外国人としての地位である。だが、九〇年代前半になると、反移民感情の先鋭化とともに、こうした状況は変化しはじめ、その結果――九六年の米国や九三年のフランスで可決された最近の法律にみられるように――移民の権利は、かなり縮小するようになる。たとえ受給者がその国に居住していなくても、ほとんどの国が退職年金を支払うであろう。また、たとえばスウェーデンやオランダのように、国によっては地方参政権を認めているところもある。さらに、憲法か法令のいずれかによって、永住者に市民権を保障している国がほとんどである。このように市民の請求権と移民の請求権のあいだにほとんど格差が存在しないことが、特定の国籍集団で帰化性向が低下する一因となったと見てよい。そのため、両者の格差を拡大する、一九九六年の米国移民法の改正とともに、市民権を求める申請が急増するようになったのである。

不法移民でさえ、こうした請求権の一部を要求することができる。シャック(Schuck)とマーチン(Martin)が指摘するように、米国では新たな「社会契約」が、日々、不法外国人と米国社会とのあいだで取り交わされており、そうした契約を、国籍や主権にかんする資格で無効にすることはできない。

裁判所は、不法外国人の現実を受け止め、何らかの形で基礎的な権利を法的に承認・保障することを不法外国人にまで拡大しなければならないのである(Bosniack 1992; Isbister 1996を参照)。これまで、さまざまな決定をつうじて、市民であることと結びついた重要な恩恵が、不法外国人にも与えられてきた。最近の米国裁判所の判決は、たしかにこうした権利を徐々に掘り崩し始めるものであった。だが、そうした判決文でさえも、人であることの権利にかんする重要な文書であることに変わりはないのである。

結　論

本章で論じた新たな情勢は、健全な移民受入政策の立案にとって、今後、重要度を増す可能性のある多くの方向を示唆するものである。第一に、国境を越える経済空間を形成しようとする試みが、もっとも極端にまで進行し、もっとも明確な形をなす場合、既存の移民受入政策の枠組に問題が生じることはきわめて明らかである。だが、しばしば主張されるように、資本の循環と人の循環という大きく異なるレジームが共存する場合、そこには必ず緊張と対立が発生する。このことは、EUの形成に必要な法的作業にもっとも明瞭に現れている。また、こうした緊張は、重要度は劣るものの、すべての主要な自由貿易協定でも、形態は異なれど、労働者の循環のための特別の規定を設計しなければならないという点に現れている。

第二に、政府機能が非政府機関や擬似的な政府機関に移転されていく端緒に立っている、という点を挙げることができる。こうした事態は、経済のグローバル化という流れのなかで創出された新たな法および規制の超国家的レジームにおいてもっとも明瞭に看取できる。だが、それは、移民、具体的には一時的な労働移民の問題とも接点をもっており、このことは、サーヴィス貿易および投資のさらなる国際化の一部として、WTOやNAFTAの内部に、サーヴィス労働者や実業家の循環のための特別なレジームが創出されていることからもわかる。このサーヴィス労働者の循環のためのレジームが、いかなるものであれ、移民にかんする概念と結びつけられることはなかった。しかしながら、現実には、そうした循環は、ある種の一時的な労働移民を意味しているのである。そして、そのレジームは、主として政府からまったく自立した主体の監視下に置かれる労働移動のレジームである。この政府機能の移転のなかに、国境を越える労働移動の規制にかんする特定の側面が民営化される要素を見出すことができるのである。

第三に指摘すべきは、法治国家を正統化する過程には、国籍や個人の法的地位に関係なく、国際人権規約を遵守し執行することが必要となっている、という点である。執行という面ではおぼつかない面もあるが、それでも、このことは正統化の過程に大きな変化が生じていることを示している。おそらく、高度先進国の司法が、立法府の決定に反して、移民や難民そして亡命希望者の権利を保護する場合に、こうした点がもっとも明確なものとなる。

最後に、こうした展開が組み合わさることによって、国家そのものが変容している、という点を挙げることができるだろう。こうした事態が生じているのは、部分的には——資本のグローバルな権利であれ、国籍と無関係なすべての個人の人権であれ——いまや法治国家が、こうした国境を越える新たなレジームの形成を推進する主要な制度的な場の一つとなっているからである。また、それは、国家が、グローバル経済の拡大をその目的として取り込んでいるからでもある。このことは、特定の政府機関（たとえば財務省）が主導権を握り、社会基金関連の機関といった他の政府機関が衰退していることからも明らかである。

きわめて多くの諸過程が、国境を越えるものとなっているために、一国レベルでみても、狭義の国家間システムという限られた領域でも、今日の主要な問題点のいくつかを解決する能力を、政府はますます喪失してしまっている。これが意味するのは、国家主権の終焉ではなく、むしろ「国家の権限の排他性と範囲」（Rosenau 1992 を参照）が変化しているということ、つまり、国家の権能や正統性の及ぶ範囲が狭まっている、ということである。

政府が所有し、政府による自国民の管理を可能にする知的技術（すなわちフーコーのいう統治性）の一部が、いまや非国家機関にシフトしていることは疑問の余地がない。それは、国境を越えるビジネスのための民営化された新たな超国家的レジームや国家レベルの経済政策にたいしてグローバル資本市場の論理がもつ権力の高まりによって、劇的な形で例証されているといってよい（Sassen 1996a, ch. 2）。

これらが、いわば形成における変容である。筆者の見るところでは、これこそが、重要な意味をもつのである。たしかに、反対のこと、つまり国家が依然として絶対的な存在であり、大きく変化したものは何もないと論じるのはたやすい。だが、こうした展開が、新しい時代の幕開けを示していると主張する十分な根拠が存在する。精神構造にかんする研究は、人が自己の置かれた現状の全体的な変化を認識することが、どれほど困難なことかを明らかにしている。連続性を認識するほうが、はるかに簡単で、多くの場合、安心を与えてくれるものなのである。

公的な移民受入政策は、もはやゲームの新しいルールを構成するものではなくなっている。今日、グローバル化する世界において、より効果的な移民受入政策を確立しようとする際に、そのような政策は、もはや有用ではなくなっているのである。

（1）本章は、二〇世紀基金のために準備した著書、*Immigration Policy in a Global Economy: From National Crisis to Multilateral Management* (in progress) に依拠するものである。基金からの支援にたいして、記して謝意を表したい。

（2）移民受入政策について、まったく異なる論法から思考を開始するとき、主要な障害となるものの一つが、国境管理以外のアプローチでは、第三世界からの大規模な侵入をもたらすだけである、との確信が広く行き渡っていることである。多くの一般的な論評や政策立案は、意図的かどうかは別にして、途上国の大部分の人々が豊かな国に行くことを望んでいるかのように、また、すべての移民が恒久的な定住者となることを希望しているかのように、そして、現在の移民問題が実行面でのギャップと失敗に基本的に関連があるかのように、さらには、国境管理の水準を引き上げることが移民流入を規制する有効な方法であるかのように、取り扱う傾向がある。移民流入にたいするこの種の理解が、移民受入政策を特定のタイプのものに導いていることは明らかであろう。つまり、そうした政策の中心にあるのは、至る所で途上国出身の人々に国境が侵されるという恐怖心である。そのため、それを解決する唯一の方途は、国境管理に求められるのである。移民流入の実証研究から明らかなように、ほとんどの人が自国を離れることを望んでいないし、全体的に見れば、永住移民の水準はそれほど高いものではない。また、移民は、かなりの程度、各地を循環し帰国するものであり、ほとんどの移民フローは、衰退することはないにしても、究極のところ安定しているのである(こうした論点にかんする実証分析は、Sassen in progress を参照)。移民受入政策との関連で言えば、こうした点を移民流入の現実にかんする主要な事態であるとみなすことによって、大量に移民が排出され大規模に侵入してくるという主張に賛同するよりも、幅広い選択肢が存在することを認めることができるようになる。Isbister (1996)も、参照されたい。

(3)　高度先進諸国の各々にみられる、移民受入政策の特殊性と相違を叙述し解釈する学術文献は、大量かつ豊富に存在する(そのうちの一部だけを列挙しても、たとえば、Weil 1991; Cornelius et al. 1994; Weiner 1995; Thranhardt 1992 を挙げることができる)。こうした文献全般を眺めれば、高度先進諸国のあいだに多くの違いが存在することがわかる。

(4)　流入する移民の肩から移民する際の重荷を取り除くような、難民政策を実施している国もある。とりわけインドシナ難民の場合、米国の難民政策は、政府に責任の一端があることを認めている。だが、経済移民の場合、そのような責任を確定することは、はるかに困難であり、その性格上、間接的なものとならざるをえないのは明らかである。

(5)　一つの重要な例外が、アフリカ機構によって採択された一九六九年のアフリカ難民問題条約である。この条約には入国の権利を認めることが明記されている。

（6） 普遍的な人権にかんする条約と各国の司法を結合させようとするこうした試みには、多くの異なる形態がある。米国でみられるそうした事例の一つが、一九八〇年代の保護運動である。それは、典型的には教会のなかに中米からの難民のための保護区域を設置しようとするものであった。具体的には、公的には不法滞在者と定義されるが、無期限の滞在を認められているエルサルバドル人の地位をめぐる裁判闘争や、波のようにボートで押し寄せる初期の難民のなかで、拘留されたハイチ人の権利を求める闘争などがある。自国領に上陸した非国籍者をどのように取り扱うのかにかんする国家の裁量が、強制装置が存在しないにもかかわらず人権によって制限されていることは明らかである。この点にかんして注目に値するのは、緊急の危機が宣言された際、国連難民高等弁務官が、ある国への普遍的に認められたアクセス権をもつ唯一の国連機関であるという点である。

（7） こうした展開は、ヨーロッパおよび北米では周知のものとなっているが、日本もその萌芽的な形態を目の当たりにしているとの一般的な意識は、それほど高くない（たとえば、Shank 1994；本書第3章参照）。たとえば、今日、日本では、流入移民にたいする人権を提唱する強力な団体が存在する。つまり、不法移民就労者を組織する非公式の組合や、送出国の個人や政府から資金提供を受けつつ、流入移民の代行業務を行なう組織などである（たとえば、在日タイ大使が、一九九五年一〇月に発表したところによれば、タイ政府は、タイ人移民労働者、とりわけ不法就労者を支援する五つの市民団体にたいして、二五〇万バーツ、ドル換算して約一〇万ドルを提供している。*Japan Times*, October 18, 1995 を参照）。

（8） さらに、移民の流入や難民のフローの増大、そしてエスニシティや地域主義の高まりによって、今日、国民国家における市民権という一般に承認された概念や、説明責任の公的な構造に疑問が呈されている。資本および労働の国際循環にかんする研究で、筆者にとって問題なのは、資本の国際化の高まりや、主要工業国における移民労働者のプレゼンスの高まりという状況のなかで国民経済や国民的労働力といった概念のもつ意味である。さらに、米国やヨーロッパにおけるエスニシティの高まりが、国民にもとづく市民権という概念の内実にたいする疑問を生み出している。ナショナル・アイデンティティをお手軽に持ち出すことも、他の諸国との結びつきの問題、あるいはそうした諸国内部の諸地域についての問題を引きおこす。エスニック・リージョナリズムの復活によって、新たに流入する移民を政治的に編入する際の障壁が生み出されているのである(たとえば、Soysal 1994；Baubock 1994；Sassen 1996a, b を参照)。

(9)　ヨーロッパ・レベルでの移民受入政策の展開については、数多くの豊富な文献がある。その引用文献の一部は、注(3)で示してある。

(10)　米国議会において、移民受入問題についての管轄権は、意外なことに外交問題委員会ではなく、司法委員会におかれている。議会の移民受入にかんする主張は、行政府の外交問題上の優先事項と対立する場合が多い。したがって、そこには、何らかの主導権争いが存在しているとみてよい(Mitchell 1989)。だが、そのことが、必ずしも、前述の道筋を辿るとはかぎらない。実際、一九四〇年代後半と五〇年代には、どのようにすれば移民受入政策が、外交政策の目的を進展させるうえで役立つか、ということに大きな関心が払われていたのである。ここで、どの政府機関が移民受入に責任を負うのか、という問題を歴史的に振り返れば、かなり興味深い結果が得られるであろう。一九一四年に労働省(DOL)が設立された初期の頃には、同省が、移民受入政策の責任を負っていた。そして、一九三三年六月には、ルーズベルト大統領が、DOL内部の移民帰化局(INS)に、いくつかの機能を統合している。だが、第二次世界大戦が勃発すると、米国の移民受入政策は、行政府が担当する方向にシフトした。一九四〇年に、ルーズベルト大統領は、敵国出身の移民が示すと予想される政治的脅威を想定して、移民受入の責任を司法省へと移すことを提案している。戦争が続くあいだは、これを継続させるつもりであったが、戦争後には、ＩＮＳを労働省に戻す予定であった。だが、そうした事態が、起こることはなかった。これが意味するのは、移民問題が、結局のところ、議会、つまり上院並びに下院の司法委員会と同じく、伝統的に法律家たちのために準備された委員会に行き着くことになる、ということであった。これが、移民法が複雑になった（さらに付け加えれば、それが、かくも入国の適法性を中心としたものとなり、国境問題について無関心となった）理由である、と言われている。

(11)　多様な社会勢力が、当面の問題に左右されつつも、国家の役割を形づくっている。かくして、たとえば、一九八〇年代前半の銀行危機のときには、プレイヤーの数は少なく、うまく調整がなされていた。その際、国家は、基本的に組織化の能力を銀行やＩＭＦその他の主体に譲渡した。そうした主体は、すべて思慮深く、実際、あまりにも思慮深かったがために、よく見てみれば、政府は危機のなかでほとんどプレイヤーと呼べるものではなかった。このことは、一九八六年移民修正および管理法の可決をめぐる審議――それはある種の国民的論争であった――とまったく対照的である。また、貿易自由化をめぐる議論では、多様なプレイヤーが参加することが多く、行政府が議会に権力を委譲するかどうかは場合による。

(12)　このことは、プ、レ、イ、ヤ、ー対Ｄｏｅ（教育省）の裁判にたいする、いまや有名な一九八二年の米国最高裁判所判決で例証されている。そこでは、不法移民の子供は、Ｋ―一二（幼稚園から高校三年生までの一二年間の）公立学校教育の権利や国外追放の審理が保証され、逮捕された不法移民や政治亡命申請者が、抗告請求権を行使しうることなどが認められている。

(13)　こうした試みの多くをまとめた法律の主要部分で目新しいものといえるのは、福祉改革にかんするものであり、それが流入移民にも影響を及ぼしている。過去の法律では、帰化した米国市民は、米国生まれの個人と同じ条件で、完全な適格性をもち、このことは（承認条項を例外として）法律で認められた永住者にも当てはまった。だが、近年、議会で大幅な変更が承認され、それは、連邦政府による所得調査にもとづく給付制度の大部分が、合法移民にたいして、適格性を削減するか、完全に撤廃する、という効果をもつものであった。

(14)　この点からみて注目に値するのが、一九九五年一一月に連邦裁判所が下した判決である。そこでは、個人の権利に触れ、国家には移民流入を規制する独自のスキームを成立させる権力はないことに言及しつつ、(不法移民とその子供の権利を大幅に削減することを目的とした)カリフォルニア州住民提案一八七号の多くの条項に、違憲判決が下されている。

(15)　GAO (1995)を参照。ワシントンにある都市研究所の最近の研究によれば、移民にかかわるコストは、サーヴィスではなく租税の形で、三〇〇億ドルに達している。

(16)　クリントン大統領の一九九四年犯罪法案は、収監費用の補償を援助するために、州に六年間にわたって一八億ドルの支出を割り当てていた。

(17)　一九八〇年代のエルサルバドルを取り上げれば、米国によって数十億ドルの援助が注がれたが、米国の援助は、エルサルバドルの軍事支配の実行力と、エルサルバドル人民にたいする攻撃性を高め、その結果、何十万人ものエルサルバドル人を国外に排出することになった。また、フィリピンのケースは、大規模援助の受入国が、大量の移民を排出する国となることを示唆している。この二つのケースでは、海外援助は、安全保障問題から決定されたものであった。米国の経済的・政治的介入の結果、移民が排出されるという事態は、六〇年代のドミニカ移民や、米国に流入するインド移民やパキスタン移民にも当てはまる——後者の二国からの移民もまた、米国からの安全保障を目的とする援助と関連していた(私は、一研究者として、長きにわたり、政策立案者は、移民への影響評価を、さまざまな政策に付け加えるべきであると主張してきた。

Sassen 1988)。

(18) 主要移民受入国による一方的な政策が、ますます問題となっている。その劇的な事例の一つが、ドイツの政策である。ドイツは、他のヨーロッパ諸国が、政策を引き締めるなかにあって、非常にリベラルな亡命政策を維持し、大量の入国者を受け入れ始めた。もう一つのケースは、地中海諸国——イタリア、スペイン、ポルトガル——によって実施されている非EU加盟国からの入国者にたいする国境管理が、今日のEUにたいしてもつ重要性である。

(19) 若干関連する問題で言えば、網の目のように複雑な他の力学とも絡んでくるために、たとえ国家が移民流入を期待するほどには管理できていないとしても、今日、高度先進諸国の多くで広がる移民管理にたいする危機意識は、いくつかの点で不当なもののように思える。それは、流入移民の性格を時系列的にまた国際的な視点からみれば、次のことが明らかとなるからである。つまり、こうした移民の流入は、かなりの程度、パターン化されており、それは、均衡メカニズムを内包する他の力学に組み込まれているのである。また、移民流入は、持続性をもち(多くの移民流入は、終焉を迎えるまでに五〇年間は持続する)、一般に理解されている以上に、帰国する移民の数は多いのである(たとえば、イスラエルからモスクワに戻ったソビエトのエンジニアや知識人、さらには、IRCA[一九八六年移民修正および管理法]のアムネスティ・プログラムをつうじて、合法的な居住者となった後でも、いまや米国とメキシコのあいだを循環できると考えて帰国したメキシコ人がその事例である)。また、歴史的にみても、管理が行なわれていなかった比較的初期の時期には、多少とも妥当といえる移動距離の範囲内でかなりの貧富の格差がヨーロッパに存在していても、大部分の人は、貧困地域を離れて豊かな地域へと向かうことがなかった(この点について、十全な分析は、Sassen 1999 および in progress を参照)。

(20)　筆者は、別の論考で(Sassen 1996a, b; in progress)、これが、有益かつ管理可能なものを民営化するもう一つの事例とみなしうる旨を論じておいた。われわれは、国をまたぐ、いくつかの法レジームや規制レジームが出現するなかで、とりわけ国際商事仲裁が急速に増大し、格付け機関の重要度が高まるなかで、かつて政府の政策であったものが民営化される事態を目の当たりにしている。この場合、それは、NAFTAをつうじた移民受入政策の構成要素の民営化ということになるだろう。そしてこうした構成要素の特徴をなすものが、高付加価値(高水準の教育と資本の双方あるいはどちらかを有する人)、管理可能性(そうした人が、一時的に滞在し、経済の基幹部門で就労する可能性が高く、そのため目に見える移民として実行力のある規制にしたがっていること)、そして(自由な貿易と投資という新たなイデオロギーを前提にした)利点なのである。その際、政府には、移民流入の「扱いにくく」「付加価値の低い」構成要素——貧困者、低賃金労働者、難民、扶養家族、そして賛否両論はあるが、潜在的な頭脳流出のフロー——を監視する役割が残されている。このことが、「移民」カテゴリーとみなされるようになるものに強い影響をおよぼす可能性があり、それは、政策的含意やより広義の政治的含意を伴うものとなるだろう。

(21)　労働組合と、地域的な国際移民の規制の基礎的な枠組であったアンデス議会の積極的な参与によって、アンデス社会憲章が制定された。一九九二年には、アンデス・グループの加盟国は、カタルヘナ協定のテクニカルな運営機関であるJUNACに勧告することを目的に、加盟国の出入国管理官で構成される出入国管理委員会を設立した。

(22)　このグループの米国側代表の長は、領事問題の国務次官補とINS局長が務めている。

(23)　一九九四年に開催された三回の会合に続いて、サカテカスで移民および領事問題にかんする作業部会会合が開催されている。メキシコ側代表は、外交事務局の次官と国家移民協会の人口および移民部局の次官が長を務めていた。米国側代表を率いたのは、INS局長、在メキシコ米国大使、そして国務省の米州問題副次官補であった。これらは、かなり高レベルの政府代表である。彼らはたんなる実務者ではない。

(24) たとえば、移民受入政策に影響をおよぼす可能性のある国家内部の変化を、項目として一つ挙げるとすれば、いわゆるソフトな安全保障問題が優勢を占めているということである。何人かの論者によれば、近年行なわれた国務省、国防省、そしてCIAにおける政府の組織再編は、暗黙の国家安全保障の再定義を反映したものである。

(25) これは、本章では複雑すぎて詳細には論じることのできない主題であるが、その影響に言及した文献をいくつか例示することは重要である(とくに移民受入政策におよぼす影響の詳細については、Jacobson 1996; Heisler 1986を参照。またSoysal 1994; Baubock 1994; Sassen 1996a, ch. 3; in progressも参照のこと)。

(26) 二〇世紀前半にはすでに、人権を促進し、個人を国際法の対象とするいくつかの法的な手段が存在した。とはいえ、そのような権利が精緻化され定式化されたのは、やはり第二次世界大戦以降のことである。今日、人権を保障する誓約や協定は、一九四八年に国連で採択された世界人権宣言から派生したものである。また、七〇年代と八〇年代になってようやく、十分な数の手段や協定が整うようになり、とくにヨーロッパの裁判所では、それらを、判決において恒常的に活用している。南米および北米の場合、人権保護のシステムは、米州人権委員会である。それは、米州機構憲章と六九年に採択され七八年に施行された米州人権条約という二つの異なる法的文書にもとづいている。米州機構の人権レジームは、六七年の議定書で著しく強化され、七〇年に施行されている。

(27) また、ラテンアメリカ諸国の多くで、それがどれほどの比重をもつのかは疑わしい。メキシコの状況についての非常に詳細な（そして痛ましいばかりの）説明については、Reding (1995)を参照。全般的な状況については、Sikkink (1993)が参考になる。

(28)　たとえば、世界人権宣言の引用は、一九四八年から九四年までの連邦裁判所の七六の訴訟にみられる。こうした訴訟の九〇パーセント以上が、一九八〇年以降に起こっており、そのうちの四九パーセントが移民受入問題にかんするものであった。また、難民を加えれば、その比率は五四パーセントにもなる（Jacobson 1996, p. 97）。また、ヤコブソンによれば、「人権」という用語が、連邦裁判所の訴訟で言及された数は、二〇世紀以前は一九、一九〇〇年から四四年までの期間では三四、四五年から六九年で一九一、七〇年代で八〇三、八〇年代に二〇〇〇以上に達し、九〇年代を通じて四〇〇〇にも及ぶと推計されている。

(29)　市民権という概念およびその概念が今日の文脈でもつ意味については、大々的に論戦が交わされてきた（Soysal 1994 ; Baubock 1994 ; Sassen 1996a, ch. 3を参照）。この論争では、都市という概念、とりわけグローバル都市における市民権という概念に回帰することが一つの傾向となっている。グローバル都市は部分的に脱国家化した領土であり、世界のさまざまな地域出身の非国籍人の集中度が高い（たとえば、Holston 1996 ; Knox and Taylor 1995 ; *Social Justice* 1993を参照）。人権規約の優位性が高まることによって、絶対的なカテゴリーとしての国籍や国家的領土から離脱する、こうした傾向が強化されているのである。

訳　注

〔1〕　一九七一年に成立した「州または人民に留保された権限」にかんする米国憲法修正の第一〇条において、「この憲法によって合衆国に委任されず、また州にたいして禁止していない権限は、それぞれの州または人民に留保される」と規定されている。

第3章　経済の国際化——日本と米国における新たな移民[1]

本章が提示する一般的な命題は、国際移民が、より広義の社会的・経済的そして政治的諸過程に組み込まれている、というものである。個々の人間にとって、移民の経験は、個人的な決定の結果であるが、移民という選択肢自体は社会的産物なのである。移民の流入には共通の特徴が多い。そのため、これまでの移民分析では、そうした共通性に目を奪われ、この組み込みという点が容易に見失われ、説明力を喪失するほどに一般化されてしまう傾向にあった。一例を挙げれば、貧困それ自体に移民のプッシュ要因を求めるという見方がそれに当たる。貧困の度合いが大きくても、特筆すべき移民排出の歴史をもたない国も多く存在している。このことは、貧困がプッシュ要因として作用するためには、それ以外の多くの条件を必要とするということを示しているのである。

本章は、経済の国際化、より本質的な表現をすれば、経済のグローバル化によって移民送出国と移民受入国とが結びつく具体的な諸過程が、この組み込みの一形態をなすものかどうかを検証するものである。筆者は、すでに米国のケースの分析については、別の論稿でより理論的な観点から展開を試みている(Sassen 1988)。だが、今日、日本に流入する新たな不法移民によって、日本経済の国際化がこの移民フローの形成に及ぼす影響についていくつかの問題が浮上しているのである。

日本は、短い期間ではあるが、強制的な労働徴用や植民地化、そして移民を送り出すという歴史をもっている。だが、移民を受け入れた経験は一度もない。日本には、移民の流入がプラスの貢献をするという信念が欠落しているのである。実際、これまで、「移民」という概念が、外国人の出入国に関連する法律に登場することはなかった。にもかかわらず、一九八〇年代半ば以降、韓国、バングラデシュ、タイ、フィリピン、パキスタン、マレーシア、イランといった諸国からの移民が増大している。イランを除けば、こうした新たに流入する移民の出身国にたいして、いまや、日本は主要な海外援助および投資国であり主要輸出国となっている。その結果、これら諸国と日本とのあいだには、客観的・主観的架け橋が築かれ、それによって日本への親近感が生まれ社会学的な距離も縮まったとみてよい。米国もまた、大部分の移民の出身地域や出身国で、日本と同様の役割を果たしている。さらに、たとえばバングラデシュの一部の地域のように、伝統的に移民を送り出してきた地域は、中東OPEC諸国に加えて、日本を移民可能な目的地と位置づけるようになっている。

本章の第1節では、まず、経済の国際化が新たな移民流入の形成に及ぼす影響を一般的な観点から概観する。第2節では、近年、南アジアや東南アジアにおける日本の経済的プレゼンスが、どの程度のものであり、どのような形態をとるものなのかについて明らかにする。続く第3節では、ここ数年における米国と日本の政策上の諸問題を簡潔に検討する。そうした政策上の論点は、今日、日本で大きな関心を呼んでいる。日本では、二年間におよぶ激しい論争の末、新たな法律が国会を通過し、一九九〇年六月に施行された。だが、この法律は不適切であるとして、すでに見直し作業が行なわれている。これは、米国で起こった事態を髣髴させるものである。米国でも、長期にわたって論争を繰り広げた八六年の移民修正および管理法(Immigration Reform and Control Act)は、議会を通過するやいなや攻撃の的となり、一九九〇年には新たな移民法が制定されている。第4節では、日本に流入する不法移民の実態を見る。そして、第5節では、日本における不法移民が、いかにして日本経済の一部を構成するようになり、反移民的文化に色濃く染まった日本の雇用者を巻き込むことができたのかについての理解を深めたい。そのために、移民の適応を可能にする受入国の条件とは何かについて論じることにする。

経済の国際化と移民流入

移民は、たんなる偶然の産物ではない。それは生み出されるものである。また、移民は、前もって想定可能な諸国だけにかかわる問題ではなく、そこには一定のパターンが存在する。移民の雇用にも類似のパターンと呼べるものがある。つまり、移民の雇用が受入国の市民と同じ職業および産業分布を形成することは稀なのである。移民はたえず存在し続けるように思えるかもしれないが、過去二世紀にわたる移民の歴史のなかには、明確な局面が存在し、そこに異なるパターンを見て取ることができるのである。

まず、一八〇〇年代の大規模な移民は、大西洋を横断する経済システムを形成する必要不可欠な要因であった。これを遡る時期には、大西洋をまたぐ労働移動は、ほぼ強制的なものであったといってよく(その顕著な事例が、奴隷である)、しかも、その大部分が、アフリカやアジアの植民地化された領土からのものであった。同様に、一九五〇年代の英国への移民も、かつて英国領であった地域の出身者で占められている。さらに、一九六〇年代から七〇年代に西ヨーロッパに流入した移民は、直接的な人材補充政策や、地中海諸国と東欧諸国の一部にたいするヨーロッパの地域的支配という文脈のなかで起こっている。

一九六〇年代には、米国によるアジアやカリブ海地域への経済的・軍事的拡大を背景に、大規模な移民の流入が再び米国で生じている。米国は、投資と生産の国際システムの核心に位置し、そのことが、こうしたさまざまな地域との連関を生み出しているのである。実際、六〇年代から七〇年代にかけて、米国は世界経済システムの発展に決定的に重要な役割を果たした。また、この時期、米国は、資本、財、サーヴィス、情報のフローにたいして、自国および他国の経済を開放することを目的とする法律を成立させている。軍事、政治そして経済面における米国の中心的な役割が、国内的なものであれ、国際的なものであれ、人々を移民へと駆り立てる諸条件の創出に貢献したのである。のみならず、それは、米国との連関を形成する一因ともなり、そうした結びつきが、その後、(多くの場合、意図せざるものであったが)国際的な移民の架け橋としての機能を果たしたのである。

国連の『人口統計年鑑(*Demographic Yearbook*)』(一九八五年)と『世界人口展望(*World Population Pros-*

pects)』(一九八七年)によれば、一九八〇年代半ばに、米国は、グローバルな恒久移民の約一九パーセントを受け入れていた。出身地域および出身国別の詳細をみれば、米国は、全アジア系移民の二七パーセントを受け入れ、そこには全韓国系移民の八一・五パーセント、フィリピン系移民のほぼ一〇〇パーセントが含まれている。また、米国は、カリブ系移民全体の七〇パーセント、とくにドミニカ共和国やジャマイカからの移民のほぼ一〇〇パーセントを、そしてハイチ系ではその六二パーセントを受け入れている。さらに、中米からの移民全体の一九・五パーセントが米国に流入しており、中米地域のなかでも米国の関与がもっとも深いエルサルバドルでは、その比率は五二パーセントに達しているのである。

別稿(Sassen 1988)において、筆者は、一九六五年以降、米国に新規移民を発生させた、より大きな枠組を構成するものとして次の三つの過程を指摘した。つまり、(1)オフショア生産、(2)国際ビジネスやグローバルな経済システムの調整およびマネジメント・センターとして台頭する主要都市の国際化、(3)米国国内の特定地域を、製造業その他の外国企業にとって魅力ある立地とし、生産拠点として第三世界諸国にたいする競争力を維持させている米国国内の諸条件の発展である。この三つの条件のうちの少なくとも二つが、すでに日本にも現れているといえるだろう。オフショア製造業が急速に成長し、日本でも東京および他の主要都市が国際ビジネス・センターとして急速に成長しているのである。だが、三つめの展開は、まだ日本では起こっていない。実際、対日海外直接投資は、一九八〇年代に増大しているとはいえ、いまだきわめて低い水準にある(Sassen 1991a)。

上記三つの展開が、米国への移民にとってもつ含意は、次のようなものである。移民の増大は、生産の国際化によって米国と第三世界諸国の一部の間に連関が形成されたことの帰結にほかならない。米国の主要都市では、労働市場の非正規化が進むとともに、高所得職や低所得職も同時に増大しており、そのことが、ますます多くの移民労働者を吸収する諸条件を生み出しているのである。米国の製造業その他の業種で、外国企業のプレゼンスが高まったことも、経済活動の超国家的空間を創出する一因となってきた。そうしたなかで、製造業に流入する移民労働者が、生産コストの低下に貢献してきたのである。

より概念的なレベルでは、移民は複数のシステム内部で生じているということができ、それはさまざまな方法で特定することが可能である。したがって、本章の議論のように、経済的に特定する方法は、考えうる選択肢のうちの一つを示しているにすぎない。だが、移民が発生するシステムは、政治的観点やエスニックな観点では捉えられない場合がある。たとえば、今日、東欧やロシアからドイツやオーストリアに流入する移民にかんしては、それを基礎づけるような全体的な連関が存在するかどうかという問いかけから議論を始めることは可能であろう。貧困や失業、さらには社会主義の全般的な失敗というプッシュ要因をたんに提示するだけでなく、これら諸国のあいだに連関が存在し、それが両者の架け橋として作用しているかどうかという点から検討することができるのである。また、一九三九年以前にベルリンとウィーンに大量に流入した移民が移民システムと呼べるものを構築し、それが再生産されているのではないかといった問題設定を行なうこともできる。さらに経済的に快適な暮らしが欧米の規範であることを喧伝する冷戦時代の攻撃的キャンペーンが、人々をして欧米に移民させる誘因となったのではないかという問いかけも可能である。おそらく、彼らは、あらゆる犠牲を払ってでも、移民となる決意をした人々というわけではなく、欧米の状況がもっと正確に説明されていれば、その一部は抑制されたかもしれないのである。こうした歴史的かつ今日的諸条件のなかに、現在、東欧からドイツやオーストリアに移民が発生するシステムを特定する要素が含まれているといってよいであろう(この主題にかんしては、私の近年の論稿で検証されている(Sassen 1996b 参照))。

移民の送出と労働力の強制的な徴用を別にすれば、これまで、日本は、同質性を誇り、移民にたいして門戸を閉ざし続けてきた。(2) ところが、その日本もまた、いまや経済的結びつきの強いアジア諸国の一部から不法移民が流入するという事態に直面している。日本では、鎖国政策が採られているにもかかわらず、こうした不法移民のフローが発生しているのである。では、日本経済の国際化が、これら諸国とのあいだに架け橋を構築する諸条件を生み出し、それが最終的に移民の流入を促進する要因となっているのであろうか。ここで注目すべきは、高水準の人的資源、とりわけ金融部門で雇用される人的資源のみならず、低賃金職を求める合法移民労働者の数もまた増大しており、こうした移民のすべてが、以下で論じる一九九〇年の新移民法で導入または拡張されたカテゴリーに属しているという点である。たしかに、高水準の人的資源の流入は、日本経済の国際化と関連しているが、こうした関連は、アジアからの不法移民の場合にはそれほど明確にされていない。

アジアで高まる日本のプレゼンス

第二次世界大戦後、グローバル経済で果たす日本の役割は、一九七〇年代の輸出志向のものから、八〇年代には海外投資や海外援助、さらにはファッション、建築スタイル、そして(とくにアジアにたいしては)新たな成功モデルといった形態の文化輸出へと、その軸心を移してきた。これらのフローが、消費財の輸出とともに、多くのアジア諸国で日本のプレゼンスを高める要因となっている。

実際、グローバルな海外直接投資(FDI)にたいする日本の貢献度は、急速に高まっている。一九八二年に、日本はFDIの純輸出国となり、この年の総FDI流出額四五億ドルは、英国の四四億ドルを凌駕している。たしかに、英国の総FDI流出額は、八〇年と八一年にそれぞれ七〇億ドルと一〇〇億ドルを計上しており、それに比べれば日本の規模はかなり小さいものであった。だが、それでも日本の資本輸出国としての重要性は十分際立ったものである。翌八三年には、世界の海外直接投資全般が縮小するなかにあって、日本の減少幅は、他の主要国よりも相対的に小さかった。日本の海外直接投資フローは、八六年には一四三億ドルに、八七年には一九四億ドルへとさらに増大し、累積ストックベースでは八〇〇億ドルに達する。続く九〇年には、日本のFDIフローは、米国の四〇〇億ドル、英国の二四〇億ドルを超え、四六三億ドルにまで急増している。その結果、日本の地位は、ドイツ、オランダ、フランスなど西ヨーロッパの主要資本輸出国の大半を凌ぐものとなっているのである(出所にかんしては、Sassen 1991a, Part One)。

日本の投資の多くは、たしかに米国向けであったが、影響力という点でいえば、南アジアや東南アジアにたいしてのほうがはるかに大きかった。その結果、日本は、過去から現在にわたって、これらの地域に多方面にわたる強力かつ複雑なプレゼンスを保持し続けているのである。一九八〇年代後半になると、日本の海外直接投資に占めるアジア向け投資のシェアは、急速に上昇する。八六年の日本の南アジア、東南アジア、東アジア向けFDIストックは米国の一六〇億ドルを超える二二一億ドルにもなり、両者の地位は大きく逆転することになる。さらに、一九八六年以降、日本の直接投資は、タイ、マレーシア、シンガポール、フィリピン、インドネシア向けが急増し、その大部分が、自動車やエレクトロニクス産業を中心とした輸出志向のビジネスに投資されている。こうした状況下、日系企業のなかには、NIEsからASEAN諸国へと工場そのものを移転する企業も出てきている。

日本の国際化にかんするもう一つの重要な側面は、一九八〇年代に、海外開発援助が急速に成長したことである。(3) GDPに占める日本の海外開発援助の比率は低いが、米国の援助削減という事情が重なったとはいえ、絶対額ではいまや日本は世界の主要援助国となっている。実際、日本は、一九八三年に西ドイツを、八四年にはフランスを抜き、世界第二位の援助国となった。さらに八八年には、米国をも抜きさり、世界最大の援助国となっている。〔1〕八〇年代に入ると、日本は、単独でアジアにたいする最大の海外開発援助国となった。八〇年代半ばに、日本の対アジア海外援助は一五〇億ドルに達し、日本の援助総額の七〇パーセントを占めるようになるのである。これにたいして、米国のアジア向け援助は一一億一〇〇〇万ドル、東南アジア向けにいたっては、五億ドルにすぎない。八九／九〇年の対アジア海外援助をみると、米国が一四億ドルであるのにたいして、日本は四八億ドルにも達している。その結果、日本の海外援助は、アジア向け援助の約四分の一を占めるようになり、九〇年までに、日本は、中国、タイ、フィリピン、インドネシア、マレーシアにとって単独で最大の援助国となったのである。実際、日本は、タイにたいする海外援助の約七〇パーセント、マレーシアやフィリピンでも援助総額の約五〇パーセントを提供している。また、パキスタンやバングラデシュでは、いまのところ日本の援助は援助総額の約五分の一を占めるにすぎないが、これら諸国でも、早晩、日本は、単独で最大の援助国になるものと予想される。

日本における一九九〇年の新たな移民法

近年、日本の国会は、外国人の入国にかんするいくつかの修正法案を可決した。一九八九年一二月一五日に国会を通過し、九〇年六月一日に発効した出入国管理および難民認定法は、八一年に修正されたかつての法律にさらに修正を加えるものであった。この改正によって、日本は、通常滞在期間を三年に限定した外国人労働者を受け入れる職のカテゴリーを拡大した。そうした職の大部分は、国際的専門知識を有する弁護士、投資金融業者、会計士、医療関係者など専門職と関連するものである。

他方で、この改正は、非熟練および半熟練労働者の流入を制限し管理しようとするものでもある。この法律の下、不法就労者を雇用し契約を結ぶ者に、初めて罰則が科せられることになったのである。これは、多くの点で、米国によって試みられた入国管理政策を模倣するものであったといえる。

森田(Morita 1992)の指摘によれば、これまでも、外国人にたいする居住許可と就労許可の取り扱いにかんして日本に規制や手続きがなかったわけではない。だが、そうした手続きを経て入国した者の数は少なく、全体的にいえば、どのタイプの入国をみても安定的なものであった。一九八〇年に、就労許可が与えられた三万人の外国人の職種をみると、その大部分が、事業経営者、教授、芸術家、興行関係者、外国語教師、熟練労働者で占められていることがわかる。その後、こうした入国許可数は、八九年までに七万二〇〇〇人、九一年までに二〇万人にまで増大した。それでも、六五〇〇万人という日本の労働力人口からすれば、この数字はきわめて低い比率を示しているにすぎない。

一九九〇年の改正入管法は、合法と認められる居住および就労にかんして二八のカテゴリーを設定している。この法律は、多様な専門職だけでなく、滞在可能な期間を特定しつつも(三世までを含む)日系移民の子孫が、日本で合法的に就労し居住することを認めるものであった。実際、日本で就労する外国人は、次の三つに分類される。第一の分類には、外交、芸術、宗教、報道関係者が含まれる。つまり、このカテゴリーは、国際的に活動する労働者にかんするものであり、典型的な移民労働者には当てはまらない。第二の分類は、専門職や技術職について、カテゴリーをかなり詳細に規定しており、そこには、金融および会計の専門家から、エンジニア関連やきわめて熟練度の高い職人までが含まれている。第三の分類は、きわめて限定された形態の専門性を規定するものである。また、この法律では、一時滞在者や学生、家族滞在者の就労は禁じられており、すでに日本に居住している外国人にも、入国管理局に就労許可を申請することを規定している。ただし、後者は、非熟練職に従事する不法労働者ではなく、合法的に日本に居住している外国人の子供が、就業年齢に達したとき、それを把握することを目的とするものである。

（改正入管法の目的の一つである）不法移民の管理という点からみれば、二つの効果が明らかとなっている。第一に、それは、一九八六年の米国移民修正および管理法（ＩＲＣＡ）が示したのと同じ一時的な抑止効果である。改正入管法が発効する以前には、日本に非合法に滞在し逮捕を免れていたバングラデシュ人およびパキスタン人は、約三万人に上ると推計されている。不法就労目的の旅行者が殺到するという、他の諸国では馴染み深いパターンを回避し防止するために、改正入管法が施行される直前の八九年に、日本はバングラデシュ、パキスタン両国との滞在ビザ免除協定を撤廃した。その結果結ばれた新たなビザ協定では、ビザ取得が非常に困難となり、純然たる旅行者であるか、在留期間を超えて滞在し不法就労者となろうとしている者かに関係なく、両国からの入国者数を大幅に減少させる要因として作用した。この政策は、移民送出国にたいして八〇年代後半に米国が展開した周知の政策と酷似している。米国では、コロンビアやドミニカ共和国、ペルー、エクアドルといった諸国出身のビザ申請者は、滞在の目的が旅行や短期の商用旅行、あるいはそれに類似するものであることを明確にすることが求められ、帰国方法や出身国とのつながりを明らかにして、出身国に戻る計画のあることを示さなければならない。日本は、九一年にも、七四年に調印したイランとのビザ免除協定を破棄している。それは、バングラデシュやパキスタンの場合と同様、イランからの入国者を急激に減少させる効果をもつものであった。

第二に、改正入管法は、「企業研修生」や学生といったカテゴリー、三世までの日系移民の子孫にたいする特別割当をつうじて、低賃金職で活用される者の入国を間接的にではあるが容認している。このことは、外国人労働者が、ほとんど訓練を必要としない低賃金、非熟練の単純職に就くことをある程度認めるものである。さらに、改正入管法は、語学学校や職業学校を含む中等教育以後の(といっても大学ではない)教育機関に通う学生が、週当たりの限られた時間に就労することも認めており、非熟練、低賃金職労働者を獲得する装置として機能しているのである。

他方、この法律では、雇用者は、不法移民と承知のうえで雇用する場合、二〇〇万円以下の罰金が科され、不法就労者を雇用し続けた場合には、三年以下の懲役に処せられる。これらの罰則は、とりわけ製造業が切実な労働力不足に直面していたことを考えれば、雇用者にとってかなり厳しいものである。だが、森田(Morita 1992)は、不法移民の調達に関与する請負業者や犯罪集団にたいしては現行法の罰則規定は弱いと見ている。また、改正入管法は、移民労働者の人権をまったく考慮していないという問題もある(Miyajima 1989)(4)。

改正入管法の下、逮捕者数は増大し、不法就労者の推計値も上昇している。逮捕者数は、一九八九年の二万二六二九人から九〇年の三万六二六四人に、九一年には三万五九〇三人に達した。さらに、日本への上陸を拒否された人数は、九〇年に一万三九三四人、八九年に一万四〇四人であったのにたいして、九一年には二万七一三六人にもなり、その大部分がボートで押し寄せる中国人であった。その一方で、移民は、周知の居住地に集中して住む傾向にあるが、それでも大規模な国外追放が行なわれることはなかった(Sassen 1991a, ch. 9)。また、不法移民と承知のうえで雇用したために罰せられた雇用者も、数百人にすぎない。何百万もの企業と無数の労働請負業者が存在する国に、雇用者を監視する権限をもつ監督官が、二〇〇〇人未満しか存在しないのである。そのため、改正入管法の強制力は弱く、労働斡旋業者や入国管理官および警察が、不法移民をますます虐待するというパターンが生み出されているものと思われる(Miyajima 1989)(5)。

改正入管法にたいする批判の一つに、それが、非熟練、低賃金の不快な職に就く労働力が不足しているという事態に対処することを目的とするものではないというものがある。そのために雇用者の一部は、制裁を覚悟のうえであえて不法移民を雇用するか、工場を閉鎖するのかという選択を迫られている。そうした雇用者には、技術水準の低い小規模工場ばかりか、高度に機械化され技術水準の高い工場の雇用者までもが含まれている(Morita 1992)。そこで、大企業の多くは、不法移民を南米の日系人の子孫に置き換えるという戦略を採用している(Yamanaka 1991；Komai 1992)。大企業は、既存の国際チャンネルを活用することによって、こうした労働市場にアクセスする相対的に有利な位置を占めている。最近、筆者は、ブラジルに帰国した何人かの労働者に話を聞く機会があった。それによれば、彼らの就いた仕事は過酷で汚く、彼らは尊敬もされなければ、日本人ともみなされなかったとの不満をもらしていた。また、ブラジルにある日本の人材斡旋業者には、日系移民の子孫しか雇用することが認められていない。多くのブラジル人は、この手続きを差別的な雇用であるとみなしている。

改正入管法が、滞在ビザを制限することで対処しようとするかぎり、入国窓口の開かれている大多数の純粋な旅行者やビジネス関係者と、入国窓口の閉ざされた潜在的な不法移民との間に明確な境線を引かなければならないという状況に変わりはない。日本への旅行者とビジネス関連の滞在者の三分の二はアジア出身であるが、不法移民のほぼ全員もアジア系なのである。実際に検挙された不法移民や在留期間を超えた滞在者の推計から確認できるおもな国籍を見ても、その大部分が、アジア系の旅行者やビジネス関連滞在者で構成されている。日本のプレゼンスが、多くの諸国で高まれば高まるほど、日本への「潜在的な移民」を抱える国としてリストアップされる国の数も増大していく。たとえば、一九八〇年代後半、日本は、マレーシアに、オフショア工場を建設するなどの投資を行なった。その結果、逮捕者データが示すように、いまやマレーシア人が、最新の不法移民の流れを構成するようになっているのである。

（改正入管法が国会を通過する前の）一九八〇年代後半、日本では、移民の性格にかんして、長きにわたる論争が繰り広げられていた(Sassen 1991a, pp. 311–14)。(6) この論争の核心には、法務省の抱く治安維持にたいする懸念、労働省が示す国内労働者の雇用条件にかんする不安、そして日本の労働市場の性格といったものがあった。森田(Morita 1992)が指摘するように、この論争は、もともと、労働力不足の問題であると考えられていたが、最終的には、外国人の存在にかんする幅広い論点を取り込むものとなった。つまり、日本でも、エスニック対立や人種差別が発生する可能性が、もはや見過ごすことのできない問題となったのである。日本の移民分析における第一人者の一人である森田は、移民労働者にたいする需要は循環的なものではなく、構造的なものであり、移民労働者の流入はすでに分断された労働市場をさらに硬直的なものにし、それによって外国人労働者にたいする需要が増大することになると論じている。また、移民研究者のなかには、日本は、アジアやラテンアメリカからの移民を社会的・経済的発展の国際的不平等というより大きな問題のなかに位置づけ、移民政策を日本の開発政策に組み込むべきであると主張するものもいる(Hanami and Kuwahara 1989)。

日本における新たな不法移民

日本の合法的な外国人労働力は、専門職から非熟練の企業研修生までを含む幅広い領域をカバーするカテゴリーで構成されている。(7) それは、だいたいにおいてアジア出身者からなり、中国、フィリピン、タイ、マレーシアが主要な送出国である。また、大多数は、「興行」資格で入国するおもにフィリピン出身の女性である。(8) 最近では、企業研修生や大学を除く中等教育後の教育機関(大部分が語学および職業学校)の学生に分類される入国者の数が増えている。さらに、一九八七年以降、(日本で合法的に就労可能な)海外で生まれた三世までの日系人の子孫の数も急増している。「企業研修生」や大学以外の学生とともに、通常、日系移民の子孫もまた、非熟練の不快な低賃金職を満たすための外国人労働者の合法的な供給源とみなされているのである。一九九〇年に改正入管法が施行されて以来、こうした規定の下で日本に入国する者の数は、毎年一五万人に達すると推計されている(Morita 1992)。

最後に、韓国・朝鮮人や中国人の存在も忘れてはならない。彼らの起源は、一九世紀から二〇世紀にわたる日本による植民地化にまで遡る。まだ在留期間を超えて滞在する者の数が急速には増大していなかった一九八五年時点で、日本に存在した永住外国人は八五万人に上るが、そのうちの六八万三〇〇〇人が韓国・朝鮮系であり、多くが三世であった。九〇年までに、韓国・朝鮮人の数は七〇万人、中国人で一四万人と推計され、それは登録された外国人居住者の八五パーセント、日本人口の〇・五パーセントを占めている。その一方で、多くの韓国・朝鮮人や中国人は、片親が日本人であることによって帰化している(注(2)参照)。日本の合法外国人の大多数は、大都市地域、なかでも東京、大阪、名古屋に住んでいる。韓国・朝鮮人の二〇パーセント、中国人の六〇パーセント、フィリピン人の四〇パーセントが首都圏に住み、韓国・朝鮮人の約三〇パーセント、中国人の三五パーセント、フィリピン人の一〇パーセント未満が関西圏に居住している。

断片的な事実だけからでも、過去五年間の日本における——農業でも雇用されてはいるものの、その大部分が首都圏、名古屋、大阪に集中している——不法就労外国人の数が急速に増大していることがわかる。通常、彼らは観光ビザで入国し在留期間を超えて滞在した者たちである(表3-1参照)。労働請負業者は、大部分が組織された犯罪集団の構成員であり、多くの場合、文書を偽造し外国人労働者を呼び込んでいる。事実、入国者と出国者を並べてみると、近年、出国者よりも入国者のほうがか

表 3-1 国籍および性別でみた無許可ビザによる長期不法滞在者の推計値(1990-92 年)

国籍	性別	1990 年 7 月	1991 年 5 月	1991 年 11 月	1992 年 5 月
バングラデシュ	男	7,130	7,429	7,725	8,003
	女	65	69	82	200
中国	男	7,655	13,836	16,624	19,266
	女	2,384	3,699	5,025	6,471
イラン	男	645	10,578	21,114	38,898
	女	119	337	605	1,103
韓国	男	8,793	17,977	20,469	22,312
	女	5,083	7,871	10,507	13,375
マレーシア	男	5,023	10,099	18,466	27,832
	女	2,527	4,314	6,913	10,697
ミャンマー	男	1,041	1,676	2,712	3,661
	女	193	385	713	1,043
パキスタン	男	7,867	7,731	7,786	7,862
	女	122	133	137	139
フィリピン	男	10,761	12,905	13,850	14,935
	女	13,044	14,323	15,770	17,039
スリランカ	男	1,594	2,143	2,618	2,932
	女	74	138	219	285
台湾	男	2,080	2,356	2,790	3,427
	女	2,695	2,885	3,107	3,302
タイ	男	4,062	6,767	13,780	20,022
	女	7,461	12,326	18,971	24,332
その他	男	10,200	13,021	17,766	21,846
	女	5,879	5,830	8,650	10,010
合計	男	66,851	106,518	145,700	190,996
	女	39,646	52,310	70,699	87,896
総合計		106,497	159,828	216,399	278,892

出所) 日本法務省入国管理局で記録された出入国者数に依拠して作成.

なり多いことがわかる。その一部は、合法的な複数年滞在者や行政の数え間違いによって説明できるが、特定国籍のグループに、不法就労を目的として短期ビザで入国する者の数の増大がみられる。たとえば、一九八七年の台湾人入国者は三六万人であったが、出国者は三一万四〇〇〇人にすぎなかった。韓国人の場合、三六万人の入国者にたいして、出国者は一四万九三〇〇人、フィリピン人でも入国者八万五三〇〇人にたいして、出国者は五万七六〇〇人にすぎない。フィリピンからの入国者数は、一九八三年の四万八〇〇〇人から九〇年の一〇万八三〇〇人へと二倍以上に増えている。米国の経験が何らかの指針となるとすれば、日本でも、ますます多くの「旅行者」や「滞在者」が、観光目的ではなく有利な雇用先を見つけるために日本に入国することになると予想できる。(9) たしかに、こうした数値だけからあまり多くの含意を引き出そうとするべきではないのかもしれない。だが、こうした数値だけでも、不法移民が、だいたいにおいて観光ビザで入国した人々の長期不法滞在という形で発生しているという他の証拠を支持するものとなっている。

実際の摘発者数や出入国者数に基づいた推計によれば、一九九一年までに日本には最大で三〇万人の不法移民就労者が存在し、そのほとんどが建設業、製造業、そしてバーやレストランで就業していた。そして、そのほぼ全員がアジア系であり、最大のグループが韓国(推計一〇万人)、バングラデシュ、フィリピン、パキスタン、タイ出身者であった。八八年以降、日本政府は、この問題を十分に認識したが、九〇年の前半に新規入国の一時的な停滞という事態はあったものの、摘発者にはそのような状況はみられず、その数は増大し続けている。

一九八八年以前のパターンとそれ以後のパターンを確認するうえで、森田(Morita 1992)が分析した法務省入国管理局による不法就労による摘発者数のデータは示唆に富んでいる。摘発された移民のデータから、八〇年代半ば時点で最大の摘発者数を出した単一の出身国はフィリピンで、それにパキスタン、バングラデシュ、タイ、韓国が続いていることがわかる(表3-2参照)。また、フィリピン人摘発者の三分の二が女性であり、タイ人摘発者でも女性の占める比率は同程度であった。だが、他の諸国では、女性摘発者の数は少ない。一九八〇年代半ばの摘発者のなかで女性の比率が高いのは、不法移民がおもにセックス産業で雇用される「興行関係者」であったためである。しかしながら、八九年と九〇年までに、そうした人々が摘発者数に占める比率は二五パーセントでしかなくなっている。このように摘発者が男性へとシフトするとともに、国籍でも変化が起こっている。その原因は、上述のようにビザ取得を困難にする法律が可決されたことにある。このことから、九一年のバングラデシュ

による摘発者数

1989 年	1990 年	1991 年
16,608 (4,817)	29,884 (5,708)	32,908 (7,558)
2,277 (2)	5,925 (10)	293 (1)
588 (272)	1,142 (343)	1,665 (423)
39 (13)	481 (53)	1,162 (181)
531 (256)	639 (288)	460 (235)
18 (3)	22 (2)	43 (7)
15 (2)	652 (4)	7,700 (89)
3,129 (920)	5,534 (1,117)	9,782 (1,499)
1,865 (174)	4,465 (609)	4,855 (963)
3,170 (2)	3,886 (6)	793 (0)
3,740 (2,451)	4,042 (2,449)	2,983 (1,904)
1,144 (775)	1,450 (789)	3,249 (2,323)

表 3-2　国籍および性別でみた日本における不法就労

	1982 年	1984 年	1985 年	1986 年	1987 年	1988 年
総　計	1,889 (1,705)	4,783 (4,433)	5,629 (4,942)	8,131 (5,945)	11,307 (7,018)	14,314 (5,385)
バングラデシュ			1 (0)	58 (0)	438 (1)	2,942 (3)
中　国	775 (691)	466 (330)	427 (301)	356 (195)	494 (284)	502 (272)
本　土						7 (2)
台　湾						492 (269)
香　港						3 (1)
イラン						
韓　国	132 (97)	61 (27)	76 (41)	119 (50)	208 (99)	1,033 (264)
マレーシア					18 (3)	279 (14)
パキスタン	7 (0)	3 (0)	36 (0)	196 (0)	905 (0)	2,497 (2)
フィリピン	409 (396)	2,983 (2,887)	3,927 (3,587)	6,297 (4,797)	8,027 (5,774)	5,386 (3,698)
タ　イ	412 (387)	1,132 (1,078)	1,073 (953)	990 (826)	1,067 (777)	1,388 (1,019)

注）（　）内の数値は女性のみにかんするもの.
出所）日本法務省入国管理局.

国籍やパキスタン国籍の摘発者数の急激な減少がかなり説明できる。それは、両国からの旅行目的の入国者数の急激な減少とイラン人摘発者の急激な増大とも符合している。実際、日本への不法滞在者のなかでもっとも目立つ国籍は、九一年に、バングラデシュやパキスタンからイラン人摘発者に取って代わられたように思われる。だが、その後、日本は、(石油危機後の一九七四年に調印された)イランとのビザ免除協定を破棄し、その結果、イランからの旅行目的の入国者や長期不法滞在の推定人数も急激に減少しているのである。

一九八〇年から九一年の退去強制事由摘発者数からわかるように、ビザの在留期間を超えた長期滞在が、不法滞在摘発者の単独で見て最大のカテゴリーであった。また摘発者数全体も、一九八〇年の二五三六人から八六年には一万五七三人、八八年には一万七八五四人、八九年二万二六二六人、九〇年三万六二六四人、九一年三万五九〇三人と年々増大している。八九年に摘発された二万二六二六人の不法移民のうち、一万九一〇五人が、滞在ビザの在留期間を超えて不法滞在した者であり、犯罪行為で摘発された人数は二〇〇人に満たない。九一年に在留期間を超えて不法滞在した者の数は、三万五九〇三人の摘発者のうち三万二八二〇人にも上る。摘発者のうち、この二年間のそれぞれの年に日本に不法入国した人数は約二〇〇〇人にすぎなかった。そうしたなか急速に増大している不法入国のカテゴリーの一つが、ボートによる上陸である。八二年以前の摘発記録は入手できないが、八六年に二万七〇五一人が摘発され、その数は八八年では一万一〇〇〇人、九一年には二万七一〇〇人に達している。また、これとともに韓国人、タイ人、マレーシア人の摘発者数も増加している。そして、フィリピン、台湾、タイ以外では、摘発者の大多数は男性で構成されていた。

もし移民が、たんに送出国の貧困という「プッシュ」要因と日本に潤沢に存在する就業機会という「プル」要因だけを反映したものだとすれば、日本の急速な工業化の時期に大規模な移民の流入が発生したはずである。だが、その時期の日本に巨大な労働需要が存在したとはいえ、日本の近隣諸国の多くはまだ工業化を開始してはいなかった。そのため、予想に反して、大規模な公共建設事業や民間の建設事業が実施されたこの時期、日本の膨大な労働需要は、おもに農村から主要都市地域への移民によって満たされたのである。[10] しかし、仮に農村の巨大な労働予備軍が、この時期の労働需要を満たすことができなかったとしても、一九五〇年代や六〇年代に日本に外国人労働者が入国するという展望は想像することすら困難であったことは明らかである。日本では、今日でさえ、「単純労働者」の入国は禁止されているのである。

また、もし移民の流入がたんなる政策問題であるとすれば、現在、日本でみられる不法移民の流入はありえなかったであろう。米国の場合、一九六五年の法律が大きな影響力をもったのは、米国が第三世界諸国の一部に生産拠点と軍事活動の広範囲にわたるネットワークを構築していたからである。移民にたいする累積需要が存在したことに加えて、そうした諸国と米国のあいだには、幅広い連関のネットワークが存在したのである。米国の新たな法律自体が、米国への新規移民を生み出すものではなかったということは、次の事実からもわかる。家族の再会ということを根拠にすれば、この法律によって発生すると予想された移民は、すでに米国にいる人々の親戚、つまりその大部分がヨーロッパ人ということになる。だが、現実に流入してきた移民の大多数は、カリブ海諸国や一部のアジア諸国からのものであった。

高度成長期、日本は、潜在的な移民送出国とのあいだに、米国のようなネットワークや連関をもっていなかった。もし事情が違っていれば、そうした諸国が、日本への国際移民フローの形成を促進したであろう。日本が経済を国際化させ、東アジアおよび東南アジアの主要な投資国となるにつれて、日本は――意図しようとしまいと――その財、資本、文化を循環させる超国家的な空間を創出していく可能性が高くなる。翻って、そのことが、人を循環させる諸条件を創出することになるのである。その意味でいえば、われわれは、国際労働市場が、労働請負業者と不法移民にたいして重要な役割を果たす初期的な段階を目の当たりにしているのかもしれない。

日本における労働需要――移民の入り込む余地はあるのか?

米国の場合、一九七〇年代に低賃金職の供給が急速に増大し、労働市場の非正規化が生じた。この二つの事態はともに、新たな産業の成長と製造業の衰退および再編と関連したものであった。非正規化の傾向は、不法移民を労働市場に組み込むことを促進する(Sassen 1988)。非正規化が、雇用過程を活性化させ、雇用者に課された制限を撤廃し、通常、直接的・間接的に労働コストを低下させる。米国における低賃金職の増大は、部分的には、低賃金諸国への投資や製造業職の移転を促してきたのと同じ国際的な経済過程の結果である。工業生産が、海外あるいは米国南部の低賃金地域へと移転されるにつれて、高賃金に依拠する伝統的な米国の製造業組織は侵食され、多くの産業で、格下げされた製造業部門に部分的にとって代わられている。そうした製造業部門は、低賃金の半熟練あるいは非熟練生産職と下請け生産の拡大を特徴としているのである。それとともに、比較的よく知られているように、サーヴィス部門の急速な成長は、たしかに投資金融業やマネジメントそして専門職といった高賃金の職を増大させているが、その一方で、それは、多くの低賃金職をも生み出しているのである(本書第6章参照)。

労働市場の非正規化の高まりは、日本でも見られるのであろうか。この点にかんして、日本におけるサーヴィス職の成長、常勤男性労働者のパートタイム女性労働者への置き換え、労働者の企業にたいする要求を弱体化させる下請け契約の増大、そして、一九八〇年代に東京で生み出された新たな職のほとんどがパートタイムであり一時雇用であったという事実については、私は、別の論稿で(Sassen 1991a, chs. 8, 9)、詳細に論じておいた。

一九八〇年代半ば——これは経済構造再編の観点からみて重要な時期であるが[11]——以降、日本における実質平均所得は低下し、製造業部門は賃金設定面での影響力を失いつつある。労働省によれば、実質所得は八五年に二・九パーセント、八六年に一・四パーセント上昇した。これまで所得増大の主要な構成要素はボーナスや超過勤務であり、それは製造業における常勤雇用と密接に関連したものであった。だがこのカテゴリーは、八五年には所得増大の一パーセントにまで低下し、八六年には〇・五パーセントにまで落ち込んでいる。三〇人以上の従業員を有する事業場の常勤の従業員が受け取る現金報酬総額は、八五年に五・〇三パーセント、八六年に四・五パーセント、八七年には三・二パーセントの上昇にとどまり、欧米の基準からすれば低いとはいえ、失業も増大している。日本の失業率は、八六年までにほぼ三パーセントの水準に達しており、だいたいにおいて摩擦的失業であった従来の失業とは明確に異なる新しいパターンが生み出されている。さらに、大部分のサーヴィス産業の平均所得は、製造業、輸送業、通信産業よりも低くなっている。なかでも、ホテルや配膳業、医療サーヴィス、小売部門での所得上昇が最低であった。金融、保険、不動産といった成長産業の賃金は、他のサーヴィス産業と同様に、平均を上回るか、下回るかのいずれかであるが、このことは、多くの欧米の都市にも共通する傾向である(Sassen 1991a, chs. 8, 9)。

日本における労働力調査のデータによれば、パートタイム労働者の比率が増大しており、全労働者に占めるその比率は、一九七〇年の約七パーセントから八七年には一二パーセントとなっている。女性労働者にかんして言えば、その比率は八五年の約一二パーセントから八七年の二三パーセント以上へとほぼ倍増している。(12)

パートタイム職の圧倒的多数は、サーヴィス部門におけるものであるが、製造業でもその数は増大している。卸売業、小売業、飲食業のパートタイム労働者の比率は、一九七〇年の二五・四パーセントから八五年には三五・一パーセントにまで上昇し、実数でみれば、七〇年の三三万人から八五年の一一七万人に増え、これらの部門がパートタイム労働者の増大分全体の四一パーセントを占めている。

一方、製造業におけるパートタイム職就業人数も、七〇年から八五年にかけて四〇万人から八〇万人へと倍増している。女性のパートタイム労働者は、八二年から八七年に、三八・二パーセント、実数では一五〇万人増大し、増大の程度は、労働力全体よりもはるかに大きかった。

公式集計によれば、日本における合法的な家内工業労働者の数は、過去一〇年間減少し続けている。一九八七年には、そのような労働者は一〇〇万人を超え、そのうちほぼ全員が女性であった。また、最大のシェア(四三パーセント)を占めていたのが衣類およびその関連の労働で、次に電気/電子機器(電子部品組立てを含む)の一八・六パーセント、繊維の約一六パーセントとなっていた。シェアの残りには、陶器・漆器から印刷およびそれと関連する労働まで幅広い活動が含まれている。こうしたなか、家内労働者を保護し福利厚生給付を行なう既存の諸規制は侵食されている可能性が高い。たしかに、公式の数値をみるかぎり、完全に公的給付を受けている家内労働者の比率は低下しているが、保護されていない家内労働者の絶対数の増加はみられない。だが、後者のカテゴリーに含まれる労働者の数が増大している可能性を示す指標もある(Sassen 1991a, ch. 9)。これらの諸条件は、果たして不法移民の雇用を促進しているのであろうか。われわれは、労働力不足だけで、不法移民が労働者として取り込まれていくことを説明できると当然のごとく考えることはできない。私は以前の研究で、不法移民を労働者として取り込むのを促進するためには、他の媒介条件が存在しなければならないことを指摘した。かつて行なった実態調査では、大規模日雇い労働市場が日本の労働市場に不法移民を取り込む主要なメカニズムとなっているという事実を見出している。そうした市場の存在によって、流入移民たちは、労働請負業者がいなくても職を確保することが可能となるのである。

これとの関連で注目に値するのは、法務省が提示し、森田(Morita 1992)が分析を行なった、実際に検挙された不法移民の実証データで、一九八七年から九〇年に摘発された男性移民労働者の八〇パーセント以上が建設業および工場の職に就いていたという点である。法務省入国管理局が行なった日本の主要都市部における不法移民雇用の研究によれば、不法移民を雇用している工場は、金属加工業、プラスチック加工業、印刷製本業、植木業、プレス加工業、資材塗装業といった幅広いカテゴリーに及んでいる。金属およびプラスチック加工工場や自動車部品製造工場で摘発される女性の数がますます増大している(Morita 1992)。不法移民は、全般的に中小規模の工場で見られた。九一年の数値は、こうしたパターンが持続していることを示している。政府によって発見された不法移民のほぼ半分が建設業に従事しており、四〇パーセントが製造業および小売業の特定の職(とりわけレストラン)におけるものであった。

非熟練職にかんする不法移民の推計は、そうした職にたいする需要の高まりを表している。労働省は、日本の労働力不足は一九九〇年代末までに約五〇万人に達すると推計しているが、日本のもっとも有力な実業界組織である経団連は、労働力不足は約五〇〇万人に及ぶと見ている。また、九〇年代末までに、一〇〇万人から二〇〇万人の範囲になるという推計もある。今日、もっとも労働力が不足しているのは、製造業、とりわけ中小企業においてであるが、サーヴィス部門が新たな労働力不足の主要な源泉となるという点ではかなりの合意がみられる。低熟練サーヴィス職の日本人従業員が退職し、教育水準の高い日本人の若者が、そうした職に就くことを拒否するにつれて、移民労働者が徐々に受け入れられるようになるかもしれない。

高度先進諸国はすべて、製造業やサーヴィス業における低賃金職を満たすために移民労働者に依存している。だが、かならずしもすべての諸国が、今日の日本で見られる諸条件の結合をみてきたわけではない。日本では、先進国でも最低の出生率を示し、高齢者人口がもっとも急速に増大し、都市化率ももっとも早く、農民が移民労働者の雇用(そして農村地域に住みたいと思う若い日本人女性が不足していることから、外国人花嫁)に依存するまでに農村の労働予備軍が枯渇している。日本人青年に要求される教育水準は高く、高賃金職における労働力需要も持続していることが、低賃金、非熟練職を満たすための労働力の有効供給をさらに低下させている。たとえ、現在の傾向が不景気を終えても持続し、より多くの日本人が解雇されたとしても、彼らが低賃金職に就く可能性は低い。すべての先進国と同様に、労働市場は分断され、労働力不足は失業と共存するのである。

結　論

日本と米国の歴史は根本的に異なっており、そのことは程度の差こそあれ経済組織にも当てはまる。だが、われわれは、両者で類似する諸過程の形成を目の当たりにしている。そうした諸過程は特定の接点で形を成すが、分析上、それは、経済の国際化の諸過程、先進国に共通する労働市場の展開、そして各国の文化的特異性が互いに交錯しあう点にほかならないのである。この接点に、移民の流入とその持続を位置づければ、両国における移民史の重要な相違点だけでなく類似点も理解することができるだろう。ここでいう類似点とは、この二つの国が、それぞれ超国家的な勢力圏に強力な経済プレゼンスをもつグローバルな大国であるということに由来している。また、その相違点は、それぞれの国の特異性によるものでもあるが、部分的には、移民受入の歴史の段階の違いから派生している。今日、われわれが、日本においてその端緒を目の当たりにしている過程は、米国で二世紀以上にもわたって生じてきたものなのである。だが、今日的な特殊性——主要経済大国のグローバル化と労働市場の分断——が、日本で始まったばかりの移民流入であれ、米国の最新の移民であれ、移民フローを形成しているとみることもできる。

日本は、アジアの地域的経済システムのなかで、主要投資国であり、海外援助供与国であり、(文化的な産物を含む)消費財輸出国である。また、米国ほど開放されてはいないが、日本でも外国企業のプレゼンスが高まっている。本章の主たる主張は、新たに流入する移民は、日本経済のグローバル化を反映しているというところにある。東京の金融業で雇用される高水準の外国人労働力の場合には、このことは容易に理解できるが、建設業、製造業、低賃金サーヴィス職で雇用される新たな、そして多くの場合、非合法の肉体労働者移民の場合には、こうした関連は明確ではない。だが、後者の場合でも、国際化は、潜在的な移民の出身国とのあいだに架け橋を築く背景となるだけでなく、日本経済を、とくに大都市においてもっと風通しのよいものにする要因となっている。

日本の若者が低賃金、非熟練職への就業を拒否している状況のなかで、日本には、いまやそうした職にたいする労働需要が高まっている。日本のケースが示しているパターンは、移民受入の長きにわたる歴史をもつ他の先進国経済では、いまのところ漠然としており十分に形成されているとは言い難いものである。日本は、高水準の機械化を経た国でさえ、サーヴィス経済へと進化するにつれて、労働力不足に直面することになるということを示しているのである。日本の場合、こうした事態は、人口成長率の低さによって強化されるだろう。先進的なサーヴィス経済は、平均的な教育水準が高くなるにつれて高所得職を増大させる傾向をもつ一方で、低賃金、非熟練職の大規模な供給と肉体労働職の価値低下も生み出す。かなり同質的で単一国家、単一民族信仰のある社会では、こうした差別化の諸過程は、相対的な労働力不足を生み出すことになるのである。

(1)　筆者は一九九二―九三年の滞在中ラッセル・セイジ財団から全般的な援助を受け、本章の執筆ではとりわけヴィヴィアン・カウフマン(Vivian Kaufman)から計りしれない支援を受けた。記して謝意を表したい。

(2)　日本が、人種的に同質的な国であるという考えにたいしては、在日韓国・朝鮮人から疑義が呈されている。彼らの多くは、韓国・朝鮮人としての民族性を保持したいと主張している。また、先住民であるアイヌからも異議が唱えられており、彼らは自分たちこそが日本における最古の民族であり、倭人つまり日本人は征服民であると考えている。アイヌは、北海道では依然として重要な集団である。そのため、韓国・朝鮮人やアイヌのなかには、日本は多民族国家であると論じる者もいる。

(3) かつてほどではないが、いまでも、この援助の多くは、特定の目的と結びついた借款で構成されている。こうした援助は、市場と活動の場を海外に求める日系企業の利害に資するものとみなされてきた。だが、一九八〇年代に海外援助の果たす役割にかんして、日本の認識は大きく変化し、グローバルな大国としての日本という観点から、幅広い政治的目的がより重視されるようになる。このことは、日本の援助全般において借款よりも贈与の比率がはるかに高くなったことにも反映されている。

(4) おおむね「ヤクザ(犯罪組織)」の構成員であるかその下働きをする請負業者は、不法移民を酷使している。詳細な説明は、AMPO (1992)参照。

(5) この問題については、AMPO (1992)でも論じられている。

(6) 日本の主要な省庁が、この問題点を研究、諮問するために作業部会を設置し、政策方針書を作成していることからも、日本政府にとってこの問題点がどれほど重要であったかは明らかである。各省が提示したおもな方針を検討すると、この問題の複雑さと、不法外国人就労者の雇用の増大が一般的に所与のものとみなされていることがわかる。

(7) 改正入管法が発効する以前の一九八五年の外国人の分布は、次のようなものであった。日本に合法的に滞在する外国人人口二一〇万人のうち、約一〇〇万人が外国の職員であり、残りがおもにアジア諸国出身であった。アジア人の大多数(八〇万人)が初めて日本に入国したもので、そのほぼ全員(七二万七〇〇〇人)が九〇日ビザで入国し、半分が滞在理由として観光をあげている。就労その他のビザで入国した人々のうち、単一の最大のカテゴリーは、興行(五万九六九三人)であった。そのうちの四万一〇〇〇人以上がアジア系である。内訳は、フィリピン人が三万六〇〇〇人、台湾人が二五〇〇人、韓国人が八〇〇人以上となっている。

熟練労働者として入国した四六五人のほとんどが、アジア出身であった。日本語学校への就学を目的とすると報告されている一万三九〇〇人の入国者のうち一万二〇〇〇人以上も、アジア出身である。語学学校は、実際上、就労目的の入国を促進する隠れ蓑にすぎないことを示すますます多くの証拠が提出されている。台湾と韓国が、日本にもっとも多くの訪問者を送り出し続けており、その数は、一九八六年にそれぞれ三万二七二人、二九万九六〇二人だったのが、八七年にはともに三六万人以上、九〇年には台湾で一〇〇万人、韓国で六〇万人にまで達している。

(8)「娯楽産業」における女性の雇用は、当初、大部分がフィリピン人に限定されていた。娯楽産業での女性雇用は、その数を急速に増大させるとともに、他の諸国出身者にも広がり、法規定を超えるものとなっている(Asian Women's Associations 1988；AMPO 1988)。

(9) 私は、多くの時間を費やして東京にいる不法移民に聞き取り調査を行ない、日本が閉鎖的社会であるとの評判を耳にしながらも、何故に日本に移民する決断を下したのかを調査した(Sassen 1991a, ch. 9)。多くの者が、異なる方法で移民労働に動員された者であった。母国で日本のプレゼンスが高まり、日本と母国のあいだに連関が生み出され、その結果、日本についての情報が入手可能となったという事情も重なって、彼らには日本が移民先として望ましい選択肢のように思えたのである。

(10)［農村から都市への］移民の絶頂期である一九五五年から六五年には、日本の四六道府県の半分以上が絶対数で見た人口の減少を経験し、残りの一四道府県でも年人口成長率は一パーセント未満であった。東京、大阪、名古屋といった三大大都市圏が、こうした大規模移民の主たる目的地であった。六〇年から七〇年までに、この三つの地域が、国民人口の四〇パーセントを占めるようになっている。東京を中心とした大首都圏の人口は、五〇年から七〇年までに一〇〇〇万人も増大し、八四年までに二六〇〇万人に達している。五〇年時点では、日本の全人口のほぼ五〇パーセントが農業に従事していたが、その比率は七〇年には一九パーセントにすぎない。

(11) 毎年春に行なわれる賃金交渉である春闘で公示される賃上げ率は、年々低下している。春闘は、大企業に影響を与え、小規模企業にとっての基準となる。これは米国でかつて見られた鉄鋼産業や自動車産業の賃金交渉とは異なっている。しかし、従来、日本の平均賃金を設定してきた鉄鋼や造船業の一九八七年の賃上げ率は、前年比でわずかの上昇にとどまっている(三・五六パーセント)。さらに、それに先立つ数年とは違い、実施されたのは定期昇給だけで追加的な昇給はなく、このこともまた、これまで日本経済の急速な経済成長の主要な源泉となってきた基盤製造業の地位が衰退しつつあることを示している。

(12) こうした数値からは、農林業で雇用される者が除外されている。三六〇万人の女性パートタイム労働者のうち、約八〇万人が製造業、一三〇万人が卸売業や小売業に、一七万人がFIRE(金融、保険、不動産)、ほぼ一〇〇万人がサーヴィス産業に従事している。

訳注

〔1〕 その後、深刻化する平成不況のなか日本のODA枠が削減されたのに加えて、米国のアフガニスタン、イラク戦争など中近東への軍事的関与を深めるなかで援助額を増大させており、二〇〇四年現在、日本は世界第二位の援助国である。なお、二〇〇〇年時点で日本が援助額第一位となっているおもなアジア諸国は、次の通り。イラン、インド、インドネシア、ヴェトナム、カンボジア、スリランカ、タイ、中国、パキスタン、バングラデシュ、フィリピン、マレーシア、ミャンマー、モンゴル、ラオスなど。

第Ⅱ部　非難を浴びる女性たち

第４章　グローバル経済のフェミニスト分析に向けて(1)

世界経済の現況を特徴づける側面は、以前の時代とはすっかり隔絶し、根本的に新しい編成をとっている、というところにある。(2) 経済活動の領土的な組織と政治権力の組織にたいするグローバル化の影響を検討してみれば、このことはとりわけ明白になる。経済的グローバル化は、国民国家の基本的な特質、とくに排他的な領土性と主権を変化させてきた。われわれが長らく国民国家と結びつけて考えてきた排他的領土性が揺らぎつつある兆候がうかがえる。(3) この揺らぎの戦略的な事例を示すのが、グローバル都市である。それは、グローバル資本の一部が国民国家から切り離されて作動する舞台として、機能する。より低い複雑さの次元では、国境を越える活動とこれらの活動を規制する新しい法レジームを通して、多国籍企業とグローバルな金融市場が、こうした影響を及ぼしていると考えうる。主権もまた、こうした経済的・非経済的実践、そして新たな法レジームによって、揺らぎつつある。極論すれば、このことが意味するのは、国家はもはや主権やそれに付随する規範性の唯一の拠点ではない、ということである。さらに、国家はもはや国際法にとって唯一の排他的主題ではない。ＮＧＯから先住民、超国家的組織まで、他の主体が、国際法の主題として、また国際関係上の主体として、次々と姿を現しつつある。

さまざまな国の男性や女性の経済的諸条件にかんする最新情報を提示するだけに終わらないためには、今日のグローバル経済についてのフェミニスト分析を発展させることによって、われわれは国家・主権・領土性にかかわる変容を考慮に入れざるをえない。女性と経済、そして女性と法という問題を検討するフェミニスト研究の多くは、国民国家を所与のものとして、あるいは、当面の問題を取り扱う背景として、受け取ってきた。このアプローチは、重大で必要な貢献を行なってきた。しかしいまや、国家の重要な体系的な特質(つまり、排他的領土性と主権)にたいしてグローバル化が甚大な影響を及ぼしていることを考慮すれば、こうした特質を批判的検討にさらすことが重要となる。

本稿の目的は、今日のグローバル経済のおもだった側面を解釈し直し、概念化し直せるフェミニスト分析に貢献することにあるが、その際、女性を分析の俎上にのせ、より大きな位置づけをあたえるために、公式的で実際的な切り口とともに、ジェンダー化の戦略的事例を把握するようなやり方で行なう。この再解釈は、主流派のグローバル経済論とは著しく異なっている。そうした主流派の説明は、技術的・抽象的な経済力学のみを強調し、まるでこうした力学が不可避的にジェンダーを無視して展開するとみなされるし、この問題が(仮に行なうことがあったとしても)考察対象になることは稀である。

私が取り組みたいのは、いまのところその説明の視野に入っていないものを分析の俎上にのせるために、グローバル経済を理解する際に確保する必要がある分析範囲を拡張することである。出発点となるのは、過去二〇年にわたる私のグローバル経済の研究である。この研究をつうじて私が見出したのは、経済的グローバル化にかんする主流派の説明がたいへん狭い分析範囲に限られているということである。その説明は、「放逐の物語」のように機能している。というのは、それが、グローバル化の流布しているイメージにそぐわない労働者、企業そして部門をすべて排除しているからである。しかも、その意味で言えば、国際関係とそのもっともフォーマルな事例である国際法のレトリックもまた、放逐の物語のように理解できるのである。このレトリックによると、国家がその唯一の主体となり、他の担い手や主体は排除されてしまうからである。こうした物語が中心に据えているのは、男性によって制定され、構成され、そして正当化される一連のミクロの日常的実践や文化的形態、そして男性側にジェンダー化された視点の双方あるいはそのどちらかである。さらに、実践的なレベルでは、グローバルな経済活動と国際関係において、トップレベルの女性専門家の数が増加しているにもかかわらず、権力をもつ男性、あるいは少なくとも何らかの権力をもつ男性と歴史的に結びついてきた文化的な特質と権力の力学を、グローバルな経済活動と国際関係のそれぞれが固有の方法で有しているかぎりにおいて、この二つの領域は男性的にジェンダー化されたものと言うことができるであろう。

ここでは、グローバル化の組織的力学を検証する二つの戦略的な研究の場を特定したうえで、フェミニスト解釈を発展させるために、いかにジェンダー化が機能しているのか検証を始めたい。この二つの場は、近代国家の二つの特質(ひとつは排他的領土性と主権、もうひとつはグローバル化の衝撃によるこれらの揺らぎ)から導き出されたものである。ここでの目的は、ジェンダーの不平等をあれやこれやと列挙することではない。そうではなくて、ジェンダー化の戦略的な事例の拠点と女性の地位の新しい形態の拠点を特定することにある。本稿は、たんなる端緒にすぎない。この分析にもとづいて、さまざまな固有の条件と主体性のなかで、男性と女性にかんして、民族誌学研究、文化批判、社会学的調査、ならびに法的な研究を行ない、立ち入った検討を加えていく必要がある。第1節ではこのような問題にかかわる文献をいくつか概観する。第2、3節では、きわめて特殊な戦略的研究の拠点のひとつであるグローバル都市をつうじて、国家の領土性の揺らぎに焦点を当て、グローバル経済における女性の問題にかんする経験的・理論的論考にとって、いかなる含意があるのか示したい。第4節では、国際関係において別の担い手が出現し、国際法に別の主題が出現していることの含意を説明するために、グローバル化時代における主権の揺らぎを検討する。国際関係と国際法のそれぞれは、多くの点で、個別の学問領域で別個に行なわれる研究や理論の取り組みを代表する一方で、双方ともに、広範なグローバル化の過程と、経済と政治権力の組織に及ぼすその影響にかんする重要な側面に焦点を合わせている。われわれは、こうした側面をともにグローバル経済にかんするフェミニスト分析へと組み込まなければならない。ここで私は、こうした論点の端緒につくことができるにすぎないので、本稿は未完の解釈とならざるをえない。

グローバル経済におけるジェンダー化の戦略的諸事例

世界経済の最近の歴史のなかでジェンダー化を取り扱った研究には、まず二つの古い局面を識別しうる。この最初の二局面は、長期にわたる国際化の過程にかかわるものである。これに続く第三の局面は、ごく最近の変容に焦点を合わせたものであり、それ以前の局面におけるカテゴリーや事実の発見を精緻化した取り組みが含まれる。最初の古い二局面にたいする研究と理論化の取り組みは、これまで過度に、そして典型的には説明のないままに、男性に焦点を合わせてきたこれまでの研究との不均衡をただすために、国際経済の発展を研究するにあたって、女性の役割を回復させることを主眼としていた。

第一の局面は、開発研究の分野である。その代表的なテーマは外国企業による全面的な換金作物と賃金労働の浸透であり、また、それが浸透するかどうかは、女性による世帯内生産と生存維持的農業が男性の賃金労働を補助する力学に、部分的に依存してきたことを扱ってきた。ボズラップ、ディーア、ならびにその他多くの研究者たちは、この多様な力学を示す有益で微妙なニュアンスに富んだ文献を生み出してきた(4)。生存維持部門と近代資本主義企業とは、切り離されるどころか、ジェンダー力学をつうじて接合されることが示されたが、その力学はこの接合を隠蔽してきたのである。

第二の局面は、製造業生産の国際化とそれに付随して生じた労働者の女性化にかんする研究であった(第5章を参照)(5)。この研究において鍵となる分析要素は、低コストで生産された財の輸入圧力のもとで展開されたオフショア製造業における職が、貧困国の女性に著しく偏った労働力の動員をもたらした、という点にある。彼女たちは、これまでは工業経済の外部にとどまっていたのである。この点にかんして、その分析は、一国の経済発展水準にかかわりなく、ある種の産業分野、すなわち衣料と

電子製品組立に代表される産業に、なぜ女性が集中するのかというような諸国民経済の問題と重なるものでもある。(6)

これら二つの局面にかんする分析は、膨大な文献を生み出してきたが、詳細でありまた高い説明能力を有するという点で、関心をひくものであった。(7) ここで、これら二つの研究の全体と、実証分析と理論化のための新しい枠組にたいする二つの研究の貢献とを正当に評価することは不可能である。これら二つの研究が生み出した実証研究と理論構成の質が高かったおかげで、現局面を理論化するためにわれわれがどれほど多くの作業をなしとげる必要があるのか、わかるのである。第三の現局面には、これら二つの長期にわたる力学と新しい力学との双方が含まれるのであるが、後者は本章の焦点でもある。

女性とグローバル経済にかんする研究の第三局面が生じた背景には、ジェンダー化、女性の主体性、女性の成員資格(membership)にかんする概念がいかに変容してきたかが明らかになる過程が認識されてきたことがある。これらのテーマは、多くのさまざまな文献に現れている。女性移民にかんする新たなフェミニストの研究は、示唆に富み、この先楽しみな研究分野の一つである。その焦点となるのは、たとえば、国際移民がどのようにジェンダーのパターンを変えるのか、そして国境を越えた世帯形成がいかに女性の地位を向上させられるのかといった論点である。(8) また、グローバルな経済過程を理解する鍵となる分析的カテゴリーとしての世帯、(9) ならびにフェミニストの主体性を含む新しい主体性を表す国境をまたぐ共同性、集団帰属の経験、アイデンティティ形成の新しい形態に焦点を合わ

せた、重要で新しい研究がある。(10)

さらに、国際的・超国家的論点をテーマにしていない、あるいは国際的な観点を欠落させているとはいえ、重要な実証的研究に資する多くの研究も存在する。これらは、ジェンダー化された空間にかんする研究(11)から、女性と自由主義国家にかんする研究まで、幅広いものである。(12) 主要な社会科学のあらゆる領域に膨大な量の研究が存在するのであるが、現代の女性と男性の経済状況にかんする多くの研究は、ここでの研究にとって有益であり、そのうち行論のなかで触れるものもあるだろう。最後に、フェミニスト分析において欠落してきた論点、ならびに、今後依然として発展させる必要のある差異化を分析した文献が、とりわけ重要である。(13)

現代の経済的・政治的過程におけるジェンダー化に焦点を合わせた研究の多くは、女性にかんする立ち入った説明、あるいは女性と男性との比較から始める傾向にある。私がそうしたテーマを取り扱う場合、現局面を特徴づける戦略的な力学と変容をあげることから検討を始める。これらのアプローチはともに必要なものである。私のとる立場は、部分的には、世界経済の現局面にかんする理解を前提としている。すなわち、世界経済の現局面は、大きな変容と戦略的な一連の新しい力学(つまり、さまざまな過程の大部分を説明するものではないにせよ、レジーム形成的である力学)を通して構成されてきた、とみなすのである。したがって、輸出志向製造業は戦略的力学であるが、製造業職種の多くを説明するものではけっしてない。ジェンダーは、この輸出志向製造業における戦略的な連結項である。私のアプローチは、ある意味では、現代という時代を明らかにするために、理論的・実証的に「関数における変数間の差分」を問題にして取り上げることを含んでいる。(14) そうする目的は、こうした戦略的力学と変容のなかにジェンダー化の契機が存在するのか、もしそうであるとするならば、フェミニスト分析とは何でありうるのかという点を理解することにある。私がこうした考察を数学的問題として理解するのは、問題解決が確実であってもそれが自明ではないからである。女性が賃金差別をうけ、ジェンダー別の職種が高い割合で存在することに注意を払うことによって、ジェンダー化の問題を理解した、と仮定すれば、その問題の理論的、経験的、そして政治的重要性を低下させてしまうだろう。

一つの重要な方法論的問題は、グローバル化の現在の過程を研究できる戦略的な拠点とは何か、ということである。そうした拠点は、輸出志向農業においては、生存維持経済と資本主義的企業の結合関係であり、また製造業生産の国際化においては、それは、基幹産業における既存の「労働貴族」の衰退(彼らは先進国経済の拡大する部門の背後で影響を及ぼしてきたのだが)とオフショア生産に従事する労働者の結合関係である。

それでは、今日のグローバル化の主要な過程についてはどうだろうか。こうした拠点のなかで、グローバル都市ほど重要なものはない。それは、資本の主要部分の価値付与のための、そして、グローバルな経済的過程を調整するための拠点である。さらにまた、グローバル都市は、戦略的部門にたいしてサーヴィス労働を提供する諸活動に、多数の女性と移民を統合する拠点でもある。(15) しかし、これらの労働者の存在を見えなくしてしまう統合の様式こそが、基幹産業の労働者であることと「労働貴族」あるいは現在の労働貴族的存在(先進工業国においては歴史的にみられたものであるが)になる機会との結合関係を断ち切ってしまうのである。[16] この意味で、「女性と移民」は、オフショア生産労働者の制度的な等価物として現れるのである。[17]

第二の戦略的な拠点は、グローバル化の影響を受けた主権とその変容の問題を中心としている。これは、第3節の主題である。国際法は、こうした変容の影響を捉えることができるきわめて形式化された領域であるが、それは国民国家を基礎的にすなわち基本的に唯一の主要な主題としてみなしてきたし、また、基本的に男性的なものとして描いてきたのであった。[18] 私の考察にとっての戦略的な結合関係は、主権の変容と、このことによって女性（そしてその他のこれまで見えない存在であった主体）が、国際関係において目に見える参加者となり、国際法の主題となる状況を創り出す突破口となることである。それは、もはや、たんに国際法の排他的主題や国際関係の排他的主体が国民を代表し、個人ならびに特定の集合として人々を見えなくするような、統合された国家の問題ではない。

価値付与と低下の過程——ジェンダー化の位置づけに向けた第一歩

私の多くの仕事の中心的仮説は、権力の不在を通して、ならびに権力剝奪状態を権力に結びつける境界と領域を移動し乗り越えることによって、われわれは権力について何かを学ぶ、というものだった。権力剝奪状態は、その根底においては沈黙を意味しない。権力の不在が存在しており、それがさまざまな帰結をもたらすのである。[19] この議論にかんしていかなる用語法と言葉を用いるかによって、ある立場は強化され、他の立場は封じられてしまう。

金融によって支配される基幹サーヴィス複合体の日々の仕事に含まれる職種の大部分は、低賃金の肉体労働であるが、その多くは女性と移民によって担われている。こうしたタイプの労働者と職種がグローバル経済の一部として表象されることはないが、実際には、国際金融と同様の先端的形態を含む、グローバル経済システムを動かすインフラストラクチャーの職種の一部なのである。[20] トラック運転手やその他のサーヴィス労働者よりも、企業経済の最上層(工学的専門知識、精度、「テクネ」を企画する企業高層ビル)が、先進経済システムにとって不可欠な特徴だとみるほうがはるかに容易である。[21] たとえこうした低賃金の肉体労働が不可欠な構成部分であるとしても、そうである。ここに、低く価値付与される経済部門と高く価値付与される、実際には価値の過大評価をうける経済部門間で、格差を著しく拡大する価値付与の力学が働いている。

大都市における移民の労働環境は、エスニック経済とインフォーマル経済の概念に含まれることは多いが、グローバルな情報経済の一部である、と認識されることはめったにない。[22] われわれが移民やエスニシティという言葉で語ることの多くは、次のような事柄と関連する一連の過程である。すなわち、(1)経済活動、文化活動、そしてアイデンティティ形成のグローバル化と、(2)労働市場の分断の顕著な人種化の拡大である。後者のせいで、移民の労働環境のなかで起こっている、先進諸国のグローバルな情報経済における生産過程のさまざまな事柄が、グローバルな情報経済の一部とは認識されなくなっている。[23]

ここで取り上げようとしているのは、ある特定の型の生産物、労働者、企業、部門に価値付与しまた過大評価し、その他のものの価値低下をひきおこすような一連の過程である。したがって、たとえば、ジェンダー化という事実、女性向け職種の価値の引き下げは、こうした価値低下の過程を促してきているのではないか。われわれは、価値低下を所与のものとして扱うことはできない。そうではなく、価値低下は創り出された結果である。

私が本書ならびに別のところで述べてきたある種の型の労働者や労働文化の価値低下の諸形態は、部分的には、大都市において明確に現れるような人口構成の変容のなかに組み込まれている（たとえば、本書第6、7章を参照）。大都市では、中産階層の減少とともに、女性、移民、そして有色人種人口の存在感が増し、価値低下過程の進行を促してきた。このことは、こうした大都市がグローバル化過程の実現と企業資本の価値付与にとっての戦略的な拠点であるかぎり、重要である。[24]

これらの価値付与と価値低下の新しい過程とそこから生まれた不平等とは、いかにして起こるのだろうか。主要都市へのグローバル過程とグローバル市場の移植が意味してきたのは、経済の国際化した部門が著しく拡大し、諸経済活動や生産物の価値付与あるいは価格付与を行なう新たな基準を強制してきた、ということである。これは、都市経済の大部分に甚大な影響を及ぼしたのである。それはたんに量的な変化だけではない。われわれは、ここに新しい都市レジームにとっての構成要素を見出すのである。[25]

こうした分極化傾向がとる明確な形態とは、（1）都市経済の空間的組織、（2）社会的再生産の構造、

(3)労働過程の組織である。分極化の多元的形態へと向かう傾向のなかに、雇用中心的な都市の貧困と周縁においやられる状態を生み出す条件、そして新しい階級構成を生み出す条件がある。こうした主題については、すべて本書の第6、7章で、詳細に再検討する。

専門化したサーヴィス主導経済の勃興、とくに新しい金融とサーヴィスの複合体は、新しい経済レジームと見なされるものを生み出した。というのは、この専門化した部門は都市経済のほんの一部しか占めないにもかかわらず、経済全体に影響を及ぼすからである。こうした経済部門の圧力のひとつが分極化傾向である。なぜならば、金融のような領域において超過利潤が生まれる可能性が高いからである。この結果、今度は、多くの金融活動ほどの超過利潤を生み出せないがゆえに、製造業や低付加価値サーヴィス部門の価値低下が生じるのである。低付加価値サーヴィス部門や都市を基盤とする製造業は、女性や移民が中心となる部門である(職種や所得にかんするより詳細な情報については、第6章を参照)。

多くの基幹産業における超過利潤の形成能力は、次のような新しい傾向の複雑な結びつきの中に組み込まれている。すなわち、(1)グローバルな規模で異常なまで迅速な資本移動を可能にする技術と、そうした移動を許す多元的な市場の規制緩和、(2)流動資本を創り出し、それが流通して追加的利潤を生み出す証券化のような金融の革新、(3)すべての産業における複合的で専門化したサーヴィスへの需要の増大(このことは、一九八〇年代からの最高水準の専門家や最高経営責任者(CEO)の給与の上昇に示されるとおり、サーヴィス部門の価値上昇、価値の過大評価をしばしばもたらしたのだが)[26]。グローバル化によって、これらサーヴィスならびにその戦略的性格、非日常性、そして価値の過大評価は、いっそう複雑なものとなった。

極端に高い利潤形成能力をもつ一定数の企業が存在することによって、商業空間、産業サーヴィス、そしてその他企業ニーズの価格は上昇し、それによって、並の利潤形成能力をもつ企業が生き残ることがますます難しくなってきている。そして、並の利潤をあげる企業は、都市経済の活動と居住者の日常的必要にとって不可欠であるが、こうした活動の存続可能性は、金融や専門化したサーヴィスが超過利潤を得ることができるような状況では、脅威にさらされている。国際化した部門とそれを補完する最高級レストランやホテルのような活動によって高い価格と高い利潤水準によって、他の部門は、ますます空間や投資において競争が難しくなってきている。これら他部門の多くは、著しい下降あるいは配置転換を被っており、たとえば地域のニーズに応じた近所の店が、上層階層に合わせたブティックや高所得の新都市エリートに食事を供するレストランへと置き換わってきている。男と女、男性と女性中心の労働文化、男性と女性の権力とエンパワーメントの形態にたいして、このような経済空間の再編が異なる影響を与えてきているのかどうかを解明するという研究課題のうち、いくつかがここに存在する。(27) 本節の残りでは、こうした調査領域にかかわる議論を簡単に取り上げたい。

さまざまな経済部門の利潤形成能力には、つねに不平等が存在してきた。しかし今日起こっているのは、これまでとは異なる規模で生起しているものであり、居住から労働までさまざまな市場の活動を大きく歪めてきている。たとえば、企業と世帯ならびに経済の空間組織における分極化は、先進都市経済において、経済活動のインフォーマル化の拡大をもたらしている。低いあるいは並の利潤形成能力をもつ企業が、世帯や企業からの生産物やサーヴィスへの需要を、拡大するのではないにせよ確保しつづける場合においても、経済の主要部門が超過利潤を獲得するような状況のなかでは、これら企業は、生産にたいする有効需要がある場合ですら、しばしば競争を勝ち抜くことができない。インフォーマルに事業展開することは、しばしば、これら企業の生き残ることができる数少ない方法のひとつである。このようにインフォーマルに事業展開することに必然的に伴って、商業や製造業向けの区画ではない空間、たとえば住宅の地下あるいは健康や火災やその他の基準に適合しない空間が利用されることもあろう。同じように、低利潤産業における新しい企業が、財やサーヴィスへの大きな需要のある市場に参入しようとすれば、インフォーマルに事業展開してはじめて参入可能ということもあろう。限られた利潤形成能力しかもたない企業にとってのもうひとつの選択は、これら企業の労働の一部をインフォーマルな事業へと下請けに出すことである。インフォーマル化が生じる際、重要な経済空間として共同体と世帯があらためて位置づけ直されるのである。この問題は、次の疑問をすぐさま引き起こす。つまり、先進都市経済におけるインフォーマル化の増大は、男性と女性の経済関係におけるいくつかのパターンを再編するのであろうか。

より一般的にみれば、新しい型の労働市場分断が編成されつつある。二つのきわだった特徴がある。ひとつは、雇用関係の構造化する際の企業の役割が弱体化し、市場へと委ねられるようになってきている、ということである。労働市場のリストラクチャリングにおける第二の型は、労働市場の機能が世帯あるいは共同体に移行しているものとして描きうるだろう。こうしたことが現れている場は、今日、特定の型の労働市場力学にかんする理論化の一部をなす。(28) これら二つの動向のなかでは、職種の価値低下(フルタイム職種からパートタイム職種へ、企業内での昇進を含む職種から最底辺の職種へなど)と、これら職種における雇用の女性化とが同時進行しているのである。この点については、第5章で改めて触れることにしよう。

これらさまざまな変容に伴って生じる、成長と利潤形成の源泉の再編成は、さらに、社会的再生産あるいは消費の構成要素の再組織化を引き起こす。中間層は依然として人口の多数派を占めてはいるが、戦後における中間層の拡大と彼らに政治経済権力をもたらした諸条件(経済成長と利潤を実現していく際に大量生産と大量消費がもつ重要性)は、新しい成長源泉にとって代わった。世帯のなかの「体系的廃棄」部分の拡大、すなわちある種の世帯の根本的な周縁化とくに低所得の女性世帯は、この消費および社会的再生産の再組織化と完全に切り離されているのであろうか。ひとつひとつをとれば別の研究領域に属する主題であるにせよ、これら二つの過程を接合できるかどうかを検証する調査と理論化が必要である。

新しい文化形態の出現と結びついた高所得労働力の拡大は、結局のところ、大量の低賃金労働者が利用できることによって高所得のジェントリー化過程をもたらしてきた。この結果、かなりの長期間見られなかったがゆえに、現代の高所得世帯にたいする「給仕階級」という考え方があらためて取り沙汰されることになった。白人中間層の専門職女性に仕える移民女性は、白人の主人に仕える黒人女性という伝統的なイメージに置き換えられたのである。

上述した女性の状態には、ある程度は、二つの異なる力学が結びついている。一方で彼女たちは、グローバル経済を構成する戦略的部門のサーヴィスにおいて、目に見えない力なき労働者階級として構成される。こうして目にとまらないがゆえに、彼女たちは、以前の経済組織形態における「労働貴族」の現代的な等価形態としては出現しないのである。これまでの経済組織においては、基幹部門における労働者という立場が彼らの力を強める効果、つまり現在とは非常に異なる方法で企業部門と労働部門を接合する原動力をもっていた。[29] 他方で、(たとえ低くとも)賃金や給与の獲得、職業供給の女性化の増大、そしてインフォーマル化とともに生じた事業機会の女性化の増大は、女性自身をその一部とするジェンダーの階層構造を変化させてきた。[30]

このことは、移民女性の場合にとくに顕著である。移民女性が定期的な賃金労働を行ない、フォーマル部門へのアクセスを改善したことによって、彼女らのジェンダー関係が影響を受けたことを示す多くの著作がある。[31] 女性は広範な個人的自立性と独立を獲得し、男性は基盤を失った。[32] 女性は、家計管理と家庭の意思決定にたいする支配と日常の雑事への男性参加を要求する手段を獲得した。さらに、公的サーヴィスやその他の公的資源へのアクセスによって、女性たちは、社会の中心部分に統合される機会を得るようになる。しかも彼女たち自身が、世帯のなかでしばしばこの過程を仲介する。こうした環境では、ある女性が他の女性よりもより多く利益を得ることが起こりうる。われわれは、こうしたジェンダー化の結果にたいする階級、教育そして所得の影響を確定するために、いっそうの調査が必要となる。[33]

賃金雇用と関連して、世帯における女性のエンパワーメントが相対的に改善されたことに付け加えて、第二の重要な結果がある。それは、公的領域への参加の拡大と公的な主体として、彼女らが出現しうる、ということである。移民女性たちが活発に活動する二つの領域、つまり公共ならびに民間の助成制度と移民／エスニック共同体がある。移民過程に女性が統合されると、長期滞在化する展望が強まり、共同体ならびに国家にたいする移民の参加が拡大する。[34] たとえば、ソテロによれば、移民女性が公的ならびに社会的役割に活発にかかわるようになると、世帯と定住過程における自らの地位が強化される、という。[35] 女性は、共同体の構築と現状改革により積極的であり、広範な経済ならびに国家にかんして、男性とは異なった位置を占めている。彼女たちは、家族が公的ならびに社会的サーヴィスを求める過程において、家族がおかれた法的に弱い立場に対処しなければならないことが多い。[36] 移民女性たちのこうした参加の拡大が示すとおり、彼女たちが力をもった目に見える主体として出現し、労働市場における役割もさらに明確化する可能性があるのである。[37]

女性一般、ならびに移民男性と移民女性の増加にむかって、大都市の人口構成は移行しつつあるが、これによって、こうした多元的形態の分極化は大部分吸収されてきた。人口構成上に組み込まれてきたものは、(1)基幹経済部門の労働者であるという条件と、(2)歴史的によくみられたような「労働貴族」の構成との連関を打ち破った。そしてこの連関を打破したのは、これら労働者のオフショア生産を通してというより、むしろ最先進経済の中心部においてであった。

主権の揺らぎ――フェミニスト分析にとっての含意

経済的グローバル化は、経済活動領域の組織だけでなく、政治的権力の組織(とくに顕著なのは周知の主権である)においても、大きな変容を示してきた。グローバル経済に作用する今日の主要な力学をつうじて、近代国家と近代国家間システムに組み込まれた、主権と領土との交差部分が失われうる。(38)すでに述べたとおり、本節の主要な関心は、戦略的な事例、この場合は、政治的権力の変容を把握することである。

これまでの議論ではグローバル都市の支配として示されていたことだが、領土性の揺らぎにともない、主権の揺らぎが生じている。主権のさまざまな構成要素が超国家的、非政治的、あるいは私的な制度へと再配置されているのである。これにともなって、たとえば国際的な場における非政府組織やマイノリティの発言力が拡大しているように、国際法の別の主題や国際関係における主体が潜在的に強化される。(39)そのことはまた、成員資格の概念にとっても、意味がある。(40)これら双方の現象は、個人であれ集団であれ、国際法の主題として、女性の地位の台頭を促し、また、国境を越えたフェミニストの連帯の形成を促す。国際関係において国家のフェミニスト的解釈が始まってはいるけれども、(41)女性にとってこうした意味をもつにもかかわらず、主権にかんする批判的分析の多くには、とりたててフェミニスト的な発想がなかったのである。(42)

国際法にかんするフェミニスト研究を目にするようにはなったが、それは主権や主権の変容の問題に焦点を合わせたものではない。こうした批判的フェミニストの主たる関心は、ケアの倫理が国家に行き渡るべきであり[43]、国内問題にたいする非介入の原則を堅持すれば、酷使と不正に弱い立場のまま女性を放置することになる[44]、という考え方にある。これらの考え方は、それぞれが個人と国家との関係、ならびに私的領域と公的領域の区別に対応しているが、ともに、この両者を規定してきた自由民主主義的な規範を批判する国家間関係への移行を表象している[45]。古典的自由主義の伝統では、国家は家庭と家族には介入しない[46]。同じく、国際法によれば、国家は、他国の内政不干渉の立場をとる。フェミニストのなかには、虐待が起こった場合には、国家は家庭に介入すべきであり、他国の内政に介入するべきである、と反論しているものもいる[47]。「国際法にたいするフェミニストの接近法は、国際法の規範的構成を人格化し、擬人化するものと理解されるであろう[48]」。こうしたエルシュタインの主権国家/主権そのもの(それは国家を擬人化する効果をもつものであるが)という主張は、国際法が男性的である、ということをわれわれに示すのである[49]。

国際法にたいするフェミニスト特有の批判は、主権の問題から目を背け、国境を越える諸関係のなかで、国際法の主題として、新しい主体が出現するような揺らぎのもつ含意から目を背けることに向けられる。国際法にたいするフェミニスト研究者の批判的なレヴューにおいて、ナップは、国家の擬人化が国家内のあるいは国家を超えた女性の個人的ならびに集団的な帰属意識を否定してきた、と述べている[50]。女性は、国家主権のなかに包摂されるかぎり、所与の国家の領域のなかに限定され、国際法の観点からは見えざる存在となる。ナップの議論の核心は、主権にかんする仮定と、主権が排他的に国家に帰属するという仮定の双方を批判的に検証するところにある[51]。

グローバル化が主権にもたらす影響は、他の主体や主題にとって、実際的ならびに概念的な突破口を作り出すという点で、重要であった[52]。国家を擬人化するフェミニスト的解釈は、主権を実証不可能なものにし、国家を国際法の唯一の主体であると依然みなしている。こう言ったからといって、フェミニスト研究者の間で明白なこれまでの批判の重要性を否定しているのではない。しかし、国際法の批判となると、たとえ国家がそれほど統一的でない人民の意思を代表していても、あるいはより根本的には、差異から成り立ちうる民主主義的代表の教訓を堅持するとしても、主権の問題を除外し、国際法の主体としての国家の正統性を所与の国民国家に限定するとすれば、国家主義(statism)への後退を表すことになってしまう[53]。

グローバル化という背景のもとで、現在、主権にかんするフェミニスト的批判を展開しなければならないのは、なぜだろうか。その理由は、非国家的主体や主題が入り込んでくる実際的で公式的な新しい突破口を、グローバル化が切り開いているからである。ひとたび主権国家が国際的な領域において人々の唯一の代表者ともはや見なされなくなれば、女性やその他の非国家的主体は、国際法においてより多くの代表権を獲得し、国際法の形成に寄与することができるし、また、国際平和運動における女性の長年の運動のような古い形態の国際的参加に新たな意義を付与することもできる[54]。参加と代表といったこれらの論点を越えたところに、主権を代替する概念にとってフェミニスト理論が有する意味がある。[55] この点にかんして、国家にかんするフェミニスト理論は、グローバル化によって引き起こされた、次のような国家の主要な変容を考慮しなければならないように思われる。つまり、それは、私のみるところ、とりわけ主権の非国家的主体への委譲であり、国民国家のなかに組み込まれた規範性を越えたものに対応して別の拠点を形成することである。

ここでは、考察を限定して、グローバル化の影響による主権の変容を簡単に考察するにとどめたい。こうした作業は、本章の冒頭節の取り組みと類似している。すなわち、主たる特質、この場合は主権を概念化する分析領域を拡大することである。こうしたことが、今日のグローバル経済を理解するためのフェミニスト分析を特定する、広範な議事日程におけるひとつのステップであると、私は考えている。しかし、明らかに、大きな仕事はこの先に残されており、それは共同作業を要し、学問領域にとらわれない性質のものとなろう。

こうした新しい超国家的、社会的、経済的秩序における二つの種類の展開は、主権にかんする私の議論にとって重要である。ひとつは、私が規範性の新しい拠点と名づけたものの出現であり、もうひとつは、より機能的なレベルにある、新しい超国家的法レジームの形成と、最近まで政府組織に配置されてきた機能にとって代わる、民間あるいは超国家的形態の規制組織の形成である。[56] 国民国家に代表される伝統的な規範秩序とならんで、規範性の新しい拠点として、二つの制度的領域(グローバル資本市場と国際人権レジーム)が現れた、というのが私の主張である。グローバル資本市場は、メキシコにおける最近の危機に示されたように、いまや、経済政策にかんする説明責任を引き出すことに権力ならびに正統性を行使している。同じく、国際人権レジームは、移民や難民を含む問題においてとくに明白であり、その際、裁判所は、国内の議会によって採択された決定を無効にする場合でさえ、国際人権制度を発動してきた。

ここでの議論にとって重要なことは、これら双方が、国家政策の、事実上の超国家化であり、そのことが非国家的主体の参入を促進する実際的ならびに公式的な突破口を切り開いている、ということである。これは、われわれが概観し定式化してきたように、主権の変容を表している。[57] 以下では、主権と、一九七〇年代に公認されるようになった新しい国際人権レジーム、およびグローバル企業の規制レジームの民営化の二つがそれぞれどんな衝撃をもたらしてきたか、簡単に論じよう。

国際人権と国家主権

国際人権は、国民国家の建国文書に起源をもっていたが、現在では国民にたいする国家の排他的権威を掘り崩し、国家間システムと国際法秩序の変容を引き起こしうる力となっている。国家の一員たることは、権利を実現する唯一の基盤ではない。市民であるかどうかにかかわらず、すべての居住者は、自らの人権を主張することができる。[58] 人権は、国民を基盤とした市民権の原理と国民の境界を侵食し始めている。

二〇世紀初頭には、人権を奨励し、個人を国際法の対象とするような、いくつかの法的な動きがあった。しかし、そういった権利が精緻化され公式に認められたのは、第二次世界大戦後のことである。[59]〈市民的及び政治的権利に関する国際規約〉(B規約)と〈経済的・社会的及び文化的権利に関する国際規約〉(A規約)は、世界人権宣言が求めたものの大部分を条文化した。[60]一九七六年には、「市民的及び政治的権利に関する規約議定書」の批准への道が開かれた。そのことによって、議定書を批准した国が関与するならば、民間の集団が国連人権委員会にたいして異議申し立てが可能になった。国連の人権に関する協定は、いまでは多数に上っている。[61]

人権条項のなかには、女性の現状と強く結びついた要求をもっとも強力に推し進めるものもあるが、それらは、人権レジームの中では周縁化されていると見なすことができる。スタークは、国際人権宣言を構成する二つの規約の中で、〈経済的・社会的及び文化的権利に関する国際規約〉(A規約)こそが、女性にとってもっとも相違を作り出す可能性がある、と指摘している。それはまた、国際人権法において「社会の底辺に追いやられる側」である。[62]

国民の主権と自決権の強調から、国籍にかかわらず個人の権利の強調への移行がみられる。ヤコブソン(Jacobson 1996)たちは、国家がこのような人権を尊重しえないならば、人権コードが国家の正統性を侵食する可能性がある、と論じた。自決権は、もはや国家を十分正統化するものではない。なぜなら、人権コードの尊重もまた、国家の正統性を保証する要因となっているからである。組織や機構がどれくらい実際に実効性をもつのかは明らかではない。ひとつの可能性は、今日の国際法において、基本的に、個人や非政府集団を国家間の法の補助として位置づけることである。個人や非国家集団が国家にたいして要求を出していることを示す数多くの事例がある。とくに西欧では、人権レジームがもっとも発達しているのでなおさらである。(63)

西欧や米国では、移民と難民が人権の要求を主張する主役であり、そうした意味で、人権レジーム拡張の主要なメカニズムであったことは興味深い。いくつかの裁判事例は、いかに未登録移民が法的な空隙を生み出し、それらの空隙がますます人権規約によって埋められているかを示している。(64)これらの事例の多くでは、個人あるいは非国家主体が、国際法の拡大として、国際人権コードにもとづく要求を行なってきている。国家は(そしてこの場合司法であるが)、「これらの主体と国際法秩序とを調停している」。(65)裁判所は、一連の変化全体の中心機構として現れてきている。(66)

個人や非国家的主体が、国際人権コードにもとづく法の支配のもとで、国家に要求を行ないうるという事実は、それが国民国家の枠組の中での人権の拡大をはるかに超えた展開であることを表している。そのことは、国籍や成員資格といった概念を再定義することにもなりうる。人権レジームのもとでは、国家は、ますます、人を市民としてよりも、人を人として(persons qua persons)扱わなければならない。個人は、市民であるか外国人であるかにかかわりなく、そしてジェンダー化された法体制が存在するところにおいては男であるか女であるかにかかわりなく、いまや法の対象であり、権利の拠点である。(67)

非政府組織や個人が国際人権手段にもとづいて要求を行なう可能性は、いまだ小さいが少しずつ拡大してきており、そのことは国家の境界を越えた意味をもってきている。それは、国際秩序の構図に影響を及ぼし、国際的な市民的拠点を強化している。国籍という概念は、(国家による国民を定義する権利/権力をつうじた)国家主権と自決権を強化する原理から、国家が国際人権法にもとづいてすべての居住者に説明責任を負うことを強調する概念へと、部分的に置き換えられてきている。[68]個人は、国際法と国際機構の対象として現れてきている。国際法は、いまなお国家主権を保護しており、国家のなかにその主題を有してはいる。しかしながら、もはや国家が国際法の唯一の主題であるというのは、妥当ではない。

超国家的法レジームの民営化

特別な形態の法的な革新が生み出されてきており、そこにグローバル化の多くが包摂され、議論の枠組が生まれてきたが、そうした法的な革新と変化の多くは、法学者によるものではないにせよ、しばしば、「規制緩和」という概念のもとに集約され、所与のものと受け取られがちである。[69]多くの社会科学においては、規制緩和は、国家の重要性低下の別名である。[70]こうした法的変化には法に固有の過程が含まれているが、それは、領域の再構成が進めば、より根本的な変容の兆候とみなせるかもしれない。

国境を越えて事業展開する企業は、財産権や契約の保証のような、経済の国家的領域のなかで国家によって伝統的に行使されてきた機能を手に入れる必要がある。[71]経済のグローバル化が国民国家の境界を越えた経済へと拡大するかぎり、この保証は脅威にさらされているようにみえるであろう。しかし実際には、グローバル化は、新しい法レジームと法の実行、ならびに国家的法制度を迂回するような旧い形態のいくつかの拡張と刷新を作り出してきたのである。グローバル化と政策的な規制緩和は、国際経済関係の統治にとって必要な規制的な制度や機構の不在を意味するものではない。今日民間部門においてもっとも重要なのは、国際商事仲裁機関であり、グローバル経済の活動にとって不可欠になっている格付けと助言機能を行なうさまざまな制度である。

国際商事仲裁は、国の裁判を避ける目的があり、現在では国境をまたぐビジネス紛争を解決するためのもっとも重要なメカニズムである。デザレイとブライアントによれば、国際商事仲裁は、国際商事紛争を処理するために地域から切り離され、分権化された市場であり、それは、競争的であるとともに補完的である、幾分なりとも力をもった機構や個人によって結びつけられている[72]。この点については、国際商事仲裁は統一した司法制度ではまったくなく、「ひとつの偉大な商慣習法のまわりに組織されたものであり、それは、先駆的な法律の理想主義者たちによって心に描かれてきたものかもしれない[73]」。

世界貿易機関(WTO)は、協定事項に違反があった場合、地方や国家の権威を超える権威をもち、したがって主権国家を規制することができる。国際商事仲裁は、基本的には民間の法制度であり、信用格付け機関は民間の保安制度である。ここにも、われわれは超国家的な法レジームの形成とこれまで閉鎖されてきた国民的な法制度への介入をみることができる[74]。さらに、国民的な法制度は、いくつかの主要先進諸国では、ますます国際化してきている。ナショナルとグローバルとのかつての分割線のいくつかは、次第に弱くなってきており、ある程度無効化してきている。これらのさまざまな機構は、その他のものとともに、重要な統治機構として出現してきており、その権威は、国家に中心を置くものではない。これらは、経済システムの頂点において、秩序の維持をもたらしている。

こうした類の超国家的な制度やレジームは、国家主権とグローバル経済過程の統治との関係について、問題を提起している。超国家的な機構やレジームの優位は、国家主権の衰退であるのか。われわれは、政府の統治能力を変容させてきた権威の再配置を取り上げ、ローズナウが政府なき統治と論じたものの事例について考えることができる。[75] 国家は、さまざまな方法で、このように現れてきた超国家的な統治制度に巻き込まれている。[76] しかし、国家こそが、変容を被り、経済における国家の役割にかんする新しい教義を正統化することにかかわっている。[77] この新しい教義の中心にあるのは、グローバル経済の成長と強化を進めるための国家間のコンセンサスの拡大である。[78]

これらのさまざまな発展を通して現れるもっとも重要な問題は、新しい超国家的レジームと機構がある種の主体(企業、グローバル資本市場、巨大多国籍法律事務所)の要求を強め、それと同時に、より小さな参加者と国家の位置を弱めるような制度を創り出すのかどうか、という点である。[79] グローバル資本は、国家にたいして要求を突きつけ、新しい法形態を生み出すことで、対応してきた。グローバルな経済過程の新しい地理的力学、経済的グローバル化の戦略的領土は、企業主体の実践とそれに必要とされるインフラストラクチャーによって、ならびに、新しい法レジームを生み出し、あるいはそれを正統化する国家の行為によって、生み出されなければならなかった。[80]

こうした論点のいくつかの背後には大きな理論的・政治的問題が横たわっており、それは、どの主体がグローバル経済の統治にたいして正統性を獲得し、これまで国民国家のなかに閉じこめられてきた支配と権威を継承する正統性を獲得するのか、といった論点とかかわる。それはまた、国際公法の条件にかかわる問題を提起する。いまや新しい統治制度が出現しつつあるが、グローバル経済における国民国家の役割を規制緩和・市場・民営化の推進へ限定することは、国際公法の衰退を示すのだろうか。[81]

国際人権レジームの優位や国際領域におけるさまざまな非国家的主体の優位は、国際的な市民社会の拡大を示している。[82] これは、明らかに競争化された空間であり、とくにいかなる犠牲を払っても(人権レジームの論理に反してさえも)貫徹する、資本主義市場の収益性の論理を考慮した場合にそうである。しかしそれは、女性が、個人として、そして集団的主体として、目に見える存在となり、主権によって排他的に表現される国民国家の内部における集合的成員資格が目に見えない状態にあることから抜け出ることができる空間である。この国際的空間における非国家的主体によって行なわれる実践や要求は、国際法を創り上げうるであろう。というのは、国際人権レジームとグローバルに活動する企業や市場によって創られた権利要求の二つは、これらのもっとも明白な事例であるからだ。[83] 女性にとって、このことは、国家の外部にある、非国家集団やネットワークをつうじて、これらの要求や実践が少なくとも部分的には作用することを意味する。女性の要求や議事日程は、国家の境界によって必ずしも排他的に定義されない[84]。われわれは、成員資格の国境を越えた団結と概念がいかに形成されるかを目の当たりにしている。その成員資格は、階級や(第一世界対第三世界のような)国家の位置の問題に根ざすとともに、ジェンダー、セクシュアリティ、フェミニズムに根ざしており、それらはこれら成員資格概念のすべてを横断しているのである[85]。

結論

本章では、現在のグローバル経済におけるジェンダー化の問題を理解するための分析的分野について、論争を終結するのではなく、議論を切り開こうとしてきたのであって、結論を書くことは目的ではない。私は検証のために、経済的・政治的権力の組織の二つの鍵となる特徴(排他的領土性と主権)を選んだ。これら二つの特徴をグローバル化の影響を把握する二つの戦略的事例の観点から、操作できるものとして扱った。すなわち、国民国家の排他的領土性の初期的な揺らぎの象徴であるグローバル都市と、国民国家以外の国際法の主題が出現した象徴としての国際法(慣習法と一定の国際人権規約とを含む)の二つである。その目的は、高度に抽象的で、(国際金融であれ、国際公法であれ)フェミニストの考察に含まれていない論点にかんするフェミニスト的問題追究にたいして、分析的領域を切り開くことにあった。

（1） 本章の一部は、筆者が The Center for Advanced Study in the Behavioral Sciences にて客員研究員を務めたさいに、まとめられたものである。The National Science Foundation, Grant #SBR-9022192 によって受けた資金援助に謝意を表する次第である。

（2） グローバル経済の概念は、一九七〇年代に出現し始めた世界経済の特定の局面を差異化するためにますます用いられるようになってきている。それは、国家関係の枠組の外部にある取引や制度の急速な拡大によって特徴づけられる。概要は、Mittelman (1996)を参照。また、より幅広い歴史的観念については、Arrighi (1994) ; Hobsbaum (1991)を参照。

（3） ここでいう〈揺らぎ〉は、解体を意味するのではなく、むしろ関節脱臼のひとつの形態である。より詳細な議論は、Sassen (1996a)を参照。

（4） 一般的な議論としては、Boserup (1970) ; Deere (1976).

（5） 次の著作を参照。Fernandez-Kelly (1983) ; Safa (1995) ; Sassen (1988) ; Lim (1980, p. 109).

（6） 概略は次の著作を参照。Milkman (1987) ; Beneria and Stimpson (1987).

（7） 最近の著作や関係書物については、次を参照。Tinker (1990) ; Bose and Acosta-Belen (1995) ; Ward (1990).

（8） 次の著書を参照。Grasmuck and Pessar (1991) ; Hondagneu-Sotelo (1994) ; Boyd (1989) ; Castro (1986, p. 341) ; Morokvasic (1984).

（9） Smith and Wallerstein (1992).

（10） 次の著作を参照。Basch et al. (1994) ; Soysal (1994) ; Eisenstein (1996). また Ong (1996b).

（11） Spain (1992) ; Stoewsand (1996)を参照。

(12) MacKinnon (1989) ; Elshtain (1991).

(13) 次の著作を参照。Minow (1990) ; Spelman (1988) ; Elshtain (1991) ; Williams (1996).

(14) 私はつねに、差異を組み立てようとする立場に、明示的に自分の位置づけを行なってきた。多くの連続性を否定するつもりはないが、私自身の仕事は戦略的な非連続性を考察しようとすることであった。これは明らかに部分的な説明である。したがって、多くのほかの説明と一緒に読まれるべきであるが、差異を把握しようとする研究者の事例として、「グローバルな歴史」を概念化しようとした次の歴史家による仕事を参照されたい。Mazlish and Buultjens (1993). 多くの転機によって特徴づけられる初期の時代を再解釈する、いっそう理論的な仕事として、Berman (1995). また、Coombe (1995).

(15) 今日のグローバル都市は、部分的にはポスト・コロニアリズムの拠点であり、ポスト・コロニアリストの言語形成の条件を含んでいる。一般的には、King (1990) ; Hall (1991). 興味深い課題は、以前の植民地都市の現在における国際化の性質にかかわるものである。「国際化」という概念が形成される歴史的かつ不平等な特有の条件にかんしてキングが行なった分析は、きわめて重要である。帝国の時代には、〔宗主国の〕大都市よりもはるかに国際的な旧植民地の中心地も存在した。今日使われるような意味での国際化は、中心部の経験に根ざしていると仮定されている。このことが、ホールの考察によって把握されたことだが、現代と並行的な盲点を生み出してきた。すなわち、現代のポスト・コロニアルならびにポスト帝国主義的批評は、帝国のかつての中心部において現れるとともに、前植民都市あるいは国において今日明白となっている一連の状況については沈黙している(Hall 1991)。同様に、ヨーロッパの場合には以前の植民地領土から、あるいは、米国と日本の場合における新植民地主義的領土から、それぞれ中心部へと向かっている現在の国際移民の多くが、植民地主義とともに始まる資本の国際化と相互に関連しているという考え方は、過去にかんしても現在にかんしても、非主流派の解釈である。一般的にはSassen (1988)を参照。

(16) 私の解釈のなかでどのように「女性と移民」が「女性と子供」に置き換わったのかについてのガルシア・クラーク教授のコメントを参照(Clark 1996b)。私の解釈は、女性と子供のフォード主義的な家庭という場所(topos)に代替したのが、新しい場所である、ということである。この後も二つの節でこの主題を論じる。

(17) 一般的には、Sassen (1988)を参照。

(18) Elshtain (1991) ; MacKinnon (1989)を参照。

(19) 政治経済学者としての私について言えば、これらの論点を取り上げることは、表象のいくつかのシステムにおける働きと、交差空間を構築する意味がどこにあるのかという問いにゆきつく。二つの表象システムが交差するとき、分析的な契機が存在する。この分析的契機は、沈黙の空間、不在の空間として、簡単に経験されてしまう。ひとつの挑戦は、こうした空間で何が起こっているのか、そこで何が作用(権力の分析、意味の分析)しているのかを見ることである。これら交差空間についてのひとつの説明は、私が分析的境界域と呼んだものである。なぜ境界域なのか。それはこれらが非連続的に構成された空間であるからである。境界域では、非連続は、分割線に解消されるのではなく、所与の領域である。経済的グローバル化と都市にかんする私の仕事の多くは、こうした非連続に焦点を合わせてきたのであり、分割線よりむしろ境界域として分析的にそれらを再構成しようとした。このような仕方によって、経済的活動としてこれらの非連続が再構成される領域が生ずる。こうした経済活動の性質は、各々の側の空間の関数(すなわち、分割線への還元)であるだけでなく、そしてより重要なのは、非連続それ自身であり、非連続は経済システムの一部であるという議論である。

(20)　この種の検証にとって有用だと考える方法的手段は、経済活動の分配と設備循環と私が名づけるものである。これらの循環を使うことによって、「先進国経済」にかんしてますます狭くなってきている主流派の表象の地理的力学を回避し、横断する社会文化的空間を上手く切り取ることが可能になる。

(21)　このことを示すのが、次のような出来事である。すなわち、活況後の一九八七年に株式市場に急激な危機が起こった際に、ウォール街の高所得の専門家のなかから、突如生じた大量失業の危機について、無数の報道向け報告書が出された。ウォール街のもうひとつの失業危機である、秘書やブルーカラーについては、認識されてもいないし、報告書も出されていない。しかも、株式市場の暴落による失業危機は、たとえば、ウォール街の清掃人の多くが居住する、北マンハッタンのあるドミニカ人移民のコミュニティに集中した。

(22)　これらの論点について批判的な議論は、King (1996).

(23)　より一般的には、移民は、研究文献において他の国際的な諸過程と結びつけられることはなかった。その例外として、Mahler (1995) ; *Journal für Entwicklungspolitik* (1995) ; Massey et al. (1993). ホールは、英連邦諸国から英国への戦後の人口流出を取り上げ、彼の生地であるジャマイカにおいて国としてのイングランドと国民性としてのイングランド人らしさが現に存存し、ロンドンは、ジャマイカ人が遅かれ早かれ向かう首都であるという感覚を人々にいかに抱かせているかを論じている(Hall 1991 を参照)。戦後の移民の出来事を語るこのような方法は、現在のグローバル化の主要過程において帝国の植民地主義とポスト・コロニアリズムの諸形態のもつ重荷、とくに出移民と入移民を拘束している重荷を示している。主要移民受入国は、その責任の固有の原因と内実が状況や時代により異なるにせよ、無罪の傍観者ではない。

(24)　この特別な論点については、本書の第1、9章を参照。また、一般的な議論は第7章を見られたい。そこでは、先進国都市経済においてインフォーマル化が進展するなかで、不可欠な仕事と価値低下との結びつきという平行した力学を論じている。

(25) 一般的には、Knox (1995); Frost and Spence (1992); *Le Débat* (1994).

(26) 新たな成長部門の高い利潤形成能力の一部は、投機的活動にもとづいている。こうした投機への依存の程度は、一九八〇年代の金融と不動産における異常な高利潤の時代に続く一九九〇年代初頭の危機の際に明らかとなった。しかし、不動産と金融の危機にもかかわらず、これらの部門の基本的な力学は失われなかった。危機は、より適正な水準、すなわち投機的でない利潤水準への調整と捉えることができる。都市経済における利潤水準の分極化の全般的な力学は、多くの市場における「歪み」と同時に、存続している。

(27) たとえば、Spain (1992)を参照。Sandercock and Forsyth (1992); Young and Christos-Rodgers (1995); また Waldinger and Gilbertson (1994). なお、同論文では、高学歴移民のなかでも、移民男性のほうが、同じ学歴水準の同国女性よりも、労働市場でよりよい条件を得ていることを示した。

(28) 一般的には、Sassen (1995a)を参照。

(29) 一般的には Sassen (1988)を参照(そこでこの概念が、米国ならびにエレクトロニクスのような主要産業の在外生産の場合において、いかに機能するのかを示した)。

(30) Hartmann (1987); Kessler-Harris and Sacks (1987).

(31) たとえば、Grasmuck and Pessar (1991); Hondagneu-Sotelo (1994); Lamphere (1987); Boyd (1989); Castro (1986); Foner (1986). また、Fernandez-Kelly (1983); Prieto (1992)も参照。

(32) Beneria and Stimpson (1987); Hartmann (1987); Kessler-Harris and Sacks (1987)を参照。

(33) Grasmuck and Pessar (1991)を参照。同書によれば、こうした利益のゆえに、ドミニカ女性はニューヨークに移住することを望むが、男性は帰国を希望する、という。彼らの研究では、女性は所得の大部分を、電化製品や家具のような高価な耐久消費財に費やすという。こうした耐久消費財は、家族をしっかりと米国に根づかせ、成功して帰国するための資金を枯渇させるが、他方では、男性は、帰国のために可能なかぎり支出を抑えることを選択する。カストロも、ニューヨーク市におけるコロンビア女性の研究で、同様の結果を得ている。Castro (1986)を参照。

(34) Georges (1990); Castro (1986)を参照。

(35) Hondagneu-Sotelo (1994); Kibria (1993).

(36) Hondagneu-Sotelo (1994); Mahler (1995); Susser (1982).

(37) 移民女性の研究者たちは、女性のなかでの(この場合、エスニックや人種の)差異、男女間での国家の中心にある差異、女性一般の間での差異を認識しようとしてきたフェミニスト研究にたいして、幅広いアジェンダを提起してきている。たとえば、Pessar (1995).

(38) これらに直接あるいは間接にかかわる莫大な文献がある。ここでさまざまな論点や観点を正当に扱うことは不可能である。たとえば、国際人権レジームが主権にたいしてもつ影響については Goldstein and Keohane (1993); 国家ならびに国際的／国境を越える諸過程にかんする一般的問題については、Sassen (1996a); より特殊な規制的・法的論点について、またまったく異なる見方を表象することについては、Salacuse (1991); Abbott (1992); Aksen (1990, p. 287); Dezalay and Bryant (1995); McDougal and Reisman (1983); Paul (1994/1995); Rosenau (1992); Ruggie (1993); Sikkink (1993); Trachtman (1993); Trubek et al. (1993); Kratochwil (1986). 私はこれらのうち多くの論点を Sassen (1996a)で論じている。

(39) 一般的には、Henkin (1990); Soysal (1994); Daes (1995); Kennedy (1992)(カナダ国際法学会第二一回年次報告); Knop (1992).

(40) 一般的には、Soysal (1994)；Baubock (1994).

(41) Franck (1992)；McDougal and Reisman (1983)；Rosenau (1992)；Ruggie (1993)を参照。

(42) Peterson (1992)；Dallmeyer (1993, p. 143)を参照。

(43) Williams (1996)を参照。

(44) Charlesworth (1992)；Elshtain (1991)；Engle (1993)を参照。

(45) Knop (1993).

(46) Pateman (1983)；Williams (1996)を参照。

(47) 一般的には、Charlesworth (1992)；Chinkin (1992)；Elshtain (1991)；Gardan (1993)を参照。この意見によれば、女性は家庭においてリスクにさらされていることが多いために、国家は個人の領域に介入すべきである、というものである。この考え方を国家間の関係に拡張するならば、環境の分野における国境を越えた協力の利点に示されることだが、国家間におけるより大きな相互責任の要求を含むものとなる。ある種の介入や浸透が女性にとって脅威であるかぎりは、ラディカル・フェミニストにとって、公的と私的との境界の解体は、必ずしも望ましいものではない。

(48) Knop (1993)を参照。ナップは、個人と国家との類推が分析を限定すると考えている。それは、自己の本質と他者との関係にかんするフェミニストの論争を国家のレベルへと移動させるような、フェミニスト国際法研究の出現を促すだけかもしれない。さらに、その結果、容易に、国家を統合された実在物として取り扱うことになってしまうのである。

(49) Elshtain (1991)を参照。

(50) Knop (1993)を参照。

(51)　Elshtain (1991)を参照(ジェンダーは、主権についての最近の批判的論調の一部ではない、と記している)。
(52)　一般的には Sassen (1996a)を参照。
(53)　たとえば、Franck (1992)を参照。
(54)　たとえば、国際法の形成と実行に向けた女性の対等な参加にかかわるフェミニスト研究を著した Peterson (1992)を参照。同書の焦点は、平等とは女性特有の要求を斟酌することを意味するという考えを組み込んでいるかもしれないが、国民的な文脈の中で展開されており、依然として国家を通じる作用を内包している。一般論としては、Minow (1990)を参照。
(55)　フェミニスト研究者のなかには、国家のフェミニスト理論が、今日、存在しないとみるものもいる(たとえば、Knop 1993 と(MacKinnon 1989 を評論した) Reaume 1992 を参照)。レイオウムは、マッキノンの同上書は、タイトルにもかかわらず、国家理論を含んでいない、と述べている。
(56)　Sassen (1996a)を参照。
(57)　同上書で検証したこの複雑な〈ねじれ〉は、グローバル資本市場と人権レジームとが、資本のグローバルな権利(契約と財産の保証)と、国籍や法的地位にかかわらずあらゆる人々に付与される人権の、双方を強化するために国家を必要とする、ということである。Sassen (1996a)を参照。
(58)　Jacobson (1996, p. 9). また概観としては、Reisman (1990).
(59)　今日、人権を保障する規約や協定は、一九四八年に国連において採択された世界人権宣言を淵源としている。*Universal Declaration of Human Rights*, G. A. Res. 217 (III), U. N. Doc. A810 (1948)を参照。人権宣言は、国際協定ではなく、それゆえに法的には他の協定への拘束力をもつものではない。しかし、多くの人たちが指摘するように、宣言は、しばしば言及されるがゆえに、慣習的な国際法（法として受容され、見なされ、国際的かつ一般的な実践として）の位置にある。

（60） *International Covenant on Civil and Political Rights*, G. A. Res. 2200 (XXI), 21 U. N. Gaor Supp. (No.16) at 49, U. N. Dog. A/6316 (entired into force Mar. 23, 1976); *International Covenant on Economic, Social and Cultural Rights*, Jan. 3, 1976, 993 U. N. T. S. 3. を参照。法的に拘束力をもつのに必要な三六か国がA規約を批准するのに、手続きが開始されてから一〇年を要した。

（61） 一般的には、Henkin (1990)を参照。Hassan (1983); Jacobson (1996)を参照。

（62） Stark (1993).〔国際人権規約の〕A規約は、政府が市民に物的な生存の基本的標準を確保することに、積極的に関与することを求めている。他方、B規約は、既存の男性を中心とした階層構造の再生産と宗教や表現の自由といった周知の「消極的権利」を志向しがちである。米国は、B規約は批准した（一九九二年四月）ものの、A規約は批准していない。

（63） ヨーロッパ人権条約〔人権および基本的自由の保護のための条約〕の規定とヨーロッパ人権裁判所の規則は、個人や非国家主体が請願することを正当と認めている。こうした請願は一九七〇、八〇年代に急速に増加してきた。国（ドイツ・オランダ・フランス・スペイン・スイス）によっては、こうした人権条約の条項の多くを国際法に取り入れてきたところもある。こうした場合、裁判所の決定は、国内の司法制度に直接的な影響を及ぼすことになり、裁判所は人権規定の履行の中核機関として現れてきている。こうしたパターンは、八〇年代初頭以降、裁判によってもたらされる判例法の増加とともに、激増してきた。

（64） Jacobson (1996, pp. 98-100). また一般的には、Hassan (1983); Heisler (1986).

（65） Jacobson (1996, p. 100).

(66) Shapiro (1993). 同論文は、司法において果たすそのほかの幅広い関心事について論じている。
(67) Steiner (1988) ; Goldstein and Keohane (1993) ; Sikkink (1993)を参照。
(68) 旧ユーゴスラビアにおける現在の出来事が示すように、これは、明らかに、不可避的傾向ではなく、国際法秩序が考慮すべき一連の新しい状況を創り出すのである。強力な民族主義者やエスニックな抵抗運動が国際人権レジームの存在に直面しなければならないという点にまで、事態が進展しているということである。
(69) たとえば、Salacuse (1991) ; Abbott (1992) ; Aksen (1990) ; Dezalay and Bryant (1995) ; Paul (1994/1995) ; Trachtman (1993)を参照。
(70) Sassen (1996a)の第1章において、私は、経済的グローバル化が国家領土や国家主権に及ぼす影響が、領域外の別の形態であり、領域の拡大にすぎないのかどうかについて考察した。グローバル経済の領土にかんする私の議論は、われわれがグローバルと呼ぶものの多くが、グローバル化にとって必要なもっとも戦略的な機能のいくつかを含めて、国家領土の中に組み込まれている、というものであった。これは、国家主権を基本的に不変のままにした、領域外の形態なのであろうか。あるいは、異なる展開形態であって、国家主権が関与し、領土とは区別された領域性が、部分的に変容したものであろうか。私の結論は、国家領域におけるグローバル過程の物質化は、経済の領域における領土外の古い概念がたんに拡大したものではなく、国家から切り離されていく初期的な過程であり、それは、地理的なというよりは、高度に特殊化した制度のことである。一般的には、同書を参照。
(71) Mittelman (1996)を参照。
(72) Dezalay and Bryant (1995) ; Dezalay (1992).
(73) Dezalay and Bryant (1995, p. 58). また一般的には、Carbonneau (1990). 英米系の弁護士は、大陸

系の、高度にアカデミックな概念の商慣習法を支持しないことが多い。いわゆる商慣習法は、多くの人によって、国家法から独立した商業領域における国際法への回帰と見なされてきた。一般的には前掲書参照。彼らが同分野を「アメリカ化」するかぎりは、アカデミックな法や商慣習法から離れていく。

(74) これらの超国家的レジームは、原理的には、さまざまな形態や内容を想定しうるものであった。しかし実際には、特殊な形態、すなわち高度発展諸国の国家が戦略的な地政学的役割を演じる形態である。市場・規制緩和・自由貿易を強調している、経済諸関係における新自由主義的な概念のヘゲモニーは、米国や英国の一九八〇年代に、そしていまやますます大陸ヨーロッパ諸国における政策に影響を与えてきている。一般的には、Coombe (1995)を参照。これは、西洋の経済概念に中心を置く超国家的法レジームの形成に帰せられてきた。Mittelman (1996)を参照。

(75) Rosenau (1992)を参照。

(76) Jessop (1990); Sassen (1996a)を参照。国家の幅広い歴史的変化と急激な変化については、Giddens (1987); Tilly (1975). たとえ国家が、主権のレトリックが示すほどに自立的でないとしても、非国家的主体にたいする国家の同意が国際法の主題であることは、依然、基本にある。しかし、国家は、その同意が必須であるような唯一の存在ではなくなりつつあるかもしれない。McDougal and Reisman (1983)を参照。

(77) このなかに国家の新たな役割の制度化を看取するものがいるほどまでに、国家間で経済的グローバル化の目標を推し進める合意が増大してきている。Mittelman (1996)を参照。

(78) この諸要因の結合を示すのが、一九九四年一二月のメキシコ危機の諸局面である。それは、新聞社の多くとともに、国際的な政治・企業サークルによって認識されたとおり、メキシコ経済と同国経済の政府の指導性にたいして、グローバル金融市場が信任を喪失した結果であった。この危機にたいする「金融的」反応は、いくつかの政治的選択のひとつにすぎない。たとえば、現在多くの国が直面しているような銀行破産から、製造業の成長を促し、小企業と自宅所有者を保護しうる方法もありえたのである。

(79) Ruggie (1993, p. 145)を参照。同書での論点は、そのような新しい制度や主要な経済的主体が国民国家に代替するのかどうかではなく、むしろ国家システムにおける主要な変化にある。「グローバル市場と越境化された企業構造は、……国家にとって代わった事業の中にあるのではない」(たとえそれらが国家システムにおける基本的な変化を創り出す潜在性を有していた場合においてさえも、そうなのである)。

(80) これは、私が展開しえない別の論点である。Sassen (1996a)を参照。それは、重要性を喪失したものとして国民国家を特徴づける言説が、まさにこの重要な局面の把握に失敗し、グローバル/ナショナルという二重性(一方が得たものを他方が失う)の作用に起こっていることへと還元する、という事実と関係している。私のとらえ方によると、規制緩和は、たんに国家による支配の喪失ではない。それは、グローバル化を推進する国家の合意と、国家の法制度が契約の保証や所有権の有効性を保持する主要なあるいは決定的な制度に依然踏みとどまっているという事実との同時併存を取り決める決定的な仕組である。

(81) Aman (1995).

(82) 一般的な議論についてはFalk (1989)を参照。またElshtain (1991)も参照。

(83) たとえば、個人と集団は、国際法の限定された主題となりうる。国連の枠組の外にある非国家的フォーラムは、彼らの権益を代表する傾向にある。Johnston (1988) ; Chinkin (1992)を参照。

(84) Gunning (1991) ; Elshtain (1991)を参照。

(85) Knop (1993)を参照。同書において、非政府組織(NGO)は、国家の外部から女性の位置に配慮する交渉経路であるべきであり、国際法の形成にNGOが参加するために、国家の同意からは独立した国際法の基盤を発展させることが重要である、と述べている。Charlesworth et al.（1991）；Chinkin（1992）を参照。同書は、女性ＮＧＯにたいする権力付与に焦点を合わせている。

第5章　移民とオフショア生産――第三世界女性の賃金労働への編入(1)

本章が主として取り上げるのは、第三世界諸国における輸出生産の成長と激増する米国への第三世界移民の二点である。過去一五年間にわたって生起してきた、この二つの現象は、第三世界における女性の賃金労働への編入を構造的な特性として包含しており、この編入は、女性史の新たな画期をなすとみなせるほどの規模で進行してきた。本章の眼目は、この賃金労働のグローバル化と女性化のあいだに、全体的な関係が存在することを明らかにするところにある。

今日、移民流入とオフショア生産はともに進化を遂げ、第三世界女性を賃金労働に大々的に編入するメカニズムとなっている。低開発国のオフショア生産における女性の雇用問題と先進国に流入する移民女性の雇用問題にかんしては、これまでにも優れた研究があるが、この二つのテーマを関連づけて論じたものはほとんどないといってよい。しかし、現実には、両者のあいだには体系的な結びつきが数多く存在している。移民の流入とオフショア生産は、ともに低賃金労働力を確保する手段として機能しており、それは同時に先進諸国における組織された労働者に対抗する手段ともなっているのである。実際、この二つは、一種の機能的等価物となっている。海外移転が不可能で需要の存在する場所で稼動させねばならないレストランやホテルといった生産設備では、移民労働を活用することができ、他方で、海外に移転可能な設備では、低開発国の低賃金労働を使用することができる。また、多少、説明しづらい点ではあるが、基礎的な結びつきといえるものがもう一つある。たとえば、米国では、生産拠点やオフィスの海外移転を促進してきたのと同じ過程が、国内に大規模な低賃金職を生み出す一因ともなっており、流入する移民労働者がそうした職の望ましい労働力供給源となっているのである。

工業化と女性の移民

ＬＤＣｓ(低開発諸国)における輸出志向製造業と輸出志向農業の拡大はともに、高度先進諸国からの海外直接投資と不可分の関係にある(Burbach and Flynn 1980; Tinker and Bramsen 1976a, b; UNIDO 1979; 1980)。両者は、国民の一部を新たに動員し、地域的な移民や遠隔地移民に駆り立ててきた。だが、移民を誘発するメカニズムは、商業的農業の場合と輸出志向製造業の場合では区別して考えねばならない。商業的農業の場合、小農の配置転換が生じるが、その際、そうした小農は自己の生計手段を著しく減少させることもあれば、そうでないこともある(George 1977; NACLA 1978; Burbach and Flynn 1980)。一方、輸出志向製造業では、伝統的な労働構造が破壊され、それに応じて移民が誘発される。断片的な事実からではあるが、この過程は、若年女性が新たな工業地帯において大規模に新規採用されることによって媒介されていることがわかっている(Sassen 1988を参照)。この新規採用の効果が重要なのは、輸出志向製造業の立地が、限られた諸国や国家で構成される特定の地域に集中しているためである(UNIDO 1980; OECD 1980; ILO 1982; Lim 1980; Gross 1979; Fernandez-Kelly 1983; Safa 1981)。

女性は、こうした各々の展開において明確な位置を占めている。輸出志向農業が、男性移民の排出や、エルザ・チェイニー(Chaney 1984)が零細農家の女性化と呼ぶものを生み出す地域もあるし、それが、かつては独立生産者であった女性のプロレタリア化となって現れる地域もある(Boserup 1970; Nelson 1974; Dauber and Cain 1981; Petritsch 1981)。こうした多様なパターンは、特定の社会経済的布置連関や文化構造によって生み出されており、そのことは文化人類学や開発研究全般でかなり高い関心を集めてきた。紙幅の関係上、ここで、そうした研究からそれほど多くの事例研究を取り上げることはできない。だが一九五〇年代と六〇年代のデータによれば、全般的に言って、ラテンアメリカでは、女性の農村から都市への移民が、またアジアやアフリカでは、男性の農村から農村、農村から都市への移民が増大している(Chaney 1984; Nelson 1974; Herrick 1971; Byerlee 1972; Orlansky and Dubrovsky 1978; Petritsch 1981)。このような移民のパターンの違いは、アフリカやアジアに比べてラテンアメリカの農業では女性の役割が相対的に小さいということで部分的には説明がつく(Boserup 1970)。しかし、この点にかんしては、異なる見解も存在する。実際、最近の研究のなかには、ラテンアメリカ農業における女性の貢献度は、データ収集に欠陥があるために、過小評価されていると指摘するものもある(Recchini de Lattes and Wainerman 1979)。農村地帯に賃金雇用の機会が存在しないことが、農村から都市への女性移民の増大を誘発する主たる要因であると推測することもできる(Orlansky and Dubrovsky 1978)。

大規模な輸出志向製造業の発展が特定の地域に見られることは、こうした移民研究に新たな変数を導入するものとなっている。今日、利用可能な実証研究によれば、輸出志向製造業に従事する生産労働者で女性の示すプレゼンスには圧倒的なものがある(Lim 1980 ; Safa 1981 ; Gross 1979 ; Fernandez-Kelly 1983 ; *Multinational Monitor* 1982 ; UNIDO 1980 ; Salaff 1981 ; Wong 1980 ; Cho 1984)。さらに、輸出志向製造業を主要経済部門とする諸国や、そうした国の内部の諸地域で、女性に製造業職が発生する比率が高い。こうした事例では、多くの場合、製造業における職の発生率の上昇とサーヴィス関連職における女性のシェア低下が同時進行する状況が見られる。この傾向は、高度先進諸国で、通常観察される事例とも、過去二〇年間第三世界で見られた事例とも異なっている。たとえば、台湾では、(輸送業を含む)製造業職に就く女性の比率は、一九六五年時点では女性全体の一三・二パーセントにすぎなかったが、七七年には三四パーセントにまで上昇している。

また、次の事例も指摘するに値するであろう。シンガポールのような経済発展水準の高い国でも、一九五〇年代に女性労働者がもっとも集中した単一の部門はサーヴィス業であった。ところが七八年になると、それは、生産職およびそれに関連する職にとって代わられている。たしかに、絶対数でみれば、サーヴィス部門での就業は増大している。しかしながら、全職種にたいする比率では、女性労働者のシェアが五七年の三四・七パーセントから七八年の一四・九パーセントへと低下し、その結果、生産職は五倍にまで増え、一九七八年には生産職が全職種の三六パーセントを占めるようになっている(Wong 1980, p. 9)。これが、輸出生産の拡張によってもたらされたことは明らかである。この種の生産の比重が高まったことと、それによって促進される明確な雇用パターンが組み合わさって、高度先進諸国で通常みられるものとは対照的に、女性労働者の年齢構成に二峰性分布が消失するというパターンを生み出している。実際、シンガポールの二〇歳から二四歳の女性の労働力参加率は、かなり高いが、(いまのところ)四〇歳以上の女性が労働力参加に復帰するという状況は実現していない(Wong 1980, p. 8)。

この新たなパターンは、一九五〇年代から六〇年代、さらには七〇年代に、第三世界の女性移民研究の大部分が見出したものとは明らかに異なっている。そうした研究によれば、この時期の一般的なパターンは、都市に流入する女性移民のほとんどが、国内のサーヴィス業やインフォーマル・セクターの活動に従事するというものである(Boserup 1970; Schmink 1982; Delaunoy 1975; Shah and Smith 1981; Orlansky and Dubrovsky 1978; Recchini de Lattes and Wainerman 1979; Youssef 1974; Jelin 1979)。さらに、これらの実証研究の指摘に従えば、従来、女性を雇用してきた典型的な部門が近代化され、資本集約的なものとなり、大規模生産活動へと移行するにつれ、女性は製造業から排除されることになる(Petritsch 1981; Dauber and Cain 1981; Tinker and Bramsen 1976a, b; Boulding 1980; Parra Sandoval 1975; Institute of Social Studies 1979; Caughman and Thiam 1980)。同様のパターンが、重工業の発展でも観察されている。特定の地域あるいは特定の国の製造業部門の構成要素として重工業部門が重要度を増すにつれて、この部門に属する職を女性が獲得するシェアは低下していった。たとえば、ブラジルでは、製造業で女性の占めるシェアは、五〇年から七〇年にかけて一八・六パーセントから一一パーセントにまで落ち込みを見せている(Schmink 1982, p. 6)。

輸出志向製造業における女性の就業が拡大し、輸出生産が突出していく諸国で、製造業職の発生率が女性において高くなるという事実は、こうした展開の性格にかんして多くの問題を提起している。この展開を説明する一つの要因は、電子、衣類、繊維、玩具、靴といった部門、つまり伝統的に女性を雇用してきた産業に、輸出志向製造業の著しい集中がみられるという点に求めることができる。実際、これら産業の拡大とともに、かつて男性移民が優勢であったアジアやカリブ海諸国といった地域では、農村から都市に流入する移民フローの性別構成に変化が生じはじめている(World Bank Staff 1975; Standing 1975; Kelly 1984)。たとえば、スタンディングの指摘によれば、ジャマイカの非農業部門では、過去二〇年間男性労働者が女性労働者に代替される傾向があり、製造業で女性の占めるシェアは、一九五〇年代前半には二三から二四パーセントであったが、七三年には三五パーセントにまで上昇しているのである(Standing 1975, p. 1)。

こうした傾向をより鮮明にするためには、いくつかの対比を行なう必要がある。まず、いわゆる伝統的形態の製造業と近代的形態の製造業を対比すると、産業が近代化するにつれて、職に占める女性のシェアが低下してきたことがわかる。だが、新工業地帯の発展を考えれば、おそらく労働集約型生産と資本集約型生産を対比させるほうが、有効な定式となるであろう。この対比によって、女性の雇用にかんして、特定の産業における過去の事例と、電子や衣類といった現在の多様な事例の双方を分析に組み込むことができるのである。さらに、こうした対比を行なえば、特定の産業、とりわけ衣類産業や、特定の形態の労働組織、とくに労働搾取工場や家内工業といった組織を伝統的な非近代部門に分類してしまうといった不備を克服することもできる。旧来の見解が、近代化が進行するにつれて、こうした労働組織形態の重要度が低下するという含意をもっていたことは、容易に読み取ることができる。だが、第三世界のみならず高度先進諸国においてすら、下請契約をつうじて、労働搾取工場や家内工業が活用される頻度が高まっているのである。しかも、第三世界諸国のなかには労働集約型の製造業拠点を成長させている国もある。こうした事態はすべて、これらの労働組織形態が、「近代」という流れのなかにあっても存続可能であることを示しているといえるだろう。むしろ、ともすれば、そうした労働組織形態が、現在の歴史的局面で、先進的な資本主義が機能するための必要不可欠の要素だと思われる場合もあるのである(Sassen 1988；本書第7章も併せて参照のこと)。今日の展開を、このように読み解くことは、賃金雇用への女性の参加を分析するうえで重要な意義をもっている。従来の研究では、産業が「近代化」に向かう傾向と、それに対応して女性が製造業から排除される点を指摘することが一種の流行であった。だが、今日の研究の新たな流れは、むしろ女性の製造業への参加が増大することに注意を喚起するものとなっている。

しかしながら、女性の労働力参加の高まりは、労働過程の特定の組織形態、つまり得てして労働者の雇用が困難な低賃金職を生み出す組織形態に依拠するものであると想定されている。このことは、社会的カテゴリーとしての女性移民にかんして、一つの問題を投げかけている。この点において、第二の対比を検討する必要が生じてくる。オランスキーとドュブロフスキー(Orlansky and Dubrovsky 1978, p. 6)が主張するように、女性移民は、性と階級という二重の劣位性によって特徴づけられる。報酬にかんしては、いま手元にある数少ない実証分析だけで判断しても、女性移民には最低賃金しか期待できず(Standing 1975)、現実にそれだけしか支払われていないことは確かであろう。さらに、前述のように、女性には、「近代」部門での雇用機会が存在せず、国内のサーヴィス業やインフォーマルな活動への就業が拡大しているという点も踏まえねばならない。こうした事実から、女性移民のかなりの部分が特定の種類の労働を構成しているということがわかる。シンガー(Singer 1974)は、第三世界では、国内サーヴィス業における女性移民の雇用が、労働予備軍の再生産の媒体を表象しており、それは高度先進国社会における福祉国家の再生産に相当するものである、と論じている。彼の議論は、いくつかの実証研究によっても支持され、この種の雇用における女性の退出と再参入の実態を明らかにしてくれている。つまり、国内のサーヴィス業が、都市環境に統合されつつ生計を立てる手段を提供しているとみなすことができる。国内サーヴィス業からの退出とそれがどの程度のものになるのかは、職の供給の性格に左右される(Marshall 1976)。ここで、輸出志向製造業の場合、労働需要が加速的に増大することから、労働予備軍状態を段階として設ける必要はないのかもしれない。だが、だとすれば、製造業職で解雇された女性や退職した女性にとって、雇用の選択肢とはいかなるものなのかを検証する実証研究が必要となる。国内サーヴィス業——少なくとも特定の立地における——は、数少ない選択肢の一つなのか、それとも、それは、労働予備軍の社会的再生産やその維持の民営化されたメカニズムとして機能するものなのか、といった点が明らかにされねばならないのである。

このように、女性移民というカテゴリーは複数の具体的な構成要素で成り立っており、そこには予備軍的地位に置かれた状態から賃金雇用への完全なる参加までが含まれる。重要なのは、このカテゴリーのさまざまな構成要素の形成、とりわけ歴史的—地理的配置と、商業的農業や輸出主導工業化の展開といったより広義の社会変化の諸過程との全体的な結びつきである。移民は、たんなる偶然の産物ではない。それは、より全体的な変化の力学のなかで生じる一つの結果あるいは全体的な傾向とみなさねばならない。同様に、移民というカテゴリー内部の変容も、より広義の社会変化の諸過程と関連しているのである(この変化のうちのいくつかは、すでに本書の先行する章で展開しておいた)。

新工業地帯に流入する若年女性移民は、世界経済の基礎的なレベルでの経済的変容と結びついている。それは、特定の立地で具体的な形態をとって現れる。この接合のいくつかの側面は自明である。たとえば、労働集約的な生産工程の第三世界立地への大規模な移転などがそれに当たる。そうした移転は、高い労働力需要を創出している。また、それほど明白でもなく、実証的にも概念的にもさらに精緻化しなければならない側面もある。その一つが、輸出志向製造業の加速的な成長と米国に新たに流入する移民のあいだに存在すると考えられる全体的な結びつきである。米国に流入する移民の多くは、いまや輸出志向の製造業拠点の中心ともいえる諸国出身の女性で構成されている。こうした方向での分析が進めば、女性移民というカテゴリーをさらに発展させ、それを世界資本主義発展の現局面の主要な特徴を捉えようとする理論空間に組み込むことが可能となるであろう。

米国に新たに流入する移民のおもな出身国で、雇用の成長率と移民排出率が同時に高くなるのはなぜなのかという問題は、まだ理論的に解明されていない。国内移民や国際移民を説明するために伝統的に用いられてきたプッシュ要因では、経済成長の欠如が移民発生の最重要の要素であるとみなされている。だが、それだけでは説明として十分ではない。実際、こうしたプッシュ要因の大部分に依拠するならば、どちらかといえば、移民排出の水準は低下するはずである。というのも、輸出産業は、労働集約度を上昇させる傾向をもっており、このことが、低賃金諸国に工場が移転される根本理由の一つだからである。海外輸送へのアクセスが必要であったり、必要なインフラストラクチャーやサーヴィスをよりコスト効率的に開発するために、輸出志向製造業は特定の地域に集中する傾向をもつ。この集中度が高まるほど、輸出志向製造業の雇用創出効果はよりいっそう強化されるのである。

かくして、問題は、雇用全般の成長という状況が、どのようにして移民排出を促進する条件を伴うようになったかである。この問いに答えるためには、そうした産業の成長の型やその雇用創出効果、そしてその効果がおよぶ人々にたいする文化的・イデオロギー的影響の性格を詳細に検討せねばならない。急速な工業化は、多くの場合、輸出によって牽引される。この工業化によって示される客観的諸条件と、移民、とりわけ米国に流入する移民との関連を明らかにしなければならない。工業化と米国への移民が同時進行していることは、明白な事実である。したがって、必要なのは、この二つの過程の連関を、概念的かつ実証的に明確にする精緻化の作業である。本章を作成するにあたって依拠した分析は、複雑で、いくつかの異なる資料体系にもとづいているだけでなく、ときに推論によるものも含まれている。そのため、以下では、工業化と移民排出のあいだの連関を概念的かつ実証的に精緻化するために、必要な手順のおもだったものを簡単に説明しておきたい。各々の段階では、アジアやカリブ海の重要な移民送出国の移民分析で見出された主要な事実を簡潔に取り上げる。だが、それらは、基本的には、工業化と移民の関係を検証する際に、想定される結果の一つを示しているにすぎないという点は念頭においてもらいたい(完全な分析枠組の説明と、利用可能な実証分析を精緻化し再構成する試みについては、Sassen 1988を参照)。

第一に、低開発諸国で成長する新しい産業の性格を検討し、それを一国の経済組織全体のなかに位置づけて考える必要がある。これら諸国の成長のかなりの部分が、輸出の成長だけで説明することができる。国内市場に重大な制約が存在することを踏まえれば、世界市場にアクセスすることが、これらの国々にとって必要不可欠なのである。また、低開発諸国にとって世界市場の開拓は、海外直接投資の大規模な成長とも密接に関連している(Tinker and Bramsen 1976a, b; UNIDO 1980; OECD 1980; 1981; NACLA 1977; Pineda-Ofreneo 1982を参照)。新たな移民送出国における産業成長の明確な特性の一つは、輸出向け生産の比重が高いことである。この傾向は、アジア諸国並びにカリブ海諸国でとりわけ強く、経済発展水準がかなり高く巨大な国内市場を有するメキシコやコロンビアの二国でもみられる。

第二に、こうした成長パターンが雇用におよぼす効果を分析しなければならない。輸出志向農業の場合、生産周期の決定的な時期に低賃金労働者を大規模に供給する必要がある。一方、多くの場合、輸出志向の生産拠点は、サーヴィス業や輸送にまつわる事情から、特定の地域に集中する傾向がみられ、そのことが労働需要におよぼす効果を強化している。結局のところ、輸出向け生産を担う企業の大規模な集積が、海外向け船積みのための梱包業や空港・港湾の建設、さらにそうした施設の操業といった一連の職を追加的に生み出しているのである。

第三に、こうした労働のニーズがどのようにして満たされるのかを検討する必要があるだろう。輸出志向農業と輸出志向製造業はともに、多くの人々を賃金労働に動員してきた。ラテンアメリカやカリブ海諸国では、商業的農業の大規模な発展によって、自給自足農家や小生産者の配置転換が起こり、そのことが農村に賃金労働供給を生み出す一因となっている。この配置転換が、農村における失業と都市への移民を促進する中心的な役割を演じてきたといってよい。たしかに、輸出志向製造業の労働集約度はきわめて高い。そのため、そうした失業問題、なかでも働き盛りの男性の失業問題は、それによって解決されてきたはずだと考えてもおかしくはない。だが、現実には、輸出志向製造業は、失業者を吸収するのではなく、人口の新たな部分を労働力に組み入れるという場合が圧倒的に多いのである。しかも、新たに組み入れられる労働力の大部分が若年女性であった。仮に工業化の進捗がもっと漸進的なものであったならば、彼女たちは、かくも大規模かつ突然に労働力に参入することはなかったであろう(Lim 1980 ; Safa 1981 ; Gross 1979 ; Fernandez-Kelly 1983 ; UNIDO 1980)。

第四に、移民がもたらす影響は、雇用創出や労働の新規採用との関連で検証しなければならない(UNIDO 1979)。輸出志向製造業の雇用創出効果は高く、しかも、それが少数の地域に集中しているために、若年女性を労働力に動員する程度とその影響力は無視できないものとなっている。また、工場における雇用慣行やこうした職につきものの精神的・肉体的疲労によって輸出志向製造業では離職率が高いことも、この効果をさらに強めている。こうしたパターンから、新工業地帯が大きく発展する地域では、女性が大規模に労働力に動員されることによって、出身地のコミュニティの非賃金労働構造が破壊されている、という一つの仮説を導き出すことができる。若年男性にパートナーや配偶者のいない状況が生み出され、世帯は不可欠の働き手が不在の状況に置かれるのである(だが、香港のケースについてはSalaff 1981も参照)。

さらに、若年女性移民に職の発生率がきわめて高いために、非賃金労働構造が破壊され、失業者のプールが拡大したと仮定することもできる。それが要因となって、その予定のなかった男性や女性までもが土地を離れることになった可能性もあるのである。同時に、新工業地帯では離職率が高く、雇用者の若年女性にたいする選好も高いことが、女性の離職率を高め失業を増大させる要因となってきた。工業地帯で労働者の初期的な西洋化がはかられたことに、伝統的な労働構造が破壊されたという事情が重なって、彼らが出身地のコミュニティに戻る可能性を最小限のものに抑えているのである。要するに、こうした展開が、移民労働者のプールを形成する誘因となってきたとみることができる。われわれは、このような側面の一つ一つを探究していかねばならない。

次に検討しなければならないのは、こうした諸条件に促されて、個人レベルで現実に考えられる選択肢の一つとして、移民、とりわけ米国への移民が付け加えられたのかどうかである。この問題との関連で重要なのが、外国の強力なプレゼンスである。ここでプレゼンスとは、少数の地域に海外投資が集中するということだけではなく、海外投資が新工業地帯を客観的かつ文化的に支配し、それによって資本輸出国との諸連関が創出されることを意味する。興味深いのは、近年の移民が再移動する性向を強めていることを示す実証研究が存在することである(Morrison 1967 ; Land 1969 ; Grasmuck 1982を参照)。このことは、新工業地帯に流入する移民が、主観的には、さらにもう一度移動することに応じる傾向をもつことを示唆している。さらに興味深いのは、移民の発生に際して、経済的インセンティヴのもつ比重が高いことを指摘する実証研究の存在である(Brigg 1973 はこの主題にかんする研究の論評を行なっている。Standing 1975 ; Harris and Todaro 1970 ; Cohen and Sassen-Koob 1982)。機会を与えてくれる土地という米国のお馴染みのイメージが、強力なプル要因として作用しているのである。新工業地帯が米系企業で占められ、米国市場向け輸出生産を担う形でダイナミックな成長を遂げていることが醸し出す雰囲気によって、おそらく、このイメージは強められているといえるだろう。

最後に、外国企業の強力なプレゼンスによって、情報へのアクセスや潜在的な移民先にたいする親近感が高められるという点も、移民研究では重要な要素となっている(World Bank Staff 1975, pp. 22–25)。たしかに、移民研究では、距離の遠さが移民の主要な抑止力となると指摘するものが多い。だが、契約や移民先の情報によって、この距離を克服することは部分的には可能なのである。かくして、過去二〇年間にわたって南アジア諸国やカリブ海諸国から米国へと流入してきた移民は、米国が約束の土地であるというイメージから第三世界に立地する米系企業の雇用に代表される諸連関まで、ここで論じたさまざまな要因によって、距離という強力な抑止要因を克服した事例であるとみなすことができる。このことと関連して、一九六五年以降、米国の移民受入政策が自由化されたことも、第三世界諸国の一部と構造的かつ主観的な諸連関を構築してきた諸過程のもう一つの側面であるとみることができる。要するに、私が言いたいのは、輸出志向製造業の明確な特性——とくに立地上の集中、労働集約度の高さ、若く、そしてほとんどの場合、初めて賃金労働に参入する者の活用——が、こうした構造的かつ主観的連関を生み出す諸過程の一部に、米国の移民政策の自由化を組み込んでいるということである(Sassen 1988 ; 1984a, b)。

新しい労働需要——移民女性吸収のための諸条件

製造業職や事務職の低開発地域への移転に通底する労働過程の技術面での変容は、先進国の職の供給をも再編してきた。さらに、生産拠点やオフィスの空間的な分散は、ほとんどの場合、高度先進地域に拡張的かつ集権的なマネジメントとサーヴィス機能を配置する必要性を高めてきた。この二つの過程が、高度先進諸国における経済全体のサーヴィス経済への移行とともに、直接的にも間接的にも、先進国に低賃金職、とりわけ女性的な職の供給を著しく増大させてきたのである。

過去と同様今日でも、女性移民の流入は、たんに家族の移動に伴って生じるばかりではない。職の性別分類や女性に支払われる相対的低賃金を前提に考えれば、女性労働者にたいする需要を生み出す客観的な条件が存在するとみたほうがよい。サーヴィス業へのシフトと、技術変化が引き起こした多くの職の格下げによって、女性労働者と結びつく職が増大しているのである。女性の労働力参加の高まりだけでなく、若干、恣意的な用語法になるが、職の供給の女性化が進行しているといってもよいだろう。現地女性の政治化の高まり、それと連動した職の供給の女性化が、移民女性にたいする需要の増大を生み出すということは十分にありうる事態なのである。

ここで注目したいのは、低賃金職全般の供給の増大とこの傾向が、新たな主要移民受入地域である大都市に独特の職の布置連関を生み出しているという点である。

国家レベルでみれば、職の供給を形づくる全般的な傾向が、過去一〇年間にわたって労働者の所得分配の不平等度を高めてきた。サーヴィス経済に移行する経済では、強力な製造業を支配的な部門とする経済よりも、結果的に低賃金職の比率が高くなることが一般的には認められている(Singelmann 1978 ; Bluestone et al. 1984)。第二に、もっとも急速に成長するサーヴィス産業のなかには、低賃金職と高所得職が平均以上に集中するものがある。このことは、よりいっそう強い分極化が存在することを予想させるものである(Stanback and Noyelle 1982)。第三に、製造業部門の格下げと私が呼ぶ現象がある。新たな主要産業、とりわけハイテク部門の生産・組立工程における低賃金職の比率が高くなっている。その一方で、旧来の産業のなかには、労働過程の社会的再編が進行しているものもあり、その過程は労働組合の存在しない工場の増大や、労働搾取工場や家内工業の急速な成長によって特徴づけられているのである(New York State Department of Labor 1979 ; 1980 ; 1982a ; 1982b ; Sassen 1981a ; 1981b ; Balmori 1983 ; Morales 1983 ; Marshall 1983 ; Benamou 1985)。第四に、前述の傾向を基礎づける労働過程の技術面での変容は、膨大な数の中所得職を高所得職に格上げするか、低所得職に格下げするかのいずれかの経路をつうじて、分極化に拍車をかけている。つまり、機械化とコンピューター化によって、労働者の技能が機械に譲渡され、特定の作業場を、工場現場からコンピューター・ルームやデザイン事務所に移しているのである。

こうした分極化の存在は、一九七〇年と八〇年の所得調査を比較することで明らかとなる。実際、この所得調査において、上位二つの高所得階級が三二パーセントから三七パーセントへとシェアを上昇させ、下位二つの低所得階級でも三二パーセントから三八・五パーセントへとシェアを増大させている。それに対応する形で、二つの中所得階級が一一パーセントもシェアを低下させているのである。その性別の詳細をみると、この傾向は女性においてははるかに強くなっている。かくして、七〇年の時点で、男性全体の三四・四パーセントが、また女性全体の四二パーセントが、下位二つの低所得階級に分類される職に就いていたが、八〇年までにこの比率は女性で五二パーセントにまで高まる一方、男性では三五・七パーセントまでしか上昇していない。二つの中所得階級における男性と女性のシェア低下はほぼ等しい水準にあった。また、上位二つの高所得階級のシェア上昇はすべて男性によるものであり、実際、女性は、若干、数値を下げている(表5-1参照)。

表 5-1　1970 年と 1980 年の所得階級別にみた
米国における総労働力*分布

所得階級**	米国における総労働力の分布(%)							
	1970 年				1980 年			
	合計		女性	男性	合計		女性	男性
1.60 以上	11.3	32.2	7.5	9.4	12.9	37.0	4.8	11.0
1.30 から 1.59	20.9		18.6	18.9	24.2		14.5	20.7
1.00 から 1.29	18.9	35.8	21.5	23.1	12.8	24.5	12.8	15.6
0.70 から 0.99	16.9		10.5	14.3	11.7		15.8	17.0
0.40 から 0.69	22.8	32.0	13.5	15.4	25.2	38.5	16.7	11.8
0.39 以下	9.2		28.4	19.0	13.3		35.4	23.9

出所）U.S. Bureau of the Census, 1982, *Money Income of Households, Families and Persons in the United States : 1980* (Current Population Reports: Series P-60, No. 132) および U.S. Bureau of the Census, 1972, *Money Income of Households, Families and Persons in the United States : 1970* に依拠して作成.

注）＊ 貨幣所得合計別でみた 14 歳以上の軍事以外の労働者.
＊＊ 所得階級は，各産業分類内の主要職種のそれぞれにかんする 1975 年の平均所得申請から導出している．基本的な仮定は，職種—産業別の下位分類のそれぞれにかんする 1975 年水準の相対的所得が——この場合 1970 年から 80 年にかけて——一定であるというものである．ここでは，産業—職種別小分類の 1960 年と 1975 年の所得比較で Stanback and Noyelle (1982)が使用した手法にしたがった．次に，入手した総所得分布が所定の区画に分割されている．主要な産業分類は，製造業，建設業，流通サーヴィス業，小売業，生産者サーヴィス業，非営利サーヴィス業(医療および教育)，行政である．農業，漁業，鉱業は含まれていない．主要な職種分類は，専門，技術，管理，オフィス事務，非オフィス事務，販売，手工業労働者，工員，サーヴィス労働者，肉体労働者である．

これらの諸傾向はすべて、これまで移民の大部分を受け入れてきた大都市で観察できる。事実、以下で示すいくつかの理由から、私は、こうした傾向が、そのような大都市でこそいっそう強化されるものと予想している(Sassen 1984a)。第一に、新たな主要成長部門の立地は大都市に集中しているが、それは必然的に高度に分極化した所得分配をもつ産業の不均等な集中を伴うものとなる。所得階層にかんするデータからわかるように、二番目に低い所得階級に属する労働者は、製造業では全労働者の一七パーセントであるのにたいして、生産者サーヴィス業ではほぼ半分に達する(Stanback and Noyelle 1982)。生産者サーヴィス業は、ニューヨークやロサンゼルスといった都市経済の中核をなすものであり、経済全体でみても最もダイナミックな部門の一つなのである。

所得分配の分極化と連動して、低賃金職が間接的にも創出されている。それは、消費に表象される社会的再生産の領域で生じている。高所得の職場の拡大が、新たな文化的諸形態の出現とともに、高所得層のジェントリー化の過程と呼べるものを生み出しているのである。近年の分析の示すところでは、その過程は、低賃金労働者の供給が大規模に利用可能であるかどうかに左右される。別稿でより詳細に論じたことではあるが(Sassen 1981b)、この高所得層のジェントリー化は労働集約的なものなのである。それは、郊外の典型的な中産階級とは対照的であるといえるだろう。つまり、後者は、資本集約的過程を代表し、具体的には、大量の住宅供給、道路、ハイウェイの建設、自家用車や通勤電車への依存、あらゆる種類の家庭用器具への依存度の高さ、セルフ・サーヴィスの大規模ショッピング・モールによって象徴される。これにたいして、高所得層のジェントリー化とは、こうした資本集約性の大部分を直接的にも間接的にも労働者によって代替する過程にほかならない。セルフ・サーヴィスのスーパーマーケットや百貨店にとって代わるグルメ食品店やブティックの背後には、多種多様の労働形態が存在している。いつも芝刈り機を動かしていることが示すように、家族労働や機械を大量に投入する郊外の中産階級に比べて、都市の高所得の住民は保全要員の雇用に依存する度合いがはるかに高い。

労働組織の型は、小売局面と生産局面では異なっている。高所得層のジェントリー化は、通常、大量生産されるのでもなければ、大規模小売店で販売されるのでもない財やサーヴィスにたいする需要を生み出す。受注生産、小口生産、特製品、高付加価値食品は、一般に労働集約的な方法で生産され、フル・サーヴィスの小規模小売店で販売される。これらの生産の一部が、労働搾取工場であれ、家内工場であれ、低コストの事業場に下請けに回されるということはありふれたことなのである。

第二に、小規模の低コスト・サーヴィス業の数が増大している。それが可能となるのは、大都市には人口が大規模に集中しているだけでなく、大都市に住んでいない労働者や旅行者が日々多数流入してくるからにほかならない。その結果、居住人口にたいする低コスト・サーヴィス業の数的な比率が、平均的な都市や町よりも大都市においてかなり高くなることはもっとも予想に難くない。さらに、大都市への人口の大規模な集中は、そのような事業を開業する強い誘因となるだけでなく、競争を激化させ、収益を最低水準にとどめる傾向を生むことになる。以上のような条件の下では、労働コストが決定的に重要な要素となる。そのため、低賃金職が大都市で高度に集中する可能性も高くなるのである。この種の生産と配送にかかわる職の供給やそれに携わる企業の範囲にたいして、このことがもたらした全体的な結果は、大規模百貨店やスーパーマーケットを特徴づけているものとはかなり異なっている。大規模百貨店やスーパーマーケットは、多くの場合、小売店舗からかなり遠距離にある大量生産者から製品を調達する傾向がある。また、大量生産や大量流通販売店は、生産と販売双方の統合を促進する。これにたいして、労働組織の変化は、移民を望ましい労働供給源とする諸条件を生み出しているのである。

第三に、こうした理由に、需要を構成する他の要素が重なり、都市規模が大きくなればなるほど、格下げされた製造業部門の相対的規模も大きくなっている(そのような格下げされた製造業部門が必ずしもあらゆる都市環境に存在するわけではないが)。格下げされた製造業部門が大都市で拡大しているのは、前述の社会的・技術的変容というもっと一般的な諸過程以外にも、いくつかの具体的な展開が作用した帰結であると見ねばならない。まず考慮しなければならないのは、都市からの資本逃避が労働集約型産業におよぼす差別的な影響である。ニューヨークで最大の雇用を生み出している製造業部門は衣類産業であるが、そこでは、商品販売部門をもつ大規模店や専門店、そしてこの産業のマーケティングやデザインを担当する事業は、すべて都市の内部にとどまっている(表5-2参照)。この点で注目に値するのが、ロサンゼルスの衣類産業が、一九七〇年から八〇年にかけて八万人分の追加的な職を生み出したことである。多くの場合、このことは、ハイテク・センターとして、こうした地域を分析するなかでは見過ごされてきた。さらに、消費構造の変化もまた、衣類産業に影響を及ぼしている(Sassen 1984a, b)。つまり、衣料の特製品や限定品にたいする需要の拡大は、小口生産やデザイン・センターへの近さが立地面での重要な制約条件となるために、小規模店や家内工業の増大を促進してきたのである。類似の議論は、他の産業、とりわけ家具、毛皮、靴といった産業でも成り立ちうる。そうしたなか移民が所有する工場の数も急速に増大している。たしかに安価な労働へのアクセスが容

表 5-2　移民を雇用する可能性のある低賃金・非熟練職
(1978 年，ニューヨーク市で選択したサーヴィス産業)[a]

	選択したサーヴィス産業の雇用			合　計
	金融・保険・不動産[b]	対事業場サーヴィス[c]	その他サーヴィス産業[d]	
管理・専門・技術職	104,460	65,800	140,600	310,860
サーヴィス職				
低賃金職	30,520	52,430	40,900	123,850
合計	36,980	54,950	83,520	175,450
保全				
低賃金職	9,150	1,980	19,590	30,720
合計	12,700	15,880	45,510	74,090
事務職				
低賃金職	1,420	5,020	3,450	9,890
合計	201,630	102,140	80,710	384,480
販売	23,980	10,180	4,490	38,650
全職種合計	379,660	248,950	354,830	983,440
低賃金職合計[e](N)	41,090	59,430	63,940	164,460
合計に占める%	10.8%	23.9%	18.0%	16.7%

出所）New York State Department of Labor (1979; 1980)にもとづいて作成.

注）a：この表は，New York State Department of Labor(1979; 1980)の調査から導出したものである．サンプルは，選択したサーヴィス産業の施設(ニューヨーク州失業保険法がカバーするものだけ)から引き出している．サンプルから除外されているのは次のサーヴィス産業である．教育サーヴィス(SIC 82)，民間世帯(SIC 88)，病院産業の下位分類(SIC 806)．民間世帯と病院は，移民が就業することが知られているかなりの数の低賃金職を含んでいる．また，移民を雇用することで知られる多くの低賃金職を含む施設や活動，特にレストランもサンプルからは除外されている．

b：SIC コード 61-65.

c：SIC コード 73, 81.

d：SIC コード 70, 72, 75-80, 83, 84, 86, 89.

e：低賃金とみなされる職は，全低賃金職の一部にすぎない．そうした職は言語習熟条件がない職であり，明確な昇進の職階の一部をなすものでも，高度に労働組合化した職を構成するものでもない．

表 5-3 1951 年から 79 年の性別でみた認可を受けた移民の流入(単位：1000 人)

	認可人数	男　性	女　性
1951-60 年	2,515	859	1,014
1961-70 年	3,322	1,488	1,834
1971 年	370.5	172.5	197.9
1972 年	384.7	179.7	204.9
1973 年	400.1	186.3	213.7
1974 年	394.9	184.5	210.3
1975 年	386.2	180.7	205.5
1976 年	398.6	184.9	213.8
1977 年	462.3	216.4	245.9
1978 年	601.4	286.4	315.1
1979 年	460.3	219.5	240.8
1971-79 年	3,962	1,859	2,103

出所） Immigration and Naturalization Service, *Annual Report* (various years).

表 5-4 性別・入国時期別にみた 1980 年調査における不法外国人の推計(単位：1000 人)

入国時期	全ての諸国			メキシコ			その他全諸国		
	両性	男性	女性	両性	男性	女性	両性	男性	女性
1960 年以降の入国	2,047	1,097	950	931	531	400	1,116	566	549
1975-80 年入国	890	494	396	476	278	198	413	216	197
1970-74 年入国	551	297	254	280	159	121	270	138	132
1960-69 年入国	570	290	281	138	77	61	432	212	220

出所） Warren and Passel (1983).

易であるということはその理由の一つであるが、移民のコミュニティや都市全体で、そうした工場で生産される製品への需要が増大しているということのほうがより重要なのである。

低賃金職の供給の増大は、女性・男性双方の移民総数の著しい増大と同時に起こっており、そこに移民吸収の諸条件を見出すことができる。一九六〇年代と七〇年代の合法移民全体の半分あまりが、女性であった。移民総数に占める女性のシェアは一定であったものの、実数では顕著な増大をみせ、五〇年代の一〇〇万人から七〇年代には二〇〇万人以上の規模に達している(表5-3および5-4参照)。だが、この調査では、調査の端境期に滞在し八〇年以前に出国した可能性のある人々を勘定できないという難点を避けることができない。そのかぎりにおいて、この事実が、密入国労働者の大半が男性であるという一般的な見方と矛盾するものであるかどうかは定かではない。

移民女性は、労働力参加率の面では移民男性や地元の女性よりも一般的に低水準にあるが、その職種別の集中度ははるかに高い。移民の大部分が暮らしている五つの州(ニューヨーク、カリフォルニア、テキサス、フロリダ、イリノイ)をみれば、職業分布のもっとも大きな格差は、工員職(operative jobs)における地元女性と移民女性のあいだでみられる。一九八〇年の調査によれば、工員職に就業したのは地元女性では約八パーセントにすぎないが、移民女性では二〇から二五パーセントに達している。男性の職業分布で、地元住民と移民のあいだに、これほどまでに大きな格差を生んでいる職業はない。おそらく次に大きな差があるのは、事務職(clerical jobs)であろう。一九八〇年の時点で、その種の職に就業していたものの比率は、地元女性では三七から四〇パーセントであったのにたいして、移民女性では二五から三〇パーセントであった。

全移民女性の約半分が、工員とサーヴィスという二つの職に集中している。だが、国籍に応じてばらつきがあるのも事実である。移民の大半を占める前述の五つの州に居住するヒスパニック系移民全体のほぼ七〇パーセントが、工員職、サーヴィス職、あるいは肉体労働系の職に就いていた。一九七〇年代に入国したアジア系移民にかんするその比率は、四〇パーセントであった。これにたいして、米国の全女性労働者のうちでこうした職種に就業する者の比率は、二九パーセントとなっている(U.S. Department of Commerce 1983)。だが、アジア系移民のあいだで低賃金職の発生率が高いということも考えられる。だとすれば、それは、中産階級出身者や高等教育経験者が圧倒的であった初期の局面を経てアジアからの移民に新たな局面が生まれている可能性を示唆するものである。他方で、専門職に就く人数は、地元女性に比べて移民女性では少ない。移民女性におけるその比率は九から一〇パーセントに過ぎないのにたいして、地元女性では一四から一六パーセントにもなるのである。

産業別でも、特定の部門に類似の高い集中度がみられる。変化の激しい産業(とりわけ衣類、繊維、食品)における移民女性のシェアは、二四パーセントから三四パーセントの範囲にあり、地元女性のシェアよりも約一〇パーセントから一五パーセント高くなっている。単独の部門としてみて、次に高い集中度を示しているのが、五つの主要社会サーヴィスで構成される部門であった。前述の主要五州に住む全移民女性の二二パーセントから二七パーセントをそうした部門で見出すことができる。だが、この部門分類では地元女性のシェアのほうがかなり高く、三二パーセントから三七パーセントに達し

表 5-5　ニューヨーク市クイーンズ地区における出身国および性別でみた職業分布(1980 年；単位：%)

	コロンビア人	プエルトリコ人	その他ヒスパニック	全ヒスパニック
ホワイトカラー合計	100.0	100.0	100.0	100.0
男　性	44.4	28.6	41.7	37.0
女　性	55.6	71.4	58.3	63.0
ブルーカラー合計	100.0	100.0	100.0	100.0
男　性	62.5	66.7	55.2	59.2
女　性	37.5	33.4	44.8	40.8
サーヴィス業合計	100.0	100.0	100.0	100.0
男　性	44.4	25.0	43.5	36.5
女　性	55.6	75.0	56.5	63.5

出所）Cohen and Sassen-Koob (1982).

ており、地元女性と移民女性との差は、他の産業分類ほど大きくはない。移民女性の二三パーセントから三〇パーセントは、生産業や流通サーヴィス業に就業しているが、この比率は、地元女性よりもわずかに低いだけである。これらのサーヴィス業は、大都市経済の主要な構成要素であり(Stanback and Noyelle 1982; Sassen 1984a)、移民女性労働者の供給増大とともに、こうした部門における低賃金女性労働者にたいする需要が増大するという需要要因と供給要因の相互作用効果が働いている可能性がある。

こうした動向は、地域を限定した研究から確認できる。たとえば、カストロ(Castro 1982)は、ニューヨーク市におけるコロンビア人とドミニカ人にかんするフォーダム大学の調査データを活用しつつ、ブルーカラー職の発生率は、米国の地元人やコロンビア本国の女性よりも、ニューヨーク市のコロンビア人女性においてかなり高くなるという結論を導き出している。同様に、コーヘンおよびサッセン＝クーブ(Cohen and Sassen-Koob 1983)も、ブルーカラー職における女性の就業率が非常に高くなるという事実を発見し、その調査ではブルーカラー職に就業する全ヒスパニック系移民のほぼ四一パーセントが女性であったと指摘している。この数値は、全ブルーカラー労働者の六分の一が女性であるとする全米を対象とした調査と比較しても高い(U.S. Department of Commerce 1983)(表5-5参照)。

格下げされた製造業部門の拡大は、ニューヨーク市における労働搾取的な衣類工場であれ、ロサンゼルス地域のハイテク生産工場であれ、低賃金女性労働者にたいする需要を生み出している。そして、明らかに、移民女性が、こうした職種にたいする労働供給源として立ち現れている。衣類、毛皮、靴の労働搾取工場はかなりの程度移民女性に依存していることはもはや周知の事実となっている。このことは、カリフォルニアのハイテク生産・組立工程における移民女性の雇用でもかなり立証されている(Solorzano 1983)。

同様に、すでに述べた理由からとりわけ大都市で強くみられる低賃金サーヴィス職の拡大が、低賃金労働者にたいする需要を生み出している。この場合も、移民女性が、その望ましい労働供給源となっているとみなすことができる。歴史的および／あるいは文化的に、こうした職の多くは格下げされた製造業部門の場合よりも女性の職として分類されてきた。

その際、経済全般、とくに大都市において経済的に成長している職種と移民の構成——多くの場合、低賃金諸国出身の女性が大多数を占めているが——とのあいだには対応関係がある。たしかに、この対応関係は、必ずしも、そのような職における移民女性の現実の雇用を伴うものではない。だが、移民女性にかんする利用可能な実証研究が明らかにしているように、移民女性は工員職やサーヴィス職に不均等に集中し、特定の州、なかでもニューヨークやカリフォルニアに、とりわけその大都市に偏って居住しているのである。

結論

第三世界においてますます多くの女性が賃金労働へと編入されるという事態は、グローバルな過程であり、それはさまざまな立地で特定の諸形態をとっている。たしかに、一見すると、こうした形態や立地には関連性がなく、個別的なものであると思われるかもしれない。こうした見方にたいして、本章は、二つの事例をつうじて、この編入と両者のあいだに体系的な関係が存在する可能性について検討した。その事例とは、(1)カリブ海諸国やアジア諸国の一部では、輸出志向製造業の成長によって新たな製造業職やサーヴィス職が創出され、そこに女性が新規雇用されるということ、(2)高度先進諸国、とりわけ経済構造の変容が基礎的なレベルで進行する大都市で移民女性の雇用が増大していることの二つである。賃金雇用は、多くの移民女性にとって、労働市場でのはじめての経験である。だが、おそらく、それは、その出身国ではすでに始まっているパターン、なかでも主要移民送出国で輸出志向製造業に女性を新規雇用しているパターンと連続するものなのである。

従来の女性移民研究は、通常、家族の状況や責任に着目し、ジェンダーがどのようにして高度先進諸国への移民から影響を受けるのかを主題としてきた。本章では、女性移民を資本主義世界経済の現局面に関連づけることによって、さらなる変数を付け加えることを試みた。グローバルな経済的構造変化の諸過程は、第三世界女性の国内移民や国際移民の現局面における一つの要素にすぎない。こうした女性の多くは、男性配偶者や家族が移民したために国内移民や国際移民になったのかもしれない。だが、より根本的な過程は、女性移民の供給とこの種の労働にたいする需要の形成を促進する諸過程が存在するという点である。第三世界諸国における移民女性の供給の形成を促進してきた条件のなかには、グローバルなレベルで進行している経済的構造変化のより幅広い過程を表象するものもある。その特有の表現形態が、第三世界諸国への生産拠点およびオフィスの移転である。米国内の大都市で移民女性にたいする需要を高めている諸条件にかんしても、同様である。その特有の表れが、サーヴィス経済への全般的な移行、（部分的には海外生産拠点にたいする競争力を維持するための）製造業の格下げ、そして、グローバル経済の制御に必要なマネジメント機能や管理機能の大都市を中心にした拡大が生み出す低賃金労働にたいする直接的・間接的な需要である。これらの諸傾向がすべて、高度先進諸国の大都市におけるさまざまな経済部門のインフォーマル化に貢献しているのである。職の供給の女性化に加えて、政治的な理由から適切な労働供給を確保しなければならないことが、移民女性に象徴される労働需要をさらに創出しているのである。このことが示唆しているのは、ジェンダーをこうした構造的な前提条件から切り離して検討することは不可能であり、ジェンダーだけでは、出身国内であれ、国外であれ、移民する女性の諸条件を特定するには不十分であるということである。

（1）　この章の出所は、Sassen（1988）である。この著書も本章も、チョー・スンキュン(Soon Kyoung Cho)の傑出した研究補助がなければ、成り立ちえなかったであろう。

第Ⅲ部　劣悪なサーヴィス

第6章　サーヴィス雇用レジームと新たな不平等[1]

不平等と貧困を引き起こす原因は多くの場合、雇用不足である。しかし、本章で論じようと思うのは、過去一五年間、経済活動が組織化するにつれて生じた重大な変化が生活不安を蔓延させ、とりわけ新しい雇用中心型貧困を引き起こしているという点である。

これは広範な主題であるため、本章では以下の三つの過程に限定したい。(1)経済部門間の利潤形成能力と労働者の類型間の所得稼得能力において不平等が拡大していること。(2)サーヴィス産業の組織化と雇用関係の非正規化が分極化傾向をもたらしていること。(3)切り捨ての結果ではなくむしろ経済成長の新たな構造的過程の帰結として、都市周辺層が生み出されていること。こうした三つの力学は必ずしも相互に排除する関係にあるわけではない。これらが主要都市においていかに作動しているのかを検討してゆこう。本章の作業仮説のひとつは、グローバル都市において経済のグローバル化がもたらす衝撃は、ある程度、これら三つの力学をつうじて作用している、というものである。こうした分析は、経済のグローバル化によってグローバル都市における貧困が増大するか否かを捉えるのに役立つだろう。

都市、とりわけ先導的なビジネス・センターとなっている都市は、新しい組織化傾向が数多く集まる結節点となっている。サーヴィス活動のうち新しい情報技術によって脱中心化されたものも多いが、購買者との近接性に左右される他の多くのサーヴィスは、人口や企業、政府の分布に応じて展開している。しかし都市は、もっとも先進的なサーヴィス、とくに輸出向けサーヴィス生産や、企業ネットワークが密集した地点で活動するサーヴィス企業にとって鍵となる拠点である。都市はまた、これらのサーヴィス企業が必要とする多様な労働市場をもつという点でも鍵となる拠点である。都市において、サーヴィス産業の組織化にともなう分極化傾向が顕在化して経済的・社会的な勢力関係に差別的な衝撃を与えるのである。こうした帰結は巨大都市においてとりわけ顕著だが、多数の低所得層や、通勤者・旅行者に提供される低賃金サーヴィス労働が巨大都市に極度に集中しているからである。こうした傾向の多くは、都市景観のなかに具体的な形で現れている。

第1節では、経済の組織化が全体としていかなる傾向をもち、それらが都市にどのように現れているのかに焦点を絞る。第2節では、サーヴィス部門における分極化傾向に焦点を合わせる。第3節では、これらの傾向が都市空間に与える衝撃のうちいくつかを簡潔に述べる。

本章は、実証上の主眼をおおむね米国においている。というのも、不平等や生活不安の拡大傾向は、ほぼ間違いなく米国でもっとも進行しているからである。それは、西欧諸国で普通に行なっている経済的・社会的条件の規制を、米国政府はこれまでまったく考慮してこなかったためである。西欧諸国が今後どれほど経済の規制緩和を推し進め、それによってこうした新しい傾向を誘発することになるのかは、重要な研究課題である。

利潤形成能力と所得稼得能力における不平等

経済部門間の利潤形成能力や、労働者の類型間の所得稼得能力に不平等があることは、先進国経済の基本的特徴である。しかしながら、今日みられる不平等の度合いは、戦後数十年間にみられたそれより桁違いに大きなものとなっている。不平等の広がりと、不平等を生み出したシステムは、投資から居住・労働にいたるさまざまな市場活動にたいして、大きな歪みをもたらしている。

利潤形成能力と所得稼得能力の不平等拡大の背後で生じた重大な過程とはいかなるものかを理解するには、雇用レジームという視点に立つ必要があるだろう。主要都市においてこうした過程とは以下のようなものである。(1)金融の優位確立と変容が、証券化やグローバル化、新たな情報通信とコンピューター・ネットワーク技術の発展をつうじて生じた。(2)経済の組織化においてサーヴィス集約化が進展するにつれて、企業や世帯によるサーヴィス需要が大きく拡大した。サーヴィスの技術水準や価格、サーヴィス部門における労働者の賃金・給与において分極化が強力に進行するかぎり、サーヴィス需要の増大は分極化を促進し、累積的因果関係によってこうした不平等の再生産をもたらす(より詳しい議論については、Sassen 1994b, ch. 4を参照)。ここでは、経済におけるこれら二つの重要な全体的傾向と、それらが都市にどのように現れているかに焦点を絞ることにしよう。

多くの先端的サーヴィス産業がもつきわめて高い利潤形成能力は、新たな諸傾向の複雑な組み合わせと不可分のものである。すなわち、技術進歩によって資本が地球規模で容易に移動できるようになり、市場の規制緩和が資本移動を極度に活発化させた。また、証券化等の金融革新によって、従来非流動的だった資本を流動化させ、資本の回転を速めることで追加利潤をもたらした。投入が複雑化し専門化するにつれて、全産業でのサーヴィス需要が拡大し、これによってサーヴィス産業に付与される価値が高まり、しばしば過大な価値を付与されるようになった。

金融と専門的サーヴィスの優位は大都市にとくに集中し、きわめて高い利潤形成能力をもつ企業群を創出している。こうした企業が商業空間や工業サーヴィスその他のビジネス・ニーズの価格を引き上げたために、並の利潤形成能力しかもたない企業は生き残りが困難になっている。並の企業は、極端な場合、活動のすべてあるいは一部をインフォーマル化させるが、その結果さらに都市経済の分極化が進行することになる。一般的に言えば、高い利潤形成能力をもつ企業と並の利潤形成能力しかもたない企業との間に分断化が生じているのである。

サーヴィス投入、とくにサーヴィス投入外注への需要があらゆる産業で増大していることは、私の理解では、おそらく先進国経済の変化にとってもっとも根源的な条件である(Sassen 1994b, ch. 4 を参照)。このことにより、所得分配、産業組織、経済成長の空間的広がりに深刻な衝撃が発生した。またこのことにより、鉱業・製造業から金融や消費者サーヴィスにいたるあらゆる産業における企業と、貧富を問わずあらゆる世帯によるサーヴィス需要が、きわだって増大してきたのである。

経済組織においてサーヴィスの重要性が高まっていることは、さまざまな種類のデータにも現れている。あらゆる先進国経済で雇用の増大がもっとも顕著に生じたのは、いわゆる生産者サーヴィスにおいてである(Castells and Aoyama 1994 ; Sassen 1994b, Table 4.1)。米国で一九七三年から一九八七年までの新規雇用創出のうちもっとも高いシェアを示したのが金融、保険、不動産であり、新規雇用全体の一一パーセントを超えた。一九八〇年代には、これらの部門は新規雇用の一二パーセントを占め、対企業サーヴィスはほぼ一四パーセントにのぼった(これらの部門が全雇用の二パーセントを占めるにすぎないにもかかわらず、である)[2]。対照的な位置にあるのが飲食業と小売業で、一九九〇年代にそれぞれ新規雇用の一〇パーセント以上を占めていた。さらに、全産業におけるサーヴィス投入の購入額を測定するには別の方法もありうる。そのような目的で、製造業やサーヴィス業のうちいくつかについて、一九六〇年以降の国民経済計算データを分析したが、その結果明らかになったのは、この時期をつうじてサーヴィス投入の購入額が著しく高まったということであった(Sassen and Orlow 1995 および本書第9章、注(6)を参照)。

グローバル都市においてとりわけ顕著だが、経済の組織化と結びついて二重化をもたらすより広範で一般的な傾向も存在する。こうした一般的傾向は、製造業やサーヴィス業といった伝統的なカテゴリーの内部で進行する大きな分裂と関連している。そうした分断は、産業組織においてコンピューター、情報、管理技術がどの程度集約的に利用されているか、またその産業が他の産業のために重要な投入物をどの程度生産しているかに依存している。アペルバームとアルバン(Appelbaum and Albin

1990)は、データの制約内で、この変数にもとづいて、経済の全主要部門にわたって産業の再分類を行なった。(3) サーヴィス部門では、「知識・情報集約型」であると特徴づけられたものがひとつの下位部門に分類され、また労働集約的で通常は生産性が低いとされたものは別の下位部門に分類される(Appelbaum and Albin 1990)。同様の分類は製造業その他の主要部門でも行なわれる。各下位部門での雇用、職種、教育、所得といった全般的特徴は、かなり多様である。アペルバームとアルバンの研究は比類のないものである。彼らが発見した事実を次節で再度論じよう。

経済の組織化にともなうサーヴィス集約化の進展と、経済の全主要部門をつうじた先端技術の利用拡大は、ともに都市経済に重大な衝撃をもたらしている。これらによって、経済における専門的サーヴィスの重要性が必然的に高まっているのである。専門的サーヴィスを生産する場として都市が選ばれるかぎり、都市は先進国経済の重要な生産拠点として再浮上することになる。かつて、大規模で標準化された大量生産が支配的であった時代に、空間を必要とする製造業が都市を去ったことにより、都市は生産拠点としての役割をある程度失っていた。

都市では、金融とサーヴィスを基軸とする新しい都市経済が編成され、製造業志向のサーヴィス・生産活動を中心とした古い経済を転換しつつある。主要な国際ビジネス・センターである都市の場合、この新しい中核の規模、権力、利潤水準が示唆するのは、われわれが新しい都市経済の形成に直面しているということである。こうした都市がビジネスや銀行業の中心として古い歴史をもっていたにしても、一九八〇年代の初頭以降、ビジネス・金融部門が全般的に重要性を高め、都市経済における比重が増したばかりでなく、これらの部門の構造自体が劇的に変化したのである。こうした変化は一九八〇年代、米国の都市に大きな経済的・社会的影響を与え、また一九八〇年代半ばにおける欧州主要都市の発展も同様だった(たとえば Kunzmann and Wegener 1991; Frost and Spence 1992; *Le Débat* 1994; Sassen 1994b, chs. 2, 3 and 5を参照)[4]。

対企業サーヴィスの成長は、国内都市システムに含まれるさまざまな水準の都市で顕著である。地域的あるいはサブ・ナショナルな市場をもつ都市もあれば、ナショナルな市場とグローバルな市場のいずれかないし両方をもつ都市もある。経済組織におけるサーヴィス集約化の進展を背景にグローバル化が生み出すはっきりとした違いは、取引の規模と複雑さの拡大である。このことは多国籍企業の統括本部機能を高め、先端企業サーヴィスの成長を促進する。だが、グローバル化がこうした活動の規模と複雑性を高める一方で、地域的に活動する企業にみられるように、地理的により小さな規模やより複雑でないところでもこうした傾向は明らかなのである。このように地域志向の企業は、国境の複雑さやさまざまな国の規制に対処する必要がないにもかかわらず、地域に分散した事業ネットワークをもつことから、なおも中心化された管理とサーヴィスを必要とし、さらには保険、法律、会計、広告、その他各種のサーヴィスを購入する必要があるのだ。グローバル化とはこの意味で、規模の拡大と複雑性の増大の問題だということになる。国境を越えて活動する企業は、いっそう複雑なサーヴィスを必要としているのである。

専門的サーヴィス主導の経済、とくに新たな金融・サーヴィス複合体の台頭は、新しい経済レジームと呼ぶべきものを生み出す。たとえこの部門がある都市経済のごく一部でしかないにせよ、それは都市経済の厄介者となっている。こうした圧力のひとつが分極化への動きである。金融がきわめて高い利潤形成能力をもつために、そのような能力をもたない製造業が低く価値付与されるのである。

こうした転換がもたらした重要な帰結のひとつが、都市に集中する高所得人口の著しい増大である。それは、経済の組織化における専門的知識の優位および専門特化の傾向と密接に結びついている。経済組織における専門的知識の優位は、専門的サーヴィスと専門職労働者に付与される価値を高める。同時にそれは、「その他」に分類される多くの経済活動や労働者に、先進国経済には不必要で場違いなものという烙印を押した。すでに別稿で詳しく論じたことであるが、「その他」の労働の多くは、実際には国際化された経済部門に不可欠な要素であるにもかかわらず、そうではないものとして表象されている。このことは莫大な数の低所得世帯と、きわめて高所得の世帯とを同時に生み出す。以下の二つの節で、こうした問題をより詳細に検討しよう。

サーヴィス雇用における分極化傾向

不平等と新たな雇用中心型貧困をめぐる問題にどのような衝撃が生じるかを捉えるためには、サーヴィス職の増大と企業のサーヴィス投入の増大を切り離して考える必要がある。重要な論点は、創出された雇用の類型と、今日と将来の雇用条件を規定するサーヴィス部門の組織化がもつ全体的傾向である。たしかに雇用と組織は、重なり合う部分をもち、また相互に規定しあう要素である。だが、両者は完全に一致するわけではない。たとえ技術が一定としても、原理的に労働市場は多様な形態をもちうるし、労働者にとって多様な移動経路を含みうる。にもかかわらず、今日、サーヴィス部門の組織化、雇用類型、労働市場の組織化はすべて、分極化傾向を強化する方向に作用しているのである。

サーヴィス産業の組織化における二重化

サーヴィス部門組織化のもとで分極化を促している全体的傾向のうち重要なものとして、サーヴィス産業が技術水準の高低で両極端に分断されていることがあげられよう。米国では、情報・知識集約型サーヴィス産業が、過去一五年にわたって新規雇用全体のうちのかなりの部分を生み出し、大卒者の大部分を吸収してきた。サーヴィス部門で創出された他の雇用のほとんどは、この対極にある。アペルバームとアルバン(Appelbaum and Albin 1990)は、情報・知識集約型サーヴィス産業が一九七三年から一九八七年までに九〇〇万以上、その他のサーヴィス産業が一一二〇万の雇用を生み出したと述べている。これらはそれぞれ米国の雇用全体のかなりの部分を占めている。前者はほぼ三〇パーセント、後者は三九パーセントにのぼる。(5)

技術水準の高低両極端での急成長は、一九九〇年代に入っても続いている。一九九二年のデータにもとづいて、BLS(米国労働統計局)は、対企業サーヴィス雇用を含む低賃金サーヴィス雇用が急成長すると予測している。小売業、保健サーヴィス、対企業サーヴィスという三つのサーヴィス産業だけで、一九九二年から二〇〇五年までの米国の新規雇用のほぼ半分を占めるとされる。二二五のカテゴリーにも及ぶもっとも詳細な職業分類を用いて、雇用の増加が高いものを上から順に並べてみると、小売販売労働者、登録派遣型看護師、レジ係、トラック運転手、ウェイターやウェイトレス、看護介護補助、雑用係、食品調理労働者、そしてシステム・アナリストである。(6) こうした雇用のほとんどは高等教育を必要としないし、また多くの場合、賃金はあまり高くない。ＢＬＳも労働者の週給の中央値が上昇すると予測していない。

対極に位置するのが、大学卒業資格を必要とする仕事である。一九九二年の半ばには二三パーセントを占めていたそれは、二〇〇五年には一パーセントだけ上昇し、二四パーセントになると見込まれている。アペルバームとアルバン(Appelbaum and Albin 1990)によれば、情報・知識集約型サーヴィス産業は、一九七三年から一九八七年の間に五七〇万人以上の大卒労働者を吸収したという。一九八七年までには、大卒労働者の四〇パーセント以上がサーヴィス産業に雇用されたが、そのうちその他のサーヴィス産業では一七パーセントにとどまっている。実際、その他のサーヴィス産業では、労働者の六〇パーセントが大学に通ったことがない。さらに、大学院教育を受けた労働者の二〇パーセントは情報・知識集約型サーヴィス産業で働いていたのにたいし、その他のサーヴィス産業では六パーセントにすぎなかった。

同じような分断が職種にかんしても生じている。情報・知識集約型サーヴィス産業の全職種のうち、その一七パーセントを経営者・役員・管理職が占めているが、これはその他のサーヴィス産業の二倍の比率である。他方、その他のサーヴィス産業では現場監督者の比率が九・四パーセントにのぼり、情報・知識集約型サーヴィス産業の三倍である。また、情報、事務、コンピューター関連設備のオペレーターは、情報・知識集約型サーヴィス産業においてもっとも特徴的な存在であり八・五パーセントを占めているのにたいし、その他のサーヴィス産業では四・七パーセントにすぎない。サーヴィス職と販売職はその他のサーヴィス産業では四〇パーセントを占めるが、情報・知識集約型では一六パーセントにすぎない。そしてさらに、情報・知識集約型サーヴィス産業では、専門職と幹部役員などを合算すると労働者全体の三四パーセントにのぼるのにたいし、他のサーヴィス部門では、その比率は一四・六パーセントにすぎない。

ＢＬＳが増加すると予測した二つの職種カテゴリーが、知識専門職とサーヴィス職である。ＢＬＳのデータと予測によれば、一九九二年時点でのこれら二職種の収入は対極的であった。サーヴィス労働者の所得は、一九九二年の全職種の平均値を約四〇パーセントも下回る水準であった。サーヴィス産業が成長し雇用も増大していることも考慮に入れれば、収入にかんする不平等が存続し、拡大さえしているということをこれは示している。というのも、新規雇用のほとんどが低賃金サーヴィス労働である一方、一部の知識専門職は専門性と給与水準が高まるからである。

アペルバームとアルバン(Appelbaum and Albin 1990)は、サーヴィス部門で明らかになった格差が、収入の面にも明確に現れていると言う。一九七九年から一九八七年までの米国の全新規雇用の約三七パーセント(五三〇万人)が労働集約型サーヴィス産業の一部で生み出されたが、この新規雇用の収入は、常勤労働者が稼ぐ年収の中央値でみて、一九八六年の時点で一万五五〇〇ドルにすぎなかった。これは、労働集約型サーヴィス産業全体の常勤労働者の中央値二万二五五五ドルより七〇〇〇ドルも低い（そしてさらに、耐久消費財製造業の中央値よりほぼ九〇〇〇ドルも低い）。したがって、労働集約型サーヴィス産業の新規雇用の大半は賃金・給与の中央値が一万五五〇〇ドル以下の産業に集中していたことになる。さらに注目すべきは、こうした仕事が一九七〇年代には新規雇用の二九パーセントを占めていたのが、一九八〇年代には三七パーセントを占めるようになっていたという事実である。これはサーヴィス産業の労働者が増加する一方で、賃金が低下したことを示している。対照的に、公共部門の低賃金労働は、いくらか高給であり諸手当にも恵まれているが、全新規雇用に占めるそのシェアを低下させた。一九七〇年代には二六パーセントだったのに、一九八〇年代には二一パーセント（三二〇万人）に下がったのである。もっとも賃金が低い時給労働者は、労働集約型サーヴィス産業に従事するパートタイム労働者であり、知識・情報集約型サーヴィス産業の常勤の時給労働者がこれに続く[7]。反対に、もっとも賃金が高い常勤時給労働者は、知識・情報集約型製造業に従事しており、その他製造業がこれに続く。

性による分断は、重要であり馴染み深い形態のものである。一九七三年から一九八七年までの新規雇用のうち七割を女性が埋めてきた。女性の八〇パーセント以上がサーヴィス産業に従事しているのにたいし、サーヴィス産業に就業する男性は約五五パーセントである。雇用転換のジェンダー化は、知識・情報集約型産業に就く比率が男性よりも女性のほうが多いという事実に端的に見出される。知識・情報集約型産業に従事する男性は被雇用者男性の約二五パーセントであるのにたいし、女性は約三四パーセントである。性による差異は教育にかんしても明らかである。知識・情報集約型サーヴィス産業に従事する女性労働者の三八パーセント、男性労働者の四八パーセントが大卒者であるのにたいして、他のサーヴィス部門ではそれぞれ一五パーセントと二〇パーセントである。知識・情報集約型サーヴィス産業や製造業に従事する女性の収入の中央値は、他のあらゆる部門よりも高い。だが、あらゆる部門でつねに女性の中央値は男性より低いのである。

雇用関係の非正規化

上述したサーヴィス部門における労働の性格が分極化する傾向が、労働市場の組織化にまったく影響を与えないということも理論上はありうる。だが、現実はそうではなかった。雇用関係はますます非正規化に向かっている。言い換えれば、臨時雇用や保護の対象とならない雇用と考えられているものが増大しているばかりでなく、増えつづける高給の専門職をも含むより根本的な転換が問題となっているのである。

二つの傾向が際立っている。第一に、雇用関係の構造化において企業の役割が弱体化していることである。逆に強化されているのは、市場の役割である。労働市場の再編成における第二の傾向は、労働市場機能の世帯やコミュニティへの移転と呼ぶべきものである(Sassen 1995a を参照)。これらの傾向についてそれぞれ手短に述べよう。

雇用関係の構造化において企業の役割が弱体化していることを示すのは、企業内労働市場の比重低下である。これは企業の垂直統合の比重が低下し、多数の企業で労働需要が二極化に向けて再編されていることに照応している。つまり、高度な専門性をもち高等教育を受けた労働者にたいする需要が増大すると同時に、事務職、サーヴィス職、工業サーヴィス、生産労働のいずれにしても、非熟練労働者の需要が増大しているのである。

中程度の技能や訓練を備えた労働者への需要が縮小した結果、企業が内部に労働市場をもつ必要も利点も減じてしまった。企業内労働市場はこれまで、長期にわたる昇進経路を備え、実地訓練(OJT)のメカニズムとして機能してきたのである。また企業は、常勤で通年勤務する労働者も必要としなくなってきた。さらに、労働市場の仲介者として派遣業者が急成長することになった。派遣業者は、高度に柔軟な条件で、幅広い技能や職種の需給を肩代わりした。ここから判明するのは、多岐にわたる職の価値低下と雇用の女性化がたんに同時発生しているばかりでなく、両者の間に構造的連関が存在するかもしれないということである。

製造業より低い熟練しか要求されない労働集約型サーヴィス産業において、こうした傾向がとりわけ鮮明に現れている。サーヴィス産業における雇用増加のほうが製造業よりも急速なので、雇用関係の非正規化がさらに促進されることになるのである。

よく知られている劇的な傾向のひとつが、パートタイム労働の増大であろう。米国の労働力人口のうち全パートタイム労働者の六〇パーセント以上は労働集約型サーヴィス産業に従事している。労働集約型サーヴィス産業はまた、今後一〇年にわたって新規雇用の最大のシェアを占めると予想されている部門でもある。(8) サーヴィス労働者はパートタイム労働に就く比率が平均的な労働者の二倍であり、過去一〇年間に非自発的パートタイム雇用が著しく増大している。

過去一五年にわたって雇用条件は急速に変化し、ますます多くの労働者がこの変化にさらされるようになっている。私の理解では、全体的傾向は雇用関係の非正規化に向かっているが、伝統的に「臨時」雇いとみなされた仕事ばかりでなく、多くの点で臨時でない高度な専門職もこの動きに含まれている。この点で、雇用関係の非正規化と臨時雇いを区別することは有用かもしれない。というのも、臨時雇いが労働者の無力さといった別の側面をも含意するのにたいして、そうした状態は高度な専門職につくパートタイムや派遣労働者にはおそらく当てはまらないからだ。この点は、さらなる研究が必要な課題である(Sassen 1994b, ch. 6 を参照)。

労働市場の再編成にともなう第二の傾向として私が指摘したいのは、労働市場機能の世帯やコミュニティへの移転である。このことはおそらく、移民コミュニティの場合にもっとも鮮明に現れている。だが、コミュニティや世帯と必ずしも密接ではないような労働市場にも、この傾向が認められる。それはまた、労働市場の機能に必要な費用の女性化(feminization)〔女性への転嫁〕を表すものでもある。

一人であれ数人であれ、いったん移民労働者がある職場に雇用されると、仕事に空きが出るたびに彼らは自分たちのコミュニティから仲間を呼び込む傾向がある。この点はすでに数多くの事例があげられている(Portes 1995; Mahler 1995)。また移民労働者は、こうして呼び込んだ仲間にたいして自発的に、ある種の実地訓練を行ない、言語を教え、社会生活に順応させて仕事や職場になじむようにする。この点もすでに実証されている。要するに、募集、選抜、訓練といった伝統的な労働市場の機能が、労働市場や企業からコミュニティや世帯に移転しているのである。こうして労働市場は、雇用主とコミュニティ・世帯が同じ空間で互いに依存しあう、ある種の活動空間として捉え直される。

雇用主と低賃金労働者との空間的依存が固有の地域性をもつ労働市場の形成にどのように寄与しているか、そしてまたこうして構成されたネットワークがどのように労働者の雇用機会を制限する効果をもつのかについてはすでに別稿で論じた(Sassen 1995a)。固有の地域性をもつ労働市場の形成やネットワークへの労働者の囲い込みは、企業内労働市場の崩壊やサーヴィス産業全般における技能要求の分極化傾向が進展するにつれて、きわめて重要な意味をもつようになる。その全体としての効果は、上昇移動機会のさらなる縮小である。(9) 移民労働者の場合、このような全般的力学は一目瞭然である。だが、実際にはこの力学はあらゆる種類のますます多くの低賃金労働者にその影響を及ぼしつつある。

この労働市場の再編成には、雇用中心型の生活不安と貧困、そして都市底辺層を拡大させる諸条件がともなっている。第一に、雇用関係の非正規化は、雇用主である企業にたいする労働者の権利主張を弱め、その主張の排除さえも可能とする。したがって、雇用関係の非正規化は、経済における労働の地位の弱体化と、極論すれば、労働の制度的周縁化を示すものとみることができる。第二に、労働市場機能がコミュニティや世帯へと移転することによって、貨幣に換算できない場合が多いにせよ、労働者にとって労働力参加の費用が高まることになる。(10) こうしたことはすべて、過渡期にある今日、新たな研究を必要とする課題なのである。

結論

都市の発展は、先進国経済のより大規模な組織化にともなう根本的な変化から切り離して理解することはできない。こうした変化を考察するひとつの方法は、社会経済組織がある様式から別の様式へとシステム転換される動きとしてこれを捉えることである。したがって、われわれが直面しているのは、フォーディズムが支配的だった時代の旧式の都市経済から、経済組織におけるサーヴィス集約化の進展にもとづき、都市空間がもつ戦略的に重要な構成要素に再び高い価値を付与する方向への転換なのである。

新しい都市経済は既存の不平等を強化するだけでなく、不平等を生み出す新たな力学をも始動させる。専門的サーヴィスや金融といった新たな成長部門は、伝統的な経済部門に比べはるかに高い利潤形成能力をもっている。伝統的な経済部門の多くは都市経済を運営し住民の日常的ニーズに応えるうえで不可欠である。しかし金融や専門的サーヴィスが高収益を得る状況のもとで、伝統的な経済部門は収益面で存続が難しくなっている。

主要都市では、社会経済的不平等と空間的不平等とが急速に拡大している。これをたんに不平等の度合いが量的に増しただけのことだと解釈することもできる。しかし、これを高度先進諸国の大都市における社会的・経済的再編成および新しい社会形態や階級的力関係の出現と解釈することもできる。インフォーマル経済が増大し、高所得層の商業地区や住宅街が富裕化し、ホームレスが急激に増加するといった現象はこれを端的に表している。

雇用と所得分配について観察される変化は、産業転換がもたらした帰結であるばかりでなく、企業組織や労働市場編成の変化によって生じた帰結でもある。主要部門、とりわけサーヴィス産業において格差が拡大している。一方には、資本・労働比率を上昇させ、生産性を高め、最先端技術の集約的利用をめざすサーヴィス産業群があり、他方には、労働集約性と低賃金を維持しようとするサーヴィス産業群がある。これらのサーヴィス産業群の間では、所得・教育水準の中央値も、いっそう発散しつつある。これらのサーヴィス産業群の特性は、それぞれの産業群内部にある種の累積的因果関係を生み出している。第一グループは、高賃金を与件としているがゆえに、資本・労働比率を高める圧力、そして生産性を高める圧力を経験しているが、第二グループでは、低賃金が資本集約型技術を活用するための障害となっており、低生産性はさらなる低賃金労働者の需要をもたらしている。こうした状況が今度は、これら産業群に備わる利潤形成能力の格差を再生産してゆくことにつながる。

土地利用、労働市場の編成、住宅市場、消費構造における分極化を主張するからといって、必ずしも中産階級が消滅すると言いたいわけではない。むしろ指摘したいのは、経済成長が中産階級を増大させるのではなく、不平等を拡大する方向へと力学が作用しているという点である。第二次世界大戦後の二〇年間に米国や多くの先進国経済が経験したのは、経済成長が中産階級を増大させる過程であった。全人口に占める中産階級の比重が大きい場合、中産階級が重要な回路の役割を果たして、所得とライフスタイルが収斂し、支配的な社会形態が形成される。だが今日、多くの主要都市経済で、中産階級に分断が生じている。中産階級は上昇するか、さもなくば没落するかのいずれかであり、その変化は、過去に経験したよりもずっと急激である。中産階級が拡大し政治経済的権力を獲得したのは、経済成長や利潤獲得の主軸に大量生産と大量消費がおかれていたためである。今日、それらにかわって新しい成長の原動力が姿を現した。これはたんなる量的な変化ではない。われわれが目にしているのは、新たな経済レジームの諸要素なのである。

（1）本章の最初のヴァージョンは次の文献に収められている。Enzo Mingione ed., *Urban Poverty and the Underclass*, London: Blackwell, 1996.

（2）一九八七年までに、対企業サーヴィスは五二〇万の雇用（全体の五パーセント）を提供し、建設業より大きく運輸・公共事業・卸売業とほぼ同規模の雇用者となっていた。対企業サーヴィスにおける新規雇用のほぼ半数は、人材派遣サーヴィスと、コンピューター・データ処理によるものである（Bednarzik 1990 を参照）。

（3）アペルバームとアルバンが企業・産業の分類法を提案する際に分類基準としたのは、「情報・知識集約性」、すなわち「生産物の性質、生産過程合理化にどの程度コンピューターを利用しているか、情報技術やコンピューター技術に組織がどの程度適応しているか、を反映する企業および産業の多元的な特徴」（Appelbaum and Albin 1990, p. 32）であった。

（4）　製造業は、たとえ主要都市における支配的な部門でなくなったにせよ、すべての先進国経済にとって、依然としてきわめて重要である。生産者サーヴィス部門が製造業なしに存続することはできないと主張する論者もいる(Cohen and Zysman 1987 ; Markusen and Gwiasda 1994)が、この問題で見解の一致はみられない(たとえば、Noyelle and Dutka 1988 ; Drennan 1992 を参照)。ドレナン(Drennan 1992)によれば、強力な金融サーヴィス・生産者サーヴィス部門は、ニューヨークのような産業基盤が衰弱している都市においても存続可能であり、またこうした部門が世界市場に強く統合されているために、地域圏との結びつきは二次的であるという。両者の立場の変形として私が長く唱えてきたのは、製造業は実際に生産者サーヴィス部門の成長を促進するが、製造業が同じ地域に立地しているか、それとも国内の別の地域ないし海外に立地しているのかには関係ない、というものである。第一に、たとえ製造業が、さらに言えば鉱業や農業も、生産者サーヴィスの需要増大に寄与しているとしても、グローバルに展開するサーヴィス企業の場合、実際の立地には二次的な重要性しかない。第二に、工場設備が地域的に分散すれば、とりわけ国際的であれば、複数の拠点をもつ企業にとって経営と資金調達が複雑になり、現実に生産者サーヴィスへの需要が高まる。ニューヨークやロンドン、パリに本拠をおく生産者サーヴィス企業の成長は、それが多国籍企業ネットワークの一部であるかぎり、世界中のどこに立地する製造業によっても支えられている。第三に、生産者サーヴィス部門の強みは、金融やビジネスの取引に支えられていることである。グローバル金融市場の多くにみられるように、こうした取引は製造業と関わりをもたないし、また合併・買収にみられるとおり、製造業はたまたま取引対象になるにすぎない。そして合併・買収の中心は、製造業自体の獲得ではなくむしろ企業の売買にある。

（5）　米国の情報・知識集約型製造業は、米国の雇用全体のわずか三・二パーセントを占めているにすぎない。

その他製造業は約二七パーセントである。「その他製造業」部門で雇用される女性は、情報・知識集約型製造業に比して、はるかに低い水準にとどまることに留意する必要がある。このことはある程度まで、電子組立ラインの女性化によるものである。

（6）小売業は四五〇万と、もっとも多い雇用数が予測されている。この雇用のほぼ半分は食品サーヴィス労働である（飲食店のレジ係や販売員であり、こうした職は低賃金で高等教育は求められない）。次が、四二〇万の雇用を追加すると予測される保健サーヴィスである。そのうちもっとも急速に成長している職種が在宅介護サーヴィスであるが、これもやはりほとんどが低賃金である。続いて、対企業サーヴィスに三一〇万の新規雇用が予測される。これは低賃金産業と高賃金産業の両者を含んでいる。対企業サーヴィスにおける成長産業のひとつが、派遣会社等の人材供給サーヴィスである。成長部門は他に運輸、とくにトラック輸送と倉庫業があげられる。

（7）米国では一九七三年以来、平均時給が停滞する一方、新しい専門職の給与が急激に上昇してきた。また一九九〇年の国勢調査に記されているように、所得の不平等はこの二〇年にわたって増大している。

（8）労働集約型サーヴィス産業の全雇用のうち、ほぼ三〇パーセントはパートタイム雇用であるが、情報・知識集約型サーヴィスでは一七パーセントである。パートタイム雇用は極度に集中し、レストランやホテル、小売店、教育で、パートタイム雇用全体の四五パーセントを占める。だが、これらは経済全体の雇用の二五パーセントを占めるにすぎない。また、小売業に従事する全労働者のほぼ半数は、パートタイム雇用であるのにたいし、管理職、経営職、監督職では一〇パーセントにすぎない。

（9）この空間的依存は、職場と世帯との関係や職場とコミュニティとの関係を中心としている。したがって、交換の力学は、あらゆる市場の構成要素とされるが、新古典派モデルの位置づけとは反対に、もはや労働市場機能の中心にはないのである(Sassen 1995a を参照)。国際的な労働移民の場合、こうした再概念化は、移民という行為を、ある特徴をもつ地域労働市場(送出国)から別の特徴をもつ地域労働市場(受入国)への移動とみなしている。求職パターンをこのように明確化すれば、求職モデルがしばしば暗黙の前提としてきた地理的次元、とくに低賃金労働者はほとんど地理的な移動性がないとする見方を変えることができる。だが、このように広範な領域で職を求めているにもかかわらず、たとえ長距離を移動し急場しのぎに不正規な輸送手段を用いたとしても、多くの移民は実際にはきわめて限られた制度的条件、すなわち地域労働市場という枠の中でしか移動できないのである。このようにみれば、ネットワークの役割は違ったやり方で概念化できる。移民ネットワークには空間的パターンがあるが、それを地図上の近接性によって特徴づけることはできない。さらにそのネットワークは遠大な距離に及ぶものの、必ずしもそのおかげで多くの移動機会が得られるわけではないし、またよりよい仕事に移るという点で、移民が受入国の人々と競合できるようになるわけでもない。このような効果を増幅するのが、サーヴィス雇用の分配に現れているような分極化傾向である。反対に、低級の仕事から上級の仕事へと移る長期の上昇移動経路といったものは、たいした影響を及ぼさない。

(10) ここに、サーヴィス経済の構成要素のひとつと関連する興味深い類似物をあげてみよう。つまり、伝統的に企業が担ってきた作業が世帯へと移転されているのである。家具や電化製品さえ購入者が組み立てるようになっている例がそれである(Gershuny and Miles 1983)。

第7章　インフォーマル経済——新たな発展と古い規制

最先進国の巨大都市においてインフォーマル経済が成長を遂げた結果、今日の経済と規制の関係にかんして新たな疑問が巻き起こっている。私が言う「インフォーマル経済」とは、国家規制の枠組外で生じる(その枠内には類似物が存在しているのだが)所得創出活動のことである。インフォーマル経済の範囲と特徴は、それが逃れている当の規制枠組によって定義される。こうした理由で、インフォーマル経済は、フォーマル経済との関係、つまり規制された所得創出活動との関係をふまえて、はじめて理解することができる。

経済発展にかんする主流派の理論(それを提起したのが近代化論であれマルクス主義であれ)は、最先進国においてインフォーマル経済が不可避的に出現する、とは予見していない。そうした理論も、先進経済における犯罪活動や所得の過少申告を斟酌してはいる。だが、そうした活動は、目新しい、あるいは説明不能の経済力学をまったく示していない、とみなされてしまう。たとえば、所得の過少申告も、国家の税制が施行されれば不可避的に生じる反応として理解されてはいる。それにもかかわらず、経済発展にかんする主流派理論は、先進資本主義の(たいてい都市)社会におけるインフォーマル経済の現象をいまだ適切には説明してはいないのである。

最近になるまで、インフォーマル経済を理論化する際の焦点となってきたのは、発展途上国の欠陥であった。つまり、近代化を完遂できず、都市への過剰移民を制止できず、また普遍的な教育・識字プログラムを実行できない、といった諸点がそれである。(1) 最先進国におけるインフォーマル経済の成長は、第三世界からの移民の結果として、また移民労働者の母国で典型をなす生き残り戦略が先進国で再現されたものとして、説明されてきた。こうした捉え方と関連することだが、安価な移民労働者の大量供給が利用できるがゆえに、服飾産業のような経済の「後進」部門が後進的にとどまる(あるいは残存し続ける)、と考えられた。こうした見方の双方をみれば、最先進国にインフォーマル経済がある場合、先進経済の現局面の本質からではなく、第三世界移民や経済の後進部門の存在からのみ生まれる、と想定されているということがわかる。

そうした議論が正しいと端から決めてかかるのではなく、むしろインフォーマル化の過程の中で第三世界移民が何らかの役割を果たしているのかどうかを批判的に検討せねばならない。移民は、コミュニティを形成する傾向にあるかぎり、インフォーマル化によって提供される機会をつかむのに有利な立場にあるかもしれないが、移民が必ずしもそうした機会を創出するとは限らない。そうではなくて、その機会が先進経済の構成から構造的に生じる帰結だ、ということが十分ありうるのである。本章で提示される議論は、戦後期の製造業を中心とした産業複合体の衰退とともに、サーヴィス業中心の新たな経済複合体の興隆を生み出してきた経済の構造再編を背景に見据えながら、インフォーマル化をとらえねばならない、というものである。[2] 仕事のインフォーマル化を促進する特殊な媒介的過程は、次のようなものである。つまり、(1)所得の不平等が増大し、それに付随して高所得・低所得階層における消費の構造再編が生じたということ、(2)商業空間、労働、補助的サーヴィス、そして他の生産要素にたいして基幹部門が急に高値をつけた都市を背景にした場合、上述の新たな消費の一部をなす財やサーヴィスの供給者は、必要な資源をめぐって競争することができない、ということである。そうした条件下では、部分的にせよ全体的にせよインフォーマル化することが、一つの選択肢となる。移民間ではなく、消費者間で所得不平等が拡大し、また、都市経済におけるさまざまな産業部門の企業間で利潤形成能力の不平等が拡大した結果、一連の経済活動のインフォーマル化がますます促進されてきた。所得ならびに利潤形成能力におけるこうした変化は、主要都市で発展する先進資本主義の現局面にとって必要条件となっている。これらの都市を支配しているのは、世界市場志向を典型とし、きわめて高い利潤形成能力に富む、新たな先進サーヴィス複合体である。したがって、こうした都市のインフォーマル経済に生ずる諸条件は、第三世界から輸入したとは到底いえないものである。

先進都市経済におけるインフォーマル経済の源泉を説明するために、(1)移民、および(2)経済全体における諸条件がインフォーマルな所得創出活動の過程の編成と拡大におよぼすさまざまな衝撃を考慮に入れておこう。こうした諸要因のどれをとっても、研究と政策の発展に特別な意味合いをもつ。経済全体の諸条件がインフォーマル経済の発展に大きな影響をもたらすならば、先進資本主義それ自体の本質の理解を深める必要がある。しかし、もし移民が大きな影響をもつならば、実際のところ、先進経済あるいはポスト工業化社会にかんする現代の発展理論を適切な解釈だとみなす必要があるかもしれないが、そうするとインフォーマル化のような現象が入り込む余地はなくなってしまう。同様にして、移民を主たる要因として扱うとすれば、もっとも露骨なやり口としては、インフォーマル経済を消滅させるために政策担当者は移民活動を管理すべきである、ということになってしまう。しかしながら、もし経済全体の諸条件が主たる要因として扱われるならば、私が論じるとおり、政策担当者はインフォーマル経済を異例として扱うことをやめるべきである。むしろ、彼らは、先進資本主義の必然的帰結としてインフォーマル経済を捉えるべきなのである。政策担当者は、他に類をみない規範からの逸脱としてその一部を扱うより、むしろ新たな規範が発展してきたということを認識するべきなのだ。要するに、この新たな規範を数十年前に発展した規制に適合させるように試みるぐらいなら、むしろこの規範に適した新たな規制を発展させるべきなのである。

どこか別のところで論じてきたとおり、規制の「侵害」というよりもむしろその「抜け穴」(fractures)という観点から考えるほうが有益だろう。経済過程は、ますます、現存の規制が設けられた際に前提としたモデルとはかけ離れてしまっている。この分離は、独自のはっきりした形態をとっているので、規制の侵害についてあれこれいっても始まらないわけである。インフォーマル経済を犯罪とみなさずに、今日の規制枠組のなかでその経済の存在を認識するのが不可能でないにしても困難であるということは、規制の「抜け穴」と私が呼んできたものを例証する事例なのである。(3)

インフォーマル化と先進資本主義の構造的諸条件の間の体系的な結びつきを認識するために、インフォーマル化を誘発する、あるいはそれ自体がインフォーマル化しやすい、さまざまなタイプの職種、企業、そして下請けパターンを形成する際の主たる成長動向の影響を論じよう。(4) インフォーマル化を測る明確な尺度は存在しないので、この過程の証拠を、きちんとした一連のデータから取捨選択することはできない。しかしながら、一貫した傾向を入手可能な証拠とつきあわせてみると、インフォーマル化のパターンならびに範囲、そしてその成長を促進する諸条件を基本的に理解することはできる。

インフォーマル経済の特徴とは何か

強制力をもつ一連の規則にしたがって所得創出活動の過程と成果を規制するために、国家介入が明確に実施される、経済活動向けの制度的枠組を背景にして、われわれはインフォーマル経済の操作的定義(5)を手に入れることができるにすぎない。それにもかかわらず、(私の用法による)インフォーマル経済は、たまたま規制の網にかからない取引を委細漏らさず含んでいるわけではない。その概念は、一〇代のベビーシッターといったようなある種の所得創出活動を含んではいない。それは、規制の網にかかっていないととりあえずは考えてよいからである。インフォーマル化を今日独自の過程にしているものは、制度的枠組に走る小さな抜け穴ではなく、むしろフォーマル経済で一般的に発生する活動のインフォーマル化である。たとえば、インフォーマル経済の研究者は、労働搾取工場がもっとも興味深いと考えている。というのも、そうした企業が規制にしたがっているという人々の予想に反して操業しているからである。今日の労働搾取工場は、前世紀のそれと似ているようにみえるかもしれないが、当時から保健ならびに労働にかんする規制が次々と施行されてきた結果、同じ労働搾取工場といえども、そうした規制がなく大部分の製造業がそこで行なわれていた一〇〇年前とでは、労働／雇用者関係の形態が異なっている。

他のものよりもインフォーマル化により適合する特定の活動が存在するけれども、そのインフォーマル化を決定するのは、そうした活動に固有の特質ではなく、むしろ国家規制の境界線である。この境界線が異なるので、何がフォーマルなのか、またインフォーマルなのかの定義もまた異なるのである。インフォーマル経済は、特定の一部門あるいは一連の諸部門をさして明確に定義されるのではない。インフォーマル経済は、また生存のためにだけ実行される一連の定型的な諸活動をさすのでもない。実際、インフォーマル経済の形成は、フォーマル経済によって創出される機会とそれによって課せられる制約条件にしたがって、変化するものである。インフォーマル経済の分析にたいする鍵となるのは、したがって、特定の時期に、それが包含する特定の活動をはっきりと描くことではなく、むしろ、規制政策や労働組合や執行機関のような制度から生まれる圧力があるにもかかわらず、インフォーマル化を可能にし、あるいは誘発しさえする基本的な力学を描くことである。

ここで肝要なのは、先進経済においてインフォーマル化を理論化するのに中心的な要素と考えられるものと、おそらくはかなり一般化できるインフォーマルな実践との間の区別を忘れずにおく、ということである。最初のものは、何が明瞭であるかを識別することを求め、また、それは、広範囲の規制枠組を有する最先進国において、その過程の本質を見極めるのに用いることができる。かくして、全米世帯の過半数以上がインフォーマルに生産された食物を消費しているという発見(Institute for Social Research 1987)は、それ自体、インフォーマル化を特徴づけるものではない。一般的に、インフォーマルに生産／販売されたサーヴィスと財をアメリカの世帯が利用しているという発見は、理論的な意味をもたらすと解釈できる以上に、はるかに広い条件を示している。たとえば、米国世帯の二七パーセント以上はインフォーマルに家屋改修をうけ、およそ二一パーセントはインフォーマルな露天商から財を購入し、一五・五パーセントはインフォーマルな造園サーヴィスを購入した等々である。

労働の占める地位、労働条件、ならびに経営形態といった、労働過程の特定の諸要因が、インフォーマル経済における規制をしばしば侵害するものだとマニュエル・カステル教授とアレハンドロ・ポルテス教授は指摘してきた。これら諸要因のひとつひとつをとってみれば、国家の制度的枠組に収まらないかもしれないし、どれもが規制の対象外となっているにしても、労働過程全体がインフォーマル経済の一部にあると判断する根拠として、それらの要因は必要ではないしまた十分でもない(6)。たとえば、労働の地位は、外国人であれ当該国の市民であれ、ある企業の従業員としてのアイデンティティとなっているものだが、ここから、その企業がフォーマルかインフォーマルかが決まるわけではない。原則的に言えば、合法的市民がインフォーマルな工場で雇用されることがありうる一方で、法律に完全にしたがって完全に規制されたフォーマル経済における仕事に、未登録の移民が雇用されることもありうる。(7) たしかに、米国では、インフォーマル経済に就業する未登録移民が多数存在するが、(8) たとえば、オランダにおける非合法の家事労働者の多数がオランダ市民であることも、(9) そして、イタリアのエミリア・ロマーニャの規制対象外の工場で働く労働者の多数がイタリア市民であることも、(10) また事実なのである。こうして、インフォーマル化が拡張するかどうかは、原則的に、移民労働者がいるかいないかに左右されるものではない。さらに、労働条件の観点からすれば、インフォーマルな仕事それ自体は、合法の仕事である。しかし、もしそういった仕事を家庭で行なうことが禁止されているのにもかかわらず行なわれてしまった場合、あるいは、さまざまな規則に抵触する工場でそれが行なわれてしまった場合、その仕事は非合法になってしまう。たとえ全労働者が適切に登録されていても、保健、解雇、労働、課税、地区規制、あるいはその他にかんする規制にしたがうことができない工場や店舗は、インフォーマル経済の一部となるのである。

インフォーマル経済の規模と地理的な広がりを測定することは、その境界線が移動し、フォーマル経済と相互作用してしまうので、とりわけ困難である。しかしながら、測定にかかわる問題は分析を妨げるものではない。インフォーマル化は、経験的な内容は変化しても、私が先に示した議論の方向に沿って特定化されれば、分析上はかなり一貫した意味を追究できる過程である。多様な部門におよぶインフォーマル化の過程は、共通の傾向を反映しているが、それこそ、その過程の仕組みを説明するのに役立つものなのである。

先進社会におけるインフォーマル化の諸条件

第二次大戦後に経済成長がとった諸々の形態（たとえば資本集約型、生産の標準化、そして都市化主導型の成長など）は、中産階級の大幅な拡大に寄与し、インフォーマル化をくいとめ、減少させた。こうした過程に付随する文化的形態は、巨大な中産階級が大量消費に専念することで生産の標準化に寄与するかぎりで、日常生活の構造を形成した。大量生産と大量消費は、第二次大戦以前よりはるかに高い水準の労働組合の組織率と労働者のエンパワーメントを促進した。一九六〇年代末から七〇年代初頭までを含む戦後になってはじめて、フォーマルな労働市場への労働者の編入が高水準に達したのである。(11)

国民的成長の原動力としての大量生産が衰退し、同時に、基幹経済部門としてサーヴィス産業へのシフトが起こったために消滅した社会編成はより広範囲に及んだ。なかでも雇用関係を形成したより大規模な制度的枠組が弱体化してしまった。先進社会におけるインフォーマル化の諸条件を理解するにあたっては、この背景が重要である。一九八〇年代の経済的原動力となった多種多様なサーヴィス産業には、賃金が高額化し、職種がより多様化し、労働組合が弱体化し、低賃金職種の大部分が何の保護も受けていない、という特徴があった。(12)製造業の衰退とともに、こうした動向にもとづいて、一九八〇年代の雇用関係を形づくった制度的枠組は変化した。雇用関係に生じた種々の変化によって、社会的再生産と消費の動向が再形成されたが、そこから、以下で議論していくように、経済組織や所得にフィードバック効果が生まれてきたのである。当初、同様のフィードバック効果は、中産階層を再生産し、雇用関係のフォーマル化に寄与したが、ここ最近、改めて所得階層の分散が顕著となり、雇用関係は不安定化しつつある。

経済構造の変容の全般的な帰結は、経済的分極化の増大傾向である。金融と専門サーヴィス業の増大は、とくに巨大都市を中心として、きわめて高い利潤形成能力をもつ膨大な企業群を生み出した。こうした企業が、商業空間、工業向けサーヴィス、エネルギーや企業向けサーヴィスといった他の要素の価格を決定している。こうして、高利潤をあげている企業のせいで、並の利潤をあげている企業がこの先生き残っていけるかどうかの見通しは、ますます不透明になりつつある。私の研究によれば、たとえ並の利潤をあげている企業が自らの財やサーヴィスにたいして家計や他の企業から生じる需要が安定しているか、あるいは増大しつつあったとしても、インフォーマルに事業展開していくことが、数少ない生き残り策の一つとなる。要するに、こうした企業が事業展開していく部門は、景気がよく、その部門にたいする新規参入者をひきつけるのに十分に需要が大きいかもしれないが、かりに大きな需要があったとしても、唯一の成功法は、インフォーマルに事業展開することしかない。[13] そのかわりに、限られた利潤形成能力しかない企業は、自らの業務のなかにインフォーマルな事業向けの下請け部門を引き受けることになるだろう。この選択肢を選んではじめて、下請企業はフォーマルに事業を行なうと同時に、その事業コストを引き下げることができるのである。[14]

本章で取り上げてきた分極化は、たんなる量的な変化を示しているだけではない。そこには、新たな経済レジームの諸要素が含まれている。[15] すでに指摘したとおり、分極化に向かう傾向は、(1)社会的再生産の構造、(2)労働過程の組織化、そして(3)その経済の空間的組織化において、新たな形態をとっている。

経済的分極化が増大すると、事業環境だけでなく、社会的再生産ならびに消費パターンも影響を受ける。中産階層は依然として多数派を占めているが、その拡大と政治経済的権力(経済成長と利潤を実現する際に大量生産と大量消費がもつ重要性)をもたらした諸条件は、所得構造の頂点と底辺を同時に生み出す新たな成長の源泉によって、とって代わられたのである。低所得人口の増大は、安価な財とサーヴィスにたいする需要を惹起する。インフォーマル経済はそういった需要を満たすのに役立ち、事実、こうした市場における安価な輸入品にたいして、競争力をもちうる。都市における高所得層の拡大は、注文生産の財やサーヴィスにたいする需要を惹起する。この市場では、食料や衣料から家具や家屋の改築まで、あらゆる消費形態におけるデザイナー文化が興隆している。注文生産の財やサーヴィスの生産ならびに分配、あるいはそのどちらかは、労働過程のどこかでインフォーマル経済に依存していることが多い。

高賃金ならびに低賃金の職の双方がかなり集中している産業の急速な成長は、消費構造のなかで明確な形態をとってきたが、今度はそれが生み出されつつある仕事や職種にフィードバック効果をもたらした。高賃金の労働力が新たな文化的形態と結びつきつつ拡大した結果、高賃金層居住地域のジェントリー化の過程が生じたが、それは、低賃金労働者の大量供給をどれだけ利用できるかに最終的にかかっているのだ。[16] 中所得層のジェントリー化が資本集約的だったのにたいして、高所得層のジェントリー化は労働集約的であった。前者の現象には、広い宅地化、道路と高速道路の建設、個人所有の自動車や通勤電車への依存、ありとあらゆる種類の装置や家庭用品にたいする明らかな依存、そしてセルフ・サーヴィス方式で運営されるショッピング・モールといった特徴がある。[17] 高所得層のジェントリー化によって、こうした資本集約型の計画の多くは、直接間接を問わず労働者に大きく依存した運営方式にとって代わった。同様に、都市の高所得者は、郊外の中産階層よりも、管理業務担当者の雇用にかなりの程度依存しているが、それには家族労働や機械の集中的な投入が伴うのである。

都市のセルフ・サーヴィスのスーパーマーケットやデパートにとって代わった高級食品店や専門ブティックの背景には、大規模で標準化された店舗などとははっきり異なった労働の組織化が存在する。労働の組織化のこうした相違は、小売と生産の両部面で明確である。高所得層のジェントリー化によって、大量生産や大量小売とはそぐわないことの多い財やサーヴィスが生まれた。注文生産、少量生産、高級専門品、そして趣味のよい食器などは、一般的には労働集約的な方法で生産され、小規模なフル・サーヴィスの販売店で売られる。労働搾取工場や世帯を含む、この生産における低コスト業務の下請け部門は、よくみられるものである。この市場にサーヴィスを提供する企業や労働のタイプは、中産階層にサーヴィスを提供する大規模デパートやスーパーマーケットとは異なっている。典型的なデパートやスーパーマーケットは、標準化された製品を販売するが、それは、その都市や地域の外部にある大規模で標準化された工場から仕入れたものである。小売業者と密接な関係をもつことは、注文生産者にとって、はるかに重要である。こうした生産者は、自分たちの製品ラインを設計する際に、特定顧客の情報が得られるかどうかにきわめて依存度が高く、また、小規模生産なので、輸送と国内流通の相対的なコストは上昇する。さらに、大量生産・大量流通とは異なり、注文生産・注文流通は、労働組合化を促進したりはしない。

巨大都市において低所得消費者人口が増大したことによって、また、小規模事業が普及し、低価格品を作る大規模で標準的な工場、それを売る大規模小売チェーン店から離れる動きが生まれた。低所得層の消費欲求が大部分満たされるのは、家族労働に依存し、最低保安基準や保健基準をまず満たしていない小規模工場や小規模の小売店があってのことである。たとえば、地元で生産される労働搾取工場の安価な衣料品は、低コストのアジアの輸入品にたいしても競争力をもつ。地下室で作られる安価な家具から「ジプシー・キャブ」や日帰りの家族ケアまで、製品とサーヴィスがますます多様化しているので、低所得階層人口が増大しても、その需要を満たすことができるのである(18)。

どんな巨大都市においても、そこに大規模な人口集中が生じ、また通勤者と観光客が一日も欠かさず流入するおかげで、小規模で低コストのサーヴィス業が可能になり、また普及する傾向にある。激烈な競争と低利潤とともに、人々の数それ自体が強い誘因となって、そうした業務を生み出している。そうした条件下では、労働コストが重要であり、低賃金職種がいっそう集中する可能性がますます高まるのである(19)。

所得不均衡の拡大がいかに消費構造を再形成するか、またこのことは翻って職業組織にいかに影響を及ぼすかについては無数の事例がある。需要シフトの影響は、フォーマル、インフォーマル経済双方に現れる（私の定義によると、インフォーマル経済の活動にはフォーマル経済の対応物があるということを想起せよ）[20]。しかしながら、典型的なケースでみれば、高所得であれ低所得であれ、消費者にサーヴィスを提供する企業の規模は、巨大な中産階層にサーヴィスを提供する事業よりも小さい。規模が縮小すると同時に、規模と範囲の経済を喪失することによって、企業がインフォーマル経済で事業展開するのに有利になるときもあり、また、企業がそうなることが必要となることも多い。この需要シフトに対応するのが、都市へ帰還してきた家庭内あるいは店舗内における注文生産色の濃い木材工芸品の増加、ならびにブティック向けのたいへん高価なデザイナーズ・ブランド品かたいへん安価な製品のどちらかを作る家内労働者や労働搾取工場の増加である。

所得不平等は、また、空間的にも現れる。低所得顧客向けのインフォーマル経済と同様、高所得顧客向けのフォーマル経済におけるサーヴィスが拡張してきた。タクシー業と銀行業がこのパターンを示している。ニューヨークの金融地区でのみ営業する完全登録制のリムジン・ラインが登場したことは、低所得住民向けに営業するジプシー・キャブの増加ときわめて対照的であるが、ちなみに後者の営業地区は正規のタクシー運転手が行きたがらない地域である[21]。所得の分極化の空間的影響は、銀行の支店の分散から見ても明らかである。ニューヨーク州議会向けの最近の調査[22]によると、ニューヨークの都市中心部における商業銀行支店の開設と閉鎖を調べたところ、一九八〇年代初頭よりはるかに大規模な銀行支店の閉鎖の波が押し寄せていることが明らかとなった、という。[23] 以前の支店閉鎖は、低所得地域で急増したのにたいして、今回の波は中所得上位層の居住地域にまで影響を及ぼしている。[24] 五つのニューヨーク市の主要銀行の支店閉鎖のうち、一件を除けば、すべてがマイノリティ人口が五〇パーセントを超えるニューヨーク市近隣地区で生じた。[25] 同時期に、ニューヨーク市郊外や高所得地域で支店は増加した。[26] 銀行はまた無数の「個人向け金融センター」あるいは「個人向け銀行センター」をニューヨークの富裕地域に開設した。こうした支店の中には、金銭出納サーヴィスをうけるために、二万五〇〇〇ドルの最低預入額を要求するところもある。銀行閉鎖と開設が示しているのは、貧困層ないし中産階級の近隣住民に提供するサーヴィスがますます減少する顕著な傾向であるが、他方、富裕層向けの一連の特別なサーヴィスを提供する例も増えてきている。このトレンドに低所得地域では対応して、フォーマルないしインフォーマルな小切手融資業と多様なインフォーマルな融資業が急速に蔓延している。

要するに、上述のような成長傾向は、広範な活動のインフォーマル化を促す。主要都市でとりわけ明白なインフォーマル化にたいする誘因には次のものが含まれる。(1)高所得人口が増大することによって、きわめて高価格の注文サーヴィス・製品にたいする需要が増加した。(2)低所得人口が増大することによって、きわめて低コストのサーヴィス・製品にたいする需要が増加した。(3)最終あるいは中間購買者のどちらかである企業から注文サーヴィス・製品にたいする需要が生まれるため、あるいはそこからの流出がかぎられているため、それに対応して下請けが増加した。そして、(4)主要産業の急速な成長と強力な集積パターンによって、土地が激しい圧力を受けている背景のもとで、企業の入札競争力がますます不平等になっている。所与の地代と生産費の上昇のもとで競争を勝ち抜くのがますます難しくなっている低利潤率の企業がおしなべて生産する多種多様な財とサーヴィスにたいする需要はたえることなく存続するため、かなり幅広い経済活動や経済圏において、インフォーマル化が促進されるのである。インフォーマル経済の存在は、翻って、コスト削減を求める企業にとって魅力的なものとなる。競争に生き残るために必ずしもインフォーマルに事業展開する必要のない企業も、それにもかかわらず、利鞘を増加させ柔軟性を強化するために下請先を求めてインフォーマル経済に目を向けるのである。

インフォーマル化のパターンとその含意——要約

ニューヨーク市における私のフィールド調査によると、[27] インフォーマル化にはいくつかの循環的なパターンが存在することが明らかになった。第一のパターンは、インフォーマルに生産されるか販売される財やサーヴィスにたいする需要源泉にかんするものである。[28] 衣料、家具、建設、梱包、そして電子産業においてインフォーマルに生産される財にたいする需要の大部分は、フォーマル経済で事業展開する企業から生まれている。他のインフォーマルに生産される財やサーヴィスは、そうした活動が営まれるコミュニティに提供される。移民コミュニティは、その代表例であり、この第二の需要の大部分を生み出している。

私が見出した第二のパターンは、インフォーマルに生産されるか販売される財やサーヴィスの供給とそれにたいする需要にかかわるものである。こうした要因の一つは、特定産業、とくにアパレル産業において、低賃金の第三世界との厳しい競争条件下で、労働コスト削減のために生じる圧力である。この事例のインフォーマルな労働においては、極度の低賃金が準標準化した条件に結びついている。

建設業もまた同様のパターンを示している。ニューヨーク市の建設産業における需要と供給に影響を及ぼす一つの要因は、かつて低所得でしばしば荒廃していた当市の多くの地域が高所得の商業・居住地域に生まれ変わったために、修復、改築、そして小規模の新建築が量的に急増したところにある。米国における他の多くの地域であれば、そうした変化は大規模な新建築プログラムを含むものになっていただろう。だが、ニューヨーク市においては、それは、古い構造の修復によって、ほとんどが実行された。仕事の量、その小規模さ、その労働集約性、高技術水準の内容、そして各プロジェクトの短期的性格――これらはすべて、結果的に、インフォーマルな建築と修復事業の発生率が高くなることにつながったのである。

需給に影響を及ぼした他の重要な要因は、フォーマル経済で事業展開する企業が、特定の低所得顧客が有する需要を満たすのに失敗したところにある。彼らが提供した価格は、こうした顧客には高すぎるし、店の立地は遠く、あるいは、タクシー業の場合のように、本質的に売り手が買い手のところまで行くことを要するサーヴィスの場合、売り手は低所得の顧客に何のサーヴィスも提供できない。

インフォーマルな事業運営は、規制を受けた供給者が満たすのに失敗してきた需要を満たしたわけである。たとえば、インフォーマルな住民センターは、託児サーヴィスを提供し、低価格の家具メーカーは、地元の低所得住民に供給を行なう。

近隣におけるインフォーマルな事業クラスターの存在は、結局のところ、さらなる企業家が事業に踏み出し、あるいは事業を立ち上げる誘因となる集積の経済を創出するかもしれない。ある観察によると、自動車修理「地区」、サプライヤー「地区」、あるいは規制されたものもインフォーマルなものも含む小規模製造業者のクラスターが、製造業向けの指定区域でない地域に編成されている。こうした地区が磁場になりうるのだ。こうした地区が存在すると、特定の近隣地区では参入コストがフォーマル経済よりも低くなり、しかも、そうした立地には自分たちの提供する財やサーヴィスにたいして市場が存在することに、他の将来の企業家たちは気づくのである。もしインフォーマル企業が、相対的に安価な労働がどれほど身近にあるかどうかにしたがって自らの立地を選ぶものであるならば、他の企業は、インフォーマル企業の存在そのものを手がかりにして、インフォーマルな「就業斡旋所」が周囲に存在していると理解するのである。

インフォーマル経済で明らかな第三のパターンは、立地制約の影響にかかわる。いくつかの企業にとっては、低賃金がニューヨーク市を立地として選択する第一の理由となっている。それ以外にも、ニューヨーク市は、その最終市場あるいは中間市場にアクセスできるというような付随的な利益をもたらすかもしれないが、こうした企業はまずは労働コスト次第で動いている。低賃金移民労働者を利用できるので、こうした企業は、急速な生産回転率を誇る第三世界の工場と市場で競争していくことができるのである。こうした企業がアクセス可能な立地は、ニューヨーク市だけではない。ニュージャージー州の郡のなかには、ヒスパニック系住人の急増につれて、衣料を製造する労働搾取工場と家内工場の急成長が生じてきた地域が何か所もある。

別の企業にとっては、立地の選択はたんに低賃金労働供給の問題にとどまらない。注文生産に従事したり下請けを引き受けたりする多くの工場は、以下のようないくつかあるいはすべての理由から、ニューヨーク市に結びつきを有している。(1)需要は地場向けで、特定顧客向けである。(2)事業の本質からいって、デザインと専門サーヴィスがいつでも手にはいることが必要である。(3)きわめてダイナミックな経済環境全般と関連した購買パターンに、企業が依存している。そして、(4)企業は、現地の移民コミュニティの特殊な嗜好に応じている。これらの要因に制約される企業は、家内工業であれその他の企業であれ、顧客を抱えるためにはニューヨーク市にとどまらなければならない。しかしながら、効率的にニューヨーク市にとどまることは、こうした企業がインフォーマルに事業展開しなければならないということを意味するだろう。都会で事業を営むコスト、とくに土地コストが高くつくので、小規模の注文生産業者は、製造業向けに指定されていない空間に出店せざるをえないのである。

インフォーマル化の過程における第四のパターンは、職種の多様性にかかわるものである。インフォーマル経済にある職の多くは、非熟練のものであり、訓練機会を提供せず、繰り返しの単純作業を含んでいる。建設や家具製造におけるインフォーマル化の進展によって、そういった部門の労働者に再訓練を行なう必要が出てきた。インフォーマル経済に代表的な賃金水準はない。しかしながら、一般的には、雇用主や契約業者は、そうした技能にたいしてフォーマルな市場でなら払わなければならない分と比較考量して、賃金を節約しようとしているように思われる。

インフォーマル化と貧困コミュニティ

ニューヨーク市にかんする私の観察にしたがえば、当市の低所得コミュニティにおけるインフォーマル経済の成長にかんして、二つの政策上の疑問が生まれてくる。

第一に、政府はインフォーマル経済の成長をいかにして扱うべきか、というものである。もっとも簡単な行動指針は、規制を侵害する経済活動を残らず刑罰の対象とみなし、罰金を科し、違法行為をやめさせるというものである。事実、ニューヨーク市はそうした政策を制定してきた。(29) 市当局は、低所得コミュニティにある新聞スタンドや小さなレストランを閉鎖した。その結果、いくつかの利用可能な経済活動が消失し、こうしたコミュニティの公共空間における頼みの綱が失われた。経済的観点から見ると、刑罰の対象とすることは理解できない。そうする代わりに、ニューヨーク市のような都市では、新たな経済環境と以前の時代からある規制枠組の間の緊張関係を緩和するのに役立つ政策編成を見出さねばならない。そうした政策編成によって、政府と経済の幅広い相互作用が生まれるだろう。一つの事例として、区画立法措置は、先進経済で体系的に生じてきた所得創出活動の分極化に対処するように用いることが可能だろう。区画立法のために、低利潤部門にある企業は、マンハッタンのような場所でも、空間と他の投入物をめぐって競争できるようになるだろう。かくして、マンハッタンのいわゆるウェストサイド工業地区では、地代を低く抑えられたので、多種多様な工業向けサーヴィスが顧客に近いその地区に立地できるようになる。[30]より多くの空間を企業のオフィス向けに割り当てるのに、区画を再調整すること（それは一九八〇年代のニューヨーク市当局の主要な目標だったのだが）によって、こうした工業向けサーヴィスを提供する企業の多くが、倒産するか、部分的にあるいは完全にインフォーマル化せざるをえなかっただろう。

　ある地域をとくに低利潤部門の利用むけに区画として割り当てるような政策は、企業家向けコストを最小化する一方で、インフォーマルな活動を規制枠組の内部に押し込めることによって、こうした活動を「高度化」する誘因としようとして、企図されうる。既存の規則を施行しても、遵守には幾分時間がかかるとみる市当局の認識にもっと柔軟性をもたせることが、高度化には必要となろう。創業コストを埋め合わせる機会を有する十分に安定した企業より、低所得コミュニティの新規の小規模企業にたいして適用される規制遵守の敷居のほうが、低いものとなろう。修正された規制を遵守し、履行する取り組みを促進するためには、市当局は、長期の高度化過程の一部として、インフォーマルな事業運営に技術的・金融的支援を行ないうる。古い枠組がすたれたという理論にもとづけば、現在の発展の結果、柔軟な対応策を超えて、規制枠組のより劇的な改正を思い描くことすらできるだろう。[31]

私のニューヨーク市研究から引き出される第二の疑問は、なぜわれわれが低所得コミュニティにあるインフォーマル経済をあえて高度化しなければならないのか、というものである。

インフォーマル経済は、こうしたコミュニティで確実に経済成長を遂げる数少ない形態の一つである。製造業が衰退し、金融と特化したサーヴィスが興隆してくるにつれて、中心部のビジネス地区と郊外のオフィス複合施設地区に不均等に経済成長が集中してきた。経済成長は、低所得コミュニティを見捨てたと結論づけることもできよう。こうしたコミュニティを再創出し、近隣の自立的小経済(sub-economy)を再構成する頼みの綱をわれわれは見出す必要がある。経済成長の中心的パターンからこうしたコミュニティに成長をもたらす方法が生まれる兆候すら欠けている際には、この作業は、とりわけ重要になる。インフォーマル経済は、新たな高所得中産階層と低所得階層の住民の分裂(それは中産階層が都市から離脱したことによって深まったのだが)を架橋する。さらに、インフォーマル経済の活動は、犯罪の蔓延と、絶望ならびに選択肢の欠如から生まれる非行と対峙するものなのである。

われわれは小規模のベンチャーに代表される経済的活力を生かさねばならないし、また、そうしたベンチャーを高度化しなければならない。高度化は、政府に、あるいは政府と民間のパートナーシップに支えられてはじめて生じうる。企業地区があれば、企業が近隣に来てくれるインセンティヴをもたらす、といったように、多くのことが述べられてきた。しかし私はそうではなく、低所得の「コミュニティ地区」に全力を注ぐよう提案したい。そうすれば、低所得コミュニティですでに事業展開している企業の支えとなるからだ。コミュニティ強化地区は、近年の政権によって提案されているが、実際にこうした方向にかなり向かいつつある。私が思うに、インフォーマル経済に代表される地場企業の初期的な小複合施設をなくすことは、誤りである。というのも、地場企業は、こうしたコミュニティで確実に経済成長を遂げる数少ない形態の一つだからである。

結　論

さまざまな活動のインフォーマル化の起源は、経済全般の、そしてとくに広範な都市経済のなかに近年広がりつつある特徴のなかに、見出すことができる。中産階層の没落、高所得の専門家階級の成長、そして、低所得層の拡大は、どれもみな消費構造にたいして強い影響をもたらしてきた。翻って、仕事の組織は、新たな消費需要を満たすように深化してきた。インフォーマル経済の拡張を支える財やサーヴィスにたいする需要は、一部は主流の経済から、そしてまた別の一部は、かつては大部分が同質的な中産階層向け市場だったものの断片化から、生じる。この需要の別の部分は、主流の経済から財やサーヴィスを購入できなくなってしまった低所得コミュニティ内部の欲求から生じる。

第二の主要な動向は、さまざまな部門の利潤形成能力の不平等化の増大である。金融や専門サーヴィス、つまり主たる都市経済における支配的部門のような高利潤産業の増加は、大都市の下町区域において、商業用地の価格と他のビジネス費用を上昇させてきた。低利潤の小企業は、都市において自分たちの提供する財やサーヴィスにたいする有効需要を享受しているときですら、用地獲得競争を行なう余裕はほとんどない。こういった矛盾した条件を緩和する一つの方法は、インフォーマル化すること、換言すれば、居住区域の地下室のような商業や工業向けに指定されていない空間を利用することと、あるいは、国家指令による保健、火災、そして保安基準までには及ばない空間を利用することである。

第三の主要な動向は、今日の経済、とりわけ大都市において、空間を組織することにかかわっている。経済の主要部門は、都市の下町地区と郊外のビジネス複合施設に集中する傾向にある。低所得コミュニティではまず経済成長は生じない。この成長の不平等な空間的分配は、以前のどの時期と比べても、この一五年のうちに強まってきたし、今日はるかに強まりつつある。インフォーマル近隣経済の出現は、この不均整にたいする一つの反応である。

消費、利潤形成能力、そして空間組織におけるこうした傾向からわかるのは、米国におけるインフォーマル経済の拡大が、米国のような先進市場経済の現局面に不可欠の条件に、部分的にもとづいて生まれている、ということである。インフォーマル経済にたいして政策立案者がどのようなアプローチを適用すべきかどうかは、インフォーマル経済が先進資本主義の構造的特徴からまず生まれているのか、あるいはそうではなくて第三世界からの移民の例外的な特質から生まれているのか、に少なくとも部分的には左右される。たんにインフォーマルな仕事を犯罪と見なすことは、インフォーマル経済が本質的に例外であるならば、効果的であるかもしれない。だが、すでに論じてきたとおり、インフォーマル化は、今日の経済システムの構造に組み込まれており、とくに大都市ではそのことは明らかである。したがって、犯罪扱いしても、もっとも効果的な政策とはいえないだろう。所得と利潤形成能力がますます不平等化している背景のもとで、個人、企業、顧客、そして生産者が活用している柔軟性を最大化する一連の戦略として、インフォーマル化は現れているのである。その拡大をみるに、われわれは、新たな経済動向と古い規制の枠組の関係において一連の問題が増大しているという、より広い事実関係を注視せざるをえないのである。

（1）　たとえば、Lewis (1955)をみよ。

（2）　私のインフォーマル経済研究の大部分にかかわっている中心仮説がこれであった。たとえば、Sassen (1991a, pp. 283-99)をみよ。

（3）　たとえば、Sassen (1994b)をみよ。規制と経済の間の不確定な力学という、この考え方に適合する事例は数多い。私が用いる「抜け穴」(fracture)という概念は、特定の場所で作用するグローバリゼーションの過程によって生み出される特殊なダイナミクスを把握するためのものである。この発展の一つの帰結は、「規制」と「侵害」の双方が問題の多いカテゴリーであり、極論すれば、当てはまらない、ということである。分析上、この空隙は、境界線ではなく境界地帯として(つまり、少なくとも規制の観点からは明らかにされない活動／活動性のための領域として)考えられるだろう。グローバル都市は、規制の抜け穴の出現や形成にとって、とりわけ戦略的な領域なのである。Saskia Sassen, *The Global Movement of Capital and Labor*, The American Society of International Law, International Economic Law Interest Group Workshop on Interdisciplinary Approaches to International Economic Law (Feb. 24, 1994)における報告(著者所蔵)。

(4) 過去一〇年にわたる研究上の発見について詳細な説明を知るには、Sassen (1991a); Sassen-Koob (1987); Sassen and Smith (1992, pp. 372-93); Sassen and Grover (1986); Sassen and Fernandez-Kelly (1992)をみよ。本章で言及された発見は、これらの先行研究計画を基礎にしている。

(5) 「インフォーマル経済」は、「地下経済」として分類される数種の経済活動の一つである。地下経済のうち、少なくとも三つのまったく異なる構成要素を区別することができる。第一に、地下経済には、その本質からいって人目に触れるところでは実行できない犯罪活動が含まれている。第二に、地下経済には、合法的な所得形態にたいする課税回避が含まれる。今日のアメリカにおいて、入手できる情報から判断するに、とくに一九五〇、六〇、そして七〇年代初頭までの時期と比較してみれば、報告漏れの所得額は飛躍的に増加している。IRSの一九九〇年推計では、一九九二年の租税ギャップは、一一四〇億ドルに達しているが、その三分の二は個人に起因するものである、という。国内所得サーヴィス、所得税適格性調査—純租税ギャップならびに送金ギャップ推計などは、Publication 1415 (Supp. to Publication 7285)(Apr. 1990)で、Cong. Q. Research, Mar. 1994, p. 203からの引用による。第三に、地下経済には、租税ギャップを増幅するインフォーマル経済が含まれるが、それは所得の過少申告とは区別しうるものである。

(6) Castells and Portes (1989)所収。

(7) 一九八六年の移民法改正(Pub. L. No. 99-603, 100 Stat. 3359)における雇用者にたいする制裁は、雇用者が故意に未登録労働者を雇用した場合のこの条件を改変した。インフォーマル性は、この場合、経営の形態にある。

(8) Fernandez-Kelly and Garcia (1989, p. 247); Sassen-Koob (1989, p. 60); Stepick (1989, p. 111)を参

照のこと。

(9) Renooy (1984)を参照。

(10) Capecchi (1989, p. 189)を参照。

(11) Harrison and Bluestone (1988, ch. 1)を参照。

(12) これらの過程が米国、英国、そして日本で生じた独自の様式の比較のためには、Sassen (1991a, chs. 8, 9)を参照。

(13) これらの結論は、本章注(4)であげた調査にもとづいている。

(14) インフォーマルな事業運営で終わる下請け連鎖は、衣料、建設、クリーニング業といったいくつかの産業でごく一般的にみられる。一般的には、Zlolniski (1994)を参照。

(15) Sassen (1991a, chs. 9, 10)を参照。

(16) Sassen (1988, ch. 5)を参照。

(17) Blumberg (1980)を参照。

(18) Sassen-Koob (1987)を参照。

(19) たとえば、一九八〇年、大都市地域トップ一〇〇における貧困線以下の職種において、小売業における一パーセントの増加ごとに、〇・八八パーセントが平均して増加することになるという発見をしたSheets, Nord, そしてPhelps たちの研究は、この傾向を裏づけるものである。Sheets et al. (1987)を参照のこと。

(20) 本章注(5)前掲、p. 156 参照。

(21) Sclar et al. (1988)を参照。この報告の完全版は、コロンビア大学の都市計画学部が所蔵している。それについては、Sassen (1991b, p. 101 n. 52)でも次のように言及しておいた。

[Sclar, Grava, そして Downs の]発見によれば、実質的にどの黒人あるいは白人近隣地区にも、何らかの形で「ジプシー」あるいは「レンタカー方式の」タクシー業があり、これらはコミュニティのメンバーによって経営されているのが通例である。このように、黒人、プエルトリコ人、ハイチ人、韓国人そしてユダヤ教徒のユダヤ人のタクシー業が存在する。彼らの推計によると、現在のレンタカー業は、二万二〇〇〇台で編成されている。これらのうち法を遵守しているところも多いが、そうでないところもまた少なくない。他方、推計八〇〇〇台のジプシー・キャブのうち法に従っているものは一台もない。

(22) Leichter (1989).

(23) 初期の閉鎖の波が襲った結果、その国の基幹金融センターにあるいくつかの貧困マイノリティのコミュニティは、どのタイプの銀行も設置されないまま見放されたのだった。

(24) 一九八五年から八七年にかけて、あらゆる業務を営む五五の商業銀行の支店が閉鎖された。うち三四件は、一九八七年の一年間だけで起こった。これは単年度の閉鎖にかんしてはこの一〇年間で最悪の数値であった。一九八五年の二八件の閉鎖がそれまでの最高だった。Leichter (1989, Part II)を参照。

(25) この期間に、あらゆる業務を取り扱う商業銀行の支店が開設されたのは、わずか二件にすぎない。一件は、チャイナタウンの中国人所有の銀行で、もう一件は、黒人所有の銀行(Freedom National Bank)だった。後者の銀行は、人口の三〇パーセント以上を黒人が占めるニューヨーク市近隣地区で唯一開設された支店だった。地域の平均以上に黒人やヒスパニック系住人を有するどの郡でも、商業銀行の一支店当たりの住民比率は高まった。ブロンクスは、黒人ならびにヒスパニック系住人比率が全米最大であるが、一九七八から八七年にかけて二〇パーセント減という商業銀行の支店網の激減にもっとも苦しんだ区である。その時期に、あらゆる業務を取り扱う商業銀行の支店が四〇件閉鎖した。ブロンクスにおける一支店当たりの住民比率は、一九八〇から八七年の間に三〇パーセント上昇した。ブルックリンは、全米二位の黒人ならびにヒスパニック系住人比率を有しているが、一支店当たりの住民比率は、一九八〇から八七年の間に一四パーセント上昇した。今日、ブルックリンは全米一の住民比率を誇っている。一支店当たり一万五〇〇〇人の住人がいることになる。Leichter (1989).

(26) 銀行支店開設の七パーセント増加は、郊外人口の増加の関数としてみるだけでは、説明することはできない。一九八七年に、一支店当たりの住民比率は、他の区で一万二〇〇〇人、郊外では三〇〇〇人であった。Leichter (1989).

(27) 二次資料の分析、現地調査ならびに聞き取り調査にもとづき、ニューヨーク市区域におけるインフォーマル経済にかんして、私は次のような特徴を発見した。(1)インフォーマルな仕事といえば、組み合わせにはいろいろあるにせよ、衣料、アクセサリー、総合建設請負業、専門貿易請負、履物、玩具とスポーツ用品、家具ならびに木工品、電子部品、梱包と運輸などを含む、かなりの幅広い産業部門を含んでいる。(2)そうした事業展開は、また、雑貨包装、ランプの笠、造花、宝飾品作り、流通、写真版印刷、爆発物(たいていは爆竹)の製造などといった活動の中では、それほどは起こらない。(3)そうした事業展開は、人口密度が高く、移民の集住地区で行なわれる。(4)(織物業では顕著なように)一部の住人と商業機能の高級化が進み、「伝統的な」労働搾取工場活動にとって代わる傾向が現れつつある。そして(5)新たな顧客向けで、新たな形態の未登録の仕事がジェントリー化した地域で行なわれる傾向が大きくなりつつある。Sassen (1991a, ch. 9) ; Sassen-Koob (1987) ; Sassen and Grover (1986) ; Sassen and Smith (1992)を参照。

(28) 国民世帯調査から明らかなように、一九九〇年代半ばに、八三パーセントの米国の世帯はインフォーマルに生産され販売された財やサーヴィスを利用した。この消費の大部分は、家屋の修繕(二一四億ドル)、インフォーマルに売られた食品（一〇三億ドル）からなっていた。U.S. Department of Labor (1992).

(29) ニューヨーク市租税金融委員会はこの政策を発展させ施行したが、その目標は、回避を処罰することによって、市の税法を確実に遵守させることにあった。狙われたものの多くは、インフォーマルな仕事であった。New York State Legislature (1982); New York City Department of Finance (1986); Sontag (1995)その他を参照。

(30) Columbia University (1986)を参照。

(31) Cahn (1994)を参照。

第Ⅳ部　空間を超えて

第8章　電子空間と権力(1)

電子空間は、純粋に技術的な現象として、その意味で自己完結した中立的なものとして、簡単に理解されている。しかし、これは現象のごく一部を説明したにすぎない。私がここで論じたいのは、この技術的な理解から抜け落ちた論点である。つまり、電子空間は、社会を組織化するより広範な力学のなかに組み込まれているということが、それである。そのインフラストラクチャーの地理的力学のなかにせよ、サイバー空間それ自体の構造のなかにせよ、電子空間には、公開性と分権化と同様、権力、集中、そして異議申し立てが刻み込まれており、またそれらはそこでかなりの程度生み出されてもいる。かくして、インターネット(あるいはネット)の特殊な側面は、一部では、ネットの公開性と分権化を強化するソフトウェアを設計し、また、それを誰しも利用できるようにした初期コンピューター・ハッカー文化の一機能であることが、いままでのところよく知られている。また明らかなように、実業界がネットを「発見した」一九九四年以来、著作権(いわば初期ハッカー文化の反対物)を課すことによって、ネット上の諸資産を利用しうるソフトウェアを開発することをつうじて、ネットを商業化しようという試みが盛んであった。

この点で、われわれは電子空間を再理論化する必要があるし、また電子空間にかんするわれわれの思考を形成してきたインターネットの特徴から、電子空間を切り離して分析を加える必要があるように思われる。われわれは、この空間を分散的権力、つまり階層構造の欠如という特徴をもつと考えることが間々ある。インターネットは、おそらくはもっとも有名でもっとも注目すべき電子空間であろう。その特殊な属性から、分散的権力の観念が生まれるのである。つまり、分権化、公開性、拡張可能性、階層構造と中心の欠如、権威主義的あるいは独占的支配の条件の欠如である。

しかし、そのネットワークは、また、権力の別形態も可能にしつつある。金融市場は、大部分が私的電子ネットワークをつうじて作動しているが、権力の別形態の好例である。電子空間の三つの特徴、つまりスピード、同時性、そして相互操作性からは、インターネットとははっきり異なる結果が生まれてきた。こうした特徴によって、われわれが従来金融市場のなかに見てきたものをはるかにしのぐ強度と集中度を有する秩序が可能となったわけである。結果として、一九九四年一二月のメキシコ「危機」で明らかになったように、グローバルな資本市場は、現在、一国政府を統御する権力を有するに至った。電子空間(おそらくもっとも明瞭には金融の私的ネットワーク)においても、そして他の事例においても、新たな権力構造が編成されつつある。

ここでの関心は、電子空間が組み込まれている、しかも私のいうところのサイバー分断(cyber-segmentations)の実現をつうじて組み込まれている、という仮説を精緻化することである。ここでの焦点は、とりわけ、経済的な電子空間とその経済の成長部門のデジタル化におかれている。こういった焦点をおけば、一連の特殊な分析経路をつうじて、経済空間が組み込まれているという、より広い考え方に行き着くことがわかるであろう。こうした経路がどのような軌跡をたどるのかは、電子空間にたいする見方というよりむしろ実践の領域に依拠している。それは、研究調査の手始めであり、新たな理論的構想の諸要素を表すにすぎない。この分析は、他の型の電子空間のために用いられうるし、実践の領域は研究の課題となる。ここで私は、電子空間の組み込みが把握されうる三つの方法を検証する。

（1）完全にヴァーチャル化された企業も完全にデジタル化された産業も存在しない。高度にデジタル化された主要経済部門は、インフラストラクチャー、つまり必要な労働資源、才能、そして建造物が著しく集中した戦略的な拠点を必要としている。このことは、金融だけでなく、デジタル化された生産工程を利用し、デジタル化した生産物を生産しているマルチメディア産業にも当てはまる。

（2）電子空間にたいするインフラストラクチャーの分配において激化する不平等は、私的なコンピューター・ネットワークにせよネットにせよ、すべてが現実の場所と電子空間の双方において、中心性の新たな地理的力学に貢献しつつある。それは、電子空間にたいするアクセス、また、電子空間の内部では高性能な部分や側面にたいするアクセスを条件として成立する。

（3）公的なネットワークの商業化と私的なネットワークにおける権力の階層上の集中は、私がいうサイバー分断を生み出しつつある。それは、不平等と権力の力学の表現である。これら三つの主題の検証の後に、最後の節では、空間と権力にかんするより広範な議論に、これらの問題を統合することにしよう。

電子空間の場(topoi)——グローバル都市とグローバル価値連鎖

電子空間をつうじて履行されつつある広範で新たな経済地政学は、大部分が非電子的な空間に組み込まれているはるかに広範な経済連鎖の一つの契機であり、一つの断片である。完全にヴァーチャル化された企業も完全にデジタル化された産業も存在しない。金融のような最先端情報産業ですら、わずかな部分が電子空間に組み込まれているにすぎない。また、ソフトウェアの設計というようなデジタル製品を生産する産業もそうである。経済活動のデジタル化は、主要な国際的な企業や金融センター、現在先端の技術水準にある情報通信によるデータ処理(telematics)から知的才能まで、それらが集中させているあらゆる物質的資源を消滅させたわけではなかった(Sassen 1994a, b; Pillon and Querrien 1995; Rotzer 1995)。

それにもかかわらず、情報通信によるデータ処理やグローバル化は、経済空間の組織化を改めて生み出す根本的諸力として現れてきた。この再形成は、経済活動をいっそう空間的にヴァーチャル化することにはじまり、経済活動にたいする建造環境の地理的力学の再配置にいたるまで、広がっている。

電子空間のなかにせよ建造空間の地理的力学のなかにせよ、この再形成には、組織的・構造的変動が含まれている。情報通信によるデータ処理は、地理的分散の可能性を極大化するし、また、グローバル化には、そうした分散の牽引力／利益を極大化する経済的論理がつきものである。

こういった変容の一つの帰結は、経済的活動がグローバルな規模で地理的に分散し、そして情報通信によるデータ処理によってますます場所と距離を無効化するというイメージで捉えられてきた。しかし、それは、無数の経済的活動が空間的に分散すると同時に情報通信によるデータ処理によるグローバルな統合が進むという組み合わせであり、そのために世界経済の現局面における主要都市が戦略的役割を果たしてきたわけである。

現代の主要サーヴィス産業にとって、都市は生産拠点となっているが、そこには、先進企業経済を経営するための活動、企業、そして職種のインフラストラクチャーが内包されている（Portes et al. 1989; Chen 1995; *Le Débat* 1994; Friedmann 1995)。専門サーヴィスは、内包された生産過程というよりはむしろ専門的な生産物の観点から、たいてい理解される。こうしたサーヴィス産業における生産過程にしっかりと目を向けてみれば、立地上の特徴のいくつかを把握できるし、また先進企業向けサーヴィスの集積にたいして新たな力学が生まれているという仮説を検証することができる。というのも、それらのサーヴィスは、生産複合体、つまり企業本社にサーヴィスを提供する複合体として機能するが、はっきりと現地に根ざしており生産にかかわる特徴を有しているからである。一般的に言って、企業本社そのもの以上に、この生産者サーヴィス複合体こそ、都市の立地から利益を生み出し、しばしばその立地を必要としている。

この集積に向かう力学は、グローバルからリージョナルまで、都市の階層構造のさまざまなレベルで作動する。グローバルなレベルでは、グローバルな支配のための能力を生み出すインフラストラクチャーやサーヴィスの提供を集中させている都市もある。後者は、(工場であれ、事務所であれ、あるいは金融市場であれ)経済活動の地理的分散が所有や利潤配分の継続的な集中のもとで生じるには、決定的である。グローバルな支配のためのこの能力は、経済活動のグローバル化の構造的な側面にただ包摂されているだけではない。それは再生産される必要がある。巨大企業の恐るべき権力、あるいは何らかの「国際的な経済システム」があると仮定するだけでは、または当然視するだけでは十分ではない。

世界的な貿易と銀行業の中心として長い歴史があると時にみなされるが、それを越えて、こういった都市が現在果たしている機能は、以下のとおりである。

・世界経済組織における司令部
・この時期の主要産業(金融や企業向けに特化したサーヴィス)のための主要な立地と市場
・そうした産業で技術革新を生み出す拠点

最先進国の主要都市において、金融業向けまたは企業向けサーヴィス機能が継続し、しばしば集中と特化をますます強めているのは、大部分、戦略的な発展である。まさに情報通信の進歩によって領土的な分散が促進されるといった理由から、中心に向かう活動の集積が甚だしく拡張したのである。

このことをはっきりと示しているのが、世界の基幹情報通信企業の事例である。グローバルな範囲で業務が展開されるとともに、グローバルな規模でつなぎ目のないネットワークがいまだ確立していない、ということは、多国籍企業が自らの情報網の管理運営を外部委託することがいっそう安価で容易なものになりつつある、ということである。たとえば、金融サーヴィスでは米国の最大手の一つ、J・P・モルガンはブリティッシュ・テレコム（BT）北米支店と契約を交わし、ターミナルとホスト間の海外ネットワークを取り扱うことになった。そしてBT北米支店は、ジレット社と契約し、一八〇か国に広がるその情報通信網業務を管理運営することになった。AT&Tは、一六か国のジェネラル・エレクトリック社向けにネットワーク・リンケージを提供している。このネットワーク・サーヴィスの広がりをみれば、こうしたすべての主要な情報通信企業の中心的機能がますます複雑で重要になってきたことがわかる。

ここには、集積の古いパターンの継続ではなく、集積の新たな論理が展開している。私がグローバルと呼んだ都市の型において経済的中心地がいかに編成され、いかに継続されるかは、二つの主要なプロセスがどのように交差するかにかかっている。つまり、（1）全産業組織におけるサーヴィス集約化、ならびに（2）経済活動のグローバル化がそれである。サーヴィス集約化とグローバル化は、ともに新しい情報技術に依存し、またそれによって形成されており、また、双方が都市空間に影響を及ぼしてきたし、今後もそうし続けるであろう。一般的にみれば経済組織におけるサーヴィス集約化によって、そしてそれに加えて、情報技術が利用可能となる特殊な条件にしたがって、都市は戦略的な「生産」の拠点として再浮上するのである。その役割は、大規模大量生産を行なう製造業が支配的な経済部門となった際に都市が失ったものであった。こうした情報を基礎とした生産過程をつうじてはじめて、中心性が構成される。それにもかかわらず、大多数の企業と経済活動は、こうした主要中心地には位置しない。これは、戦略的な立地なのである。

中心性は、依然として経済システムの主要な特性であるが、中心性の空間的な配置は、新技術とグローバル化によって、根底から変化を被ってきた。このことから引き起こされる疑問は、(1)距離と場所を無効にする、またグローバルな規模でそれを実現する技術から取引シェアが生まれる経済システム、また(2)中心性をある型の建造環境と都市形態のもとで歴史的に具現化してきた経済システムにおいて、今日、中心性を構成するのは何かというものである。経済的グローバル化と新しい情報技術は、中心性とその空間的配置を変更するだけではなく、中心性のための新たな空間をも創出するのである。われわれが目にしているのは、情報通信によるデータ処理と集約的な経済取引によって構成される超領土的な「中心」の編成なのである。都市間レベルにおける中心性のこうした新しい地理的力学のなかでもっとも強力なものは、主要な国際金融センターならびに国際ビジネス・センターである。とりわけ、ニューヨーク、ロンドン、東京、パリ、フランクフルト、チューリヒ、アムステルダム、ロサンゼルス、シドニー、そして香港がそれにあたる。しかし、この地理的力学は、現在、サンパウロやメキシコシティをも包摂している。こうした諸都市において取引は著しく集約化し、またそこに含まれた強度の序列も同様である。

経済の空間的組織と経済的権力の空間的配置に関心を抱く政治経済学者として、私は、新しいグローバル情報経済における場所とインフラストラクチャーに焦点を据えれば、電子空間の組み込みにかんする疑問にたいして概念的・実践的な突破口が創出される、と考える。それによってわれわれは、場所/インフラストラクチャーの物質性が、場所と物質性を無効にする技術ならびに組織形態と交わる、その地点を精査できるのである。そしてそれには、電子空間を、つまり、伝達能力によって定義されるだけでなく、経済活動と経済権力のための新たな構造が構成されつつある空間を、精査する作業がともなうのである。

新たな中心性の地理的力学

コミュニケーション・インフラストラクチャーの地理的力学と電子空間それ自体に現れつつある地理的力学の双方において、明らかに不平等が空間的に現れつつある。グローバル都市では、インフラストラクチャーとそれに付随する資源が過度に集中しているが、その一方で、発展途上国の大部分の地域では、満足なサーヴィスは得られない。しかしまた、グローバル都市内部でも、中心性と周縁性の地理的力学が現れつつある。たとえば、ニューヨーク市は、光ファイバーケーブルを備えたビルが世界でもっとも林立しているが、その大部分は中心部にある。その一方で、低所得のアフリカ系米国人コミュニティであるハーレムは、マンハッタン中心部からほんの二マイル北にあるだけなのに、そういったビルはわずかに一棟しかない。そしてロスのサウス・セントラル地区は、一九九三年ロス暴動のあった地域だが、そこには一棟もない。これは、そうしたビルが存在する必要もない、ということである(*Information* 1995)。

こうしたアクセスの新たな不平等の地理的力学にかんしては数多くの事例がある。インフラストラクチャーには、莫大な資金が必要である。たとえば、推計によれば、たんに中東欧諸国のコミュニケーション・ネットワークを最新式に取り替えていくだけで、この先一〇年間に、一兆二〇〇〇億ドルがかかるとみられている。欧州連合(EU)は毎年二五〇〇億ドルかけてブロードバンドの情報通信ネットワークを敷設していくことになっている。さまざまな地域と国々、実際には大陸全土にわたって達成されるべき技術開発の水準は、どれだけの資源が公的・私的に利用可能か、また、その開発を誘導する電気回路構成がどの程度存在するかに、左右される。電話やFAXといったきわめて基本的な技術にかんしても、このことは明白である。一九九五年までに、最富裕国では一人当たり五〇回線を保有しているが、貧しい国々では、その数は一〇にも及ばない。米国では四五〇万台、日本では四三〇万台のFAX機があるが、ブラジルにはたった九万台、トルコやポルトガルにはそれぞれ三万台ずつ、そしてギリシアには四万台である。

このようにインフラストラクチャーがきわめて不平等な状況下にもかかわらず、世界的規模でのコミュニケーション・サーヴィスとコミュニケーション製品の取引は、顕著な成長を遂げてきたのだった。技術を「持てる者」がその成長の果実を享受してきた分、こうした不平等は悪化した。たとえば一九九〇年に国際電話の市場は五〇〇億ドルであったが情報通信装置とサーヴィスの市場は三七〇〇億ドル、一九九二年にはそれが四〇〇〇億ドルに上昇した。企業需要のほうは、こうした産業部門のいくつかにおける消費者需要よりも、ますます重要になってきている。

それからさらに細かい点がある。デジタル総合サーヴィス網(ＩＳＤＮ)の世界中への展開は、相互操作性や技術基盤にかかっている。この条件の双方とも、どこでＩＳＤＮが実際に利用可能になるか、厳しい制限を課する。たとえば調和が要求される共通通信政策が存在するヨーロッパにおいてすら、ＩＳＤＮの展開にはかなりバラツキがある。一九九二年までにフランスではそれは一〇〇パーセントに達した。ギリシアでは実質的に存在していない(Garcia 1995)。別の事例は一九九〇年代初頭までに設立された秒速二メガバイト(mbps)の八チャンネルを提供する全ヨーロッパ・ネットワーク(General European Network)である。ただし、それはフランクフルト、パリ、ロンドン、マドリッド、そしてローマのノード間でのみ、つまり地理的な選択のもと、確立されるというものである。ヨーロッパにおける秒速二メガバイトの専用回線の利用可能性は、(一九九〇年代の初頭にかんしていえば)イギリスの四万回線からアイルランドの一七回線まで、きわめて不均等である。フレームリレー技術の事例もここでは同様に興味深い。多くの多国籍企業はネットワーク化の技術としてそれを利用するだろうが、あくまで主要数都市で利用可能であるにすぎない(Garcia 1995; Graham and Marvin 1996を参照)。

コミュニケーションにかんする経済価値が増大し、したがってその潜在的な利潤性が増大した結果、規制緩和と民営化に向けた巨大な圧力を創出しつつある。トップの市場参加者たちが最先端のコミュニケーション・システム政策を必要としているという事実は、巨額の資本と高水準の専門知識にたいする圧力を生み出している。このことが意味してきたのは、民間部門から生じる民営化圧力と、最先端のシステム(つまりトップの市場参加者たちに大部分の利益をもたらすことが十分にありうるシステム)を開発する公的資金の不十分さとの狭間に、世界中の公的な情報通信によるデータ処理企業がおかれている、ということなのである。国家管理を長らく志向してきたフランスやドイツといった国々においてすら、いまや、一部民営化を進めている。同様の発展は、日本、オーストラリア、ニュージーランド、シンガポール、インドネシア、そしてマレーシアといった多様な国々で生じている。とりわけ発展途上国では、民営化は、国家的なインフラ開発に必要とされる外資や専門知識を国家が手に入れるのに役立つと考えられている。かくしてメキシコ、アルゼンチン、ヴェネズエラ、インド、そして中国ですら、そうしたイニシアティヴを考慮に入れつつある。

国際機関の民営化に向かう動向もまた存在する。これを端的に示すのが、INMARSAT、つまりとくに貧しい国の船舶に通信サーヴィスを提供するために一九七九年に設立された国際条約機構の事例である。INMARSATがますます利潤のあがる活動(メディア、小型衛星、そして航空機向けサーヴィス)にまで拡張したので、それを民営化しようという圧力が生じた。この特殊な機関は、一九八〇年代半ば以降、年率二〇パーセントで成長している。

規制緩和と民営化は巨大企業とグローバルな提携の編成を促進している。さらに、新たな技術的発展は、情報通信、コンピューター、そしてテレビの間の収斂を促進し、その結果、巨大マルチメディア部門が誕生することになった。広範な技術革新と技術開発、すなわち、デジタル化、光ファイバー、圧縮、ナヴィゲーション用ソフト、パソコンの新たな能力、インターネットや他のインターネットのようなネットワークによって、このことは支えられ、そして可能になる。さらにグローバル企業は、電子データの交換、コンピューター統合生産、情報管理のためのデータベース、ヴィデオ会議の開催等々のような、世界的規模のつなぎ目のないネットワーク技術を必要としている。この結果、巨額の投資と専門知識が要求されるが、それはグローバルな市場参加者に有利となる。グローバル化は、新しいマルチメディア部門の主要な特質である。これらのグローバルな市場参加者と、彼らが入手できる最先端のインフラストラクチャーならびに技術は、企業と世帯のなかの技術的に「持てる者」と「持たざる者」の懸隔をただ拡大しうるにすぎない。

その一方で、主要な情報通信企業は、つなぎ目のないグローバルな通信ネットワークを世界トップ五〇〇企業に提供するように、利鞘の大きな外部調達市場の一部となるような地位を占めつつある。この市場は、推計年一〇〇億ドルに達しているとみられ、現在も急速に成長中である。AT&Tは、中間取引を省いて購入するためのコンソーシアムであるワールド・パートナーズ(World Partners)を設立し、日本の最大手プロバイダであるKDDとシンガポール・テレコムとの合弁事業を始めた(めったにふれられないことだが、興味深く政治的に重要なことは、距離を無効にする情報通信サーヴィスを供給するために、情報通信企業は土地というまさに物的なものを入手する必要がある、ということである。というのも、主要な技術は依然として光ファイバーケーブルであり、それがまた物的であるからである。ここには、政府が規制権力を発揮する可能性があるが、この点は脱物質化という流行のレトリックを用いれば見えなくなる)。

最後に、いったんサイバー空間にはいりこむや、利用者もアクセスにかんする不平等な地理的力学に遭遇することになるだろう。支払い能力のある人は、高速のサーヴィスを利用するだろうし、そうでない人は、たいへん「のろいコース」におかれる機会が増えるだろう。たとえば、タイム・ワーナー社は、顧客が高速のサーヴィスにたいしてかなり高額な料金を苦にせず支払うかどうかを確かめるために、米国における中規模のコミュニティで試験的な計画を実施した。そこでわかったのは、顧客、つまり、支払い能力のある人なら払うだろう、ということであった。次節では、こうした論点のいくつかを検証しよう。

サイバー分断の出現

電子空間のありうべき構造を概念化しはじめる一つの方法は、姿を現しつつある分断の形態を特定することである。少なくとも明確な三形態のサイバー分断が今日存在している。第一に、おなじみの主題であるが、アクセスの商業化である。第二に、支払った顧客向けに情報を分類し選択しそして評価する媒介手段の登場である。第三に、私的に「ファイヤーウォールに守られた」ウェブ上の企業ネットワークである。

アクセスの商業化にかんしていえば、問題なのは、課金サーヴィスがとる現在の形態ではなく、その先にあるものである。現在のアクセス形態は変化を遂げつつある。マイクロソフトは、インターネットの遅参者であったのに、いまや無料のインターネット・アクセスと閲覧アプリケーションを提供している。そして、世界最大の電話会社であるＡＴ＆Ｔが最近公表したところでは、自社の顧客にたいして無料でインターネットにアクセスできるサーヴィスを提供する、という。この産業の巨大企業によって提供されるこの無料アクセス・サーヴィスはどれも戦術的なものである。主要な市場参加者間には、まったく知られていない依然として未開拓の市場で、戦略的優位を獲得するために、大きな競争がある。過去におけるマイクロソフトの戦略は、標準を決めることができたが、それはオペレーティング・システムのためだった。今日の問題は、再度標準を決めることであり、しかも結局のところ、アクセスと閲覧ソフトの標準を管理し、そうして課金できるよう、無料でソフトウェアを提供することによって標準を決めるということなのである。

先頃、ヨーロッパ企業二〇社が結集して、インターネット研究集団というヨーロッパ機関を形成した。その集団には、公民両部門の主要な情報通信ならびにコンピューター関連企業が含まれている。それは、フランスの国立コンピューター研究所 Inria に本拠を置くだろう。ＷＷＷコンソーシアムのヨーロッパ支部は、電子商取引のようなグローバルな問題にかんしては、米国のウェブ・コンソーシアムと協働するだろう。それはウェブ上の英語以外の言語の利用にかんして働きかけるだろう。フランスの実業界ならびに政府のエスタブリッシュメントたちは、つい二年前にはインターネット全体をフランスのミニテル(Minitel)の一ヴァージョンとして片づけたのに、現在では、ウェブにたいしてかなりの関心を示している。Inria は、ウェブ研究のいくつかをCERNという原子力研究機関から引き継いだ。そこで、一九八九年にティム・バーナス＝リーによってウェブが創造されたのである。彼は現在MITに所属しているが米国とヨーロッパ双方の研究コンソーシアムの代表である。新たに形成されたヨーロッパ・コンソーシアムの関心の一つは、ネットスケープ社とマイクロソフト社(両者とも米国のコンソーシアムのメンバーである)といったようなライバル企業によって行なわれた改善によって、マイクロソフトやネットスケープ社のソフトをそれぞれに用いてしか読めないインターネットの独立部分を創出しない、というところにある。

われわれは、インターネットを管理し、民営化し、商業化する方法がどれほど追究されているかを過小評価するべきではない。『ビジネス・ウィーク』誌によると、インターネット関連の製品やサーヴィスからあがる収益は、一九九五年の三億ドルから二〇〇〇年までには一〇〇億ドルに達するという。そのうちおよそ四二億ドルは、電話回線へのアクセス料金と回線使用時間として消費者と企業によって支払われる額である。三つの主要なグローバルな提携が、全分野の顧客サーヴィスを提供することを狙って形成された。ドイツ・テレコムならびにフランス・テレコムは、もっとも新しくヨーロッパで通信事業に参入した企業であるが、第三のパートナー、スプリント社(Sprint)(アメリカで第三位の情報通信事業者)に四二億ドル共同投資する予定である。この提携事業には、二〇〇〇年までに五〇億ドルの売り上げが見込まれている。この提携は、グローバル・ワン(Global One)と呼ばれる予定だが、最先端の技術と多様な新サーヴィスを備え、単一のコンタクト・ポイントをつうじて広がる単一のグローバル・ネットワークを顧客に提供することになる〔二〇〇〇年一月にこの提携は解消され、グローバル・ワンはフランス・テレコムの完全子会社となった〕。それは国際情報通信市場の三つの部門に焦点を合わせるだろう。一つ目は、企業顧客向けの世界規模での音声・データ・ヴィデオ・サーヴィスである。二つ目は、テレフォン・カードのような国際消費者サーヴィスである。三つ目は、他の電気通信事業者向けの国際送信とサポート業務である。

商業化のメカニズムは現在利用できないかもしれないが、適切な課金システムを発明する多大な努力が払われている。米国では、一八〇〇年代の末に電話システムが始まったのであるが、その際、それがいろいろなネットワークのうち分散的で多数所有者のネットワークとして構想されたということは、想起するに値する。農民電話ネットワークや、相互扶助社会ネットワークなどが並存した。この状態は数十年間続いた。しかしその後、一九三四年に、通信システムを「国家独占状況」にあるとして定義し、AT&Tを独占的事業者として認可した通信法が可決された。AT&Tは六〇パーセントまで取扱高を認められた企業となっている。AT&Tが課金システムを発明し、実行してきた。そして今日、いまや公的な電子空間となったインターネットにたいするアクセスとその利用のための課金システムの問題に、多大な努力が向けられているのである。

世界的な規模で、インターネットへのアクセスをいままで提供してきたのは、たいてい小企業であった。世界のパソコン総数は、一九九五年に推計五七〇〇万台であったが、一九九九年までに一億台に達する見込みである(二〇〇一年には六億台を超え、二〇〇七年には一一億台に達する見込みである)。情報通信とコンピューターを取り扱う巨大企業は特典をしっかりと生かせる地位にある。なぜならば、インターネットは、世界の情報通信事業体によって所有されている光ファイバー幹線上に張り巡らされているからである。現在では企業向けにインターネット・サーヴィスの開発が進んでいる。たとえば、企業顧客からの収益のシェアは、AT&Tにとっては高まる一方である。電話事業からの収益の半分以上が、今日、消費者というよりも企業から生じている。

企業がインターネットのコントロールを手にする手段は、戦略的提携となるだろう。成長戦略とグローバルな提携は、コンピューター・サーヴィスと通話を供給するにとどまらず、データ送信、ヴィデオ会議、ホーム・ショッピング、TV、ニュース、そして娯楽にも向けられている。企業がグローバル市場で競争するために規模と技術を求めるにつれて、グローバルなIT産業でも企業の合併吸収が急増してきた。こうした取引は、一九九四年に記録された一八六一件から五七パーセント増えて、一九九五年には二九一三件という新記録の取引数に達した。この取引総額は、一九九四年の九〇五億ドルから四八パーセント増の一三四〇億ドルだった(『ビジネス・ウィーク』誌の一九九六年度のいろいろな号を参照のこと)。一九九五年には全部門にわたって急成長がみられた。最大の取引は情報通信部門で、二〇〇億ドルにあたる九八の取引である。もっとも活発だったのはソフトウェアとサーヴィス部門で、四四億ドルにあたる三五六の取引が行なわれた。ヨーロッパでは国民的ブランド名をもつ企業が外国企業に買収されるケースが増えている。ＩＳＤＮの専門知識(データ送信技術)と同様、インターネットの専門知識が豊富な企業も標的になりやすい。アメリカの企業は一一のヨーロッパの専門企業を買収した。ヨーロッパの上位二〇の取引中三分の二に、海外からの買い手が含まれている。

規制緩和は、サーヴィスの範囲とグローバルな提携の編成を拡大するために大きな一歩を踏み出すことである。しかし専門家の見通しでは、厳しいグローバル競争の時期を過ぎれば、数社の巨大な市場参加者が事業を独占するだろう、という。米国において、ＡＴ＆Ｔは、米国全土にわたるインフラストラクチャー、ならびに、サーヴィスへの料金を請求する所定の課金システムをすでに有している。

イントラネット――「ファイヤーウォールで守られた」要塞?

おそらくもっとも重要で新しい発展の一つは、企業自体の内部コンピューター・ネットワークをつくるために企業によってウェブと「ファイヤーウォール」が利用されることである。専門家のスタッフをそろえて従業員を訓練する必要があるので高くつくコンピューター・システムを利用するというよりは、むしろウェブを用いれば、ほとんど何の費用もかけずに、また、専門スタッフをそろえる必要もほとんどなしに、企業はシステムの能力を活用できる。企業自体の内部的目的のためにウェブを用いることによって、多額の資金を節約することができる。

これは公共財の私的な占有なのだろうか。とくに企業が節約できる莫大な資金という点に注目すれば、そういってよい決定的な要素が存在しているように思われる。「ファイヤーウォールに守られた」イントラネットは、電子空間の要塞なのだろうか。ウェブ上の私的なイントラネットの編成は、おそらくは、サイバー分断のより厄介な事例の一つである。ここではもう少しその詳細について述べておきたい。というのも、それはつい最近に発展したが、急成長をとげているものだからである。

一九九五年に企業が発見したのは、WWWが顧客、パートナー、そして投資家と意思疎通を図るのに優れたメディアであるということだった。おそらくは、最初のもっとも有名な事例は、国際運輸事業を展開するフェデラル・エクスプレス(Federal Express)にかんするものであろう。FedExは、顧客が直接FedEx自身の荷物追跡データベースにアクセスすることによって自分の荷物がどこにあるのか確認できるように、一九九四年一一月にウェブ・サイトを立ち上げた。それは大成功を収めた(そして自分の荷物がどこにあるのか知りたい人にとってはたいへん楽しいものだった)。一日におよそ一万二〇〇〇人の顧客がアクセスしているが、オペレーターにやってもらう代わりに、ウェブ・ページをクリックすることで、まさに自分自身の荷物を追跡しているのである。FedExの節約した資金は、二〇〇万ドルにまで上った。FedExは現在またイントラネットを構築している。今日社内で六〇のウェブ・サイトを運営している。

多くの企業がWWWを利用し、ファイヤーウォールで守られながら、内部ネットワークを構築しつつある。新しい社内動向や簡単にアップデートできるディレクトリのようなまさに初歩的な利用法を超えて、こうしたイントラネットは、企業のさまざまなデータベースにアクセスする機会を生み出し、これを社内の誰もが簡単に利用できるようにしている。こうしたデータベースが備えるコンピューター・システム、ソフトウェア、あるいは時間帯の種類にかかわらず、である。イントラネットの利用によって、企業は、意志決定に以前は事実上ほとんど役に立たなかったデータベースを、現在では利用することができる。こうしたイントラネットは、必要以上にかなり複雑なことが多く、きわめて高価で、かつ専門家スタッフを要する、ロータス・ノーツ(主要なコンピューター社内ネットワーク技術)のようなシステムとは対照的なのである。

私的なネットワークは、インターネットやWWWというインフラストラクチャーや標準を用いている。これは、他の社内通信システムと比べると、安価で、驚くべきほど効率的である。現在ウェブを用いるかなり単純な装置によってとって代わられようとしているネットワーク・システムを提供しているソフトウェア会社にとっては、こうしたイントラネットは脅威でもある。かつての社内通信システムといえば、大量のコードや特別なプログラム(たとえばロータス・ノーツ)を必要としたものだった。ウェブは、はるかに安価で単純である。一九億ドルの売り上げを誇るドイツのサップ社(SAP)は、企業にあるコンピューター・システム間の相違を無効にする複雑なプログラムによって、業界トップに登り詰めた。現在ウェブは、こうしたプログラムの大部分をはるかに速く安価なものにしよう。またロータス社やサップ社のプログラムは、こうしたシステムをカスタマイズしたり保守管理したりするのに、有料のプログラムを必要としている。さらに、ウェブを用いれば訓練費が安くつくのである。『ビジネス・ウィーク』誌のアナリストによると、ウェブのHTML(Hyper Text Markup Language)

という標準は、普遍的な電子コミュニケーション媒体として出現してきたし、数百万のパソコン・ユーザーがなじんでいる標準的なユーザー・インターフェイスとして役立っている。多種多様なコンピューター・ハードウェアのうえで同じ基本プログラムが利用されうるので、会社はソフトを書いたり保守管理したりするのに必要なプログラムがわずかですむのである。

どんな型式のコンピューターでもウェブ閲覧ソフトは動くので、どんな従業員でも同じ電子情報を閲覧することができる。ウェブを用いるイントラネットは、企業のあらゆるコンピューター、ソフトウェア、そしてデータベースを単一のシステムに統合するが、そのおかげで、システム上のどこにあっても、従業員は情報を発見できる。コンピューターとソフトウェアのメーカーは、そうした特徴を生み出すのに専心してきたが、いまだにそれを提供していない。いまや、ウェブにそうした特徴が現存しているということに、企業は気づいているのである。

イントラネットは(たとえば金融において)多年にわたって改善されてきた複雑な企業向けプログラムにとってかわることはないだろう。さらに、セキュリティや信頼性にたいする懸念は、いまのところ伝統的なプログラムほどセキュリティが高くないイントラネットの利用を制限するかもしれない。だが、より洗練されたイントラネットが開発中である。ある企業、たとえばシリコン・グラフィクス社は、ウェブ閲覧ソフトの元祖であるモザイクが開発されたとたんに、社内でウェブを用い始めた。今日ではその企業の七二〇〇人の従業員は、八〇〇の社内ウェブ・サイトに保存される一四万四〇〇〇のウェブ・ページにアクセスしているのである。ハイパーリンクをクリックするだけで、従業員は、ほとんど二四に上るデータベースを行き来できるのである。イントラネットのこの特徴がたいへん魅力的なのは、企業情報にたいする民主的なアクセスを提供しているからである。しかしながら、問題となるのは、企業収益を上げるために公共財を私的に占有することである。

このネットの企業利用は、ソフトウェア産業に変化をもたらした。まず、ソフトウェア・メーカーは、ウェブ閲覧ソフトと他のプログラムに力を入れ、ウェブを消費者向けメディアにしようと試みた。いまや、ウェブを利用する企業にたいしてイントラネットを構築しようという試みは増えつつある。『ビジネス・ウィーク』誌の予想では、イントラネット・サーバーを動かすソフトウェアの売り上げは、一九九五年の五億ドル以下から、一九九七年の四〇億ドルへ飛躍的に上昇するだろう、という。ちなみに、それは、インターネット・サーバー業界の四倍の規模に当たる。こうした数字には、あらゆるアプリケーション・パッケージ、プログラミング・ツール、イントラネットの他の必要物は含まれていない。どの巨大ソフトウェア・メーカー（ネットスケープ、マイクロソフト、サン・マイクロシステムズ、IBM、オラクル、コンピューター・アソシエイツ）も、また他のどの企業にかんしてもいえることだが、イントラネット向け製品を生産し、売り出している。このようにして、ウェブ上のサイトの「ファイヤーウォール化」は、加速的に広がり続けているのである。

結　論

電子空間は、情報伝達の手段としてのみならず、資本蓄積とグローバル資本の作動する主要な新舞台として、出現してきた。これは、電子空間が、社会、とりわけ経済を組織化するより大規模な力学のなかに組み込まれていることを示す一つの言い方にすぎない。

たしかに、インターネットは、権威主義的または独占的支配の可能性を制限する分散的権力の空間である。しかし、一九九四年以来明らかになってきたとおり、それは異議申し立てと分断の空間でもある（Lovink 1997 ; *Nettime* 各年版を参照のこと）。さらにネットワーク権力というより広い主題となると、大半のコンピューター・ネットワークは私的なものである。そのために必ずしもインターネットの特性/属性をもちあわせていないような多くのネットワークが視野に入ってはこなくなってしまう。事実この多くの部分が、集中権力であり、その結果、権力の分散というよりむしろ階層化が生まれてしまった。

インターネットと私的なコンピューター・ネットワークは、多年にわたって共存してきた。しかし近年技術的な変化が生じ、必然的に、ネットを再理論化し、たんにネットあるいは公的な電子空間というよりは、むしろ多元的な電子空間の問題に取り組まざるをえなくなった。ここで論じられた三つの主題、つまりグローバル都市と価値連鎖、中心性、そしてサイバー分断は、以下のような主要な新たな諸条件を経験的に詳述したものとして理解できる。

・基幹経済部門のデジタル化とグローバル化が増大してきた結果、資源、インフラストラクチャー、そして中心的機能が極度に集中し、一つの戦略的な拠点としてのグローバル都市が、新たなグローバル経済ネットワークに現れた。

・電子空間の経済的重要性が増したために、資本と企業権力のグローバルな同盟と大量集中が加速した。

・以上の条件から、公的・私的な電子空間において新たな形態の分断が進展した。

こうした発展をうけて、電子空間は、グローバル資本の作動と新たな権力構造編成のための拠点の一つとなったのである。

このことから、電子空間の二つの主要な主体、つまり企業権力と市民社会が、そこではつい最近までお互いにほとんど何のかかわりもなかったにもかかわらず、接点をもつようになりつつある。かつては、企業主体は、大部分、私的なコンピューター・ネットワークのうえで作動していた。一九九三年になっても、企業はインターネットを重要なものとしてはいまだ発見しておらず、ワールド・ワイド・ウェブ、つまり商業向けのありとあらゆる潜在的可能性を有したネットのマルチメディア部分は、いまだに発明されていなかった。そして、娯楽産業と企業向けサーヴィスのデジタル化は、爆発的に流行していなかった。
また、この背景のもとで、情報通信によるデータ処理産業がグローバルにそしてますます多くの経済部門で事業展開できるようにしてきた、規制緩和と民営化に向けた近年の顕著な動向を解釈する必要がある。それは、われわれのあずかり知らぬところで、産業における政府の役割を改変したが、その結果、故意にかそうでないかは別にして、新しいグローバルな企業主体の圧倒的な影響力にたいして、公益の多元性が抵抗できる拠点として、市民社会の重要性がいっそう大きくなってきた。個人から非政府組織まで、市民社会は、サイバー空間を下から精力的に利用することに関与してきたのである。

国民的な通信システムがますますグローバルなネットワークに統合されればされるほど、政府は制御不能になっていくだろう。政府は、企業がグローバルなネットワークから排除されそうになれば手助けに乗り出さざるをえない圧力を感じるだろう。というのも、そうなれば、グローバルな経済ネットワーク、つまりますます電子化するネットワークから排除されることを意味するからだ。外資が発展途上国でＩＴ関連のインフラストラクチャーを開発せざるをえないならば、こうした投資家たちの目標が、そうしたインフラストラクチャーの企画を支配し、形づくるだろう。もちろん、このことは、植民地帝国の鉄道開発を彷彿させる。それは、植民地領土の統合よりむしろ帝国の貿易を促進する目的に明らかに合致していた。海外投資へのこうした依存は、また、公衆の応用、つまり教育や保健に活用するための公的なアクセスにかんする関心を最小化する可能性がある。

今日、一国のあるいはグローバルなレベルで、こうした種々の問題を取り扱いうる公的機関はほとんどない。この能力があるのはひとり民間部門に、しかも主要な市場参入者にかぎってのことである。われわれは多国籍企業に支配される危険にさらされているが、彼らはグローバル市場にしか説明責任をもたない。大半の政府、非営利、超国家的機関はデジタル時代に突入する備えがない。政治システムは、大半の高度先進諸国においてさえ、前デジタル時代のやり方で運営されている。

一九九四年以降、政府の役割が縮小する一方で、グローバル企業とグローバル市場が電子空間の生産、形成、そして利用の面で獲得してきた圧倒的な影響力は、政治的空白を生み出した。しかし、それは不可避的な現象ではない(たとえばCalabreseの近著をみよ)。

デジタル化の進展は、大きく社会を変容させる新たな源泉なのだから、われわれは世界における持続可能で平等志向の発展の原動力の一つとして、それを発展させる必要がある。それは、社会、とくに平等と発展にかんする政治的論争の中心課題となるべきである。われわれは企業と市場が「発展」を形づくり、政策論争を支配するのを手をこまねいてみているべきではない。参加から遠隔治療まで、新技術のよい側面は必ずしも市場の力学から生じるとはかぎらないからである。

さらに、こうした技術は集中権力の拠点でも不安定化しうる。電子ネットワークの特性は、金融産業それ自体の制度内部で管理の危機要因を生み出してきた。このことを示す事例には枚挙にいとまがない。プログラム取引によって引き起こされた一九八七年の株式市場の暴落、六週間にわたって複数の市場において莫大な資本を運用してきたある若手トレーダーによって引き起こされたベアリングス銀行の破綻などである。

電子ネットワークが生み出した諸条件は、こうした新しい電子的な能力から最大の利益を引き出そうとした人々によって、つねに制御されるとはかぎらない。既存の規制メカニズムは、電子市場の特性に対処できるとはかぎらない。情報通信によるデータ処理に深く組み込まれているというまさにその理由で、最先端の情報産業は、国家だけでなく、統治にかんする文献のなかで流行している調和型の非国家中心的システムをも超えた、グローバル経済における支配の問題を解明するのに役立つ。

最後に、分散的権力の空間としてのネットは、商業化の圧力増大にも屈せず、生き延びうるだろう。しかしわれわれは、そうした商業化を遮断し、誰にでもアクセスしうるものとして、その表象を再創出する必要があるかもしれない。それは事実上の(つまり、必ずしも自覚的ではない)民主的な実践のための空間であり続けるかもしれない。しかしそれがそういった空間であるのは、経済の包括的な権力にたいする抵抗の形態として、また、今日その表象の一部である無制限の自由の空間というよりもむしろ階層的権力の形態としてのことだろう。インターネットの表象を批判的検討の俎上にのせる必要があることを示唆するのに十分な変化が、一九九四年以降生じてきた。おそらく、この表象を生むのに必要なイメージは、たんに自由や相互連結性という虚構よりも、むしろますます異議申し立てと抵抗にかかわる必要が出てくる。さらに、インターネットのきわめて重要な側面の一つは、市民社会がそれを積極的に利用したということであるが、このことはまた、環境保護運動家から米国のキリスト教連合のような原理主義者まで、ありとあらゆる社会諸勢力が利用者となるということを意味している。それは民主的な空間となっているが、多くの敵対する見方や動因のためにも、またあらゆる犯罪のためにも（それはしばしば「ブラック・ネット」と呼ばれるが）用いられるのだ。

われわれは、電子空間の歴史の特定の時点、つまり強力な企業主体と高性能のネットワークが私的な電子空間の役割を強化し、公的な電子空間の構造を改変する時代に生きている。しかしそれは、（まだ人口上は少数派としても）かなり広い基礎をもつ電子空間上の市民社会が出現しつつある時代でもある。これが異議申し立てのための発端となるのである。

（１）　本章のオリジナルは，*Journal of Urban Technology*, Vol. 4, No. 1 (1997), pp. 1–17 に掲載された。

第9章　国家とグローバル都市――場‐中心的な統治の概念化のための覚え書き

本章が再検討の対象とするのは、グローバル経済において国家の重要性が低下しているという命題である。この命題が力をもつのは、資本移動の激化が過度に強調され、ナショナルなものとグローバルなものが二律背反的であるとする概念が背景にあるからだ。本章では次の二点を明らかにする。(1)グローバルな経済システムの設計・現実化に参加することによって国家自体も変容してきた。(2)金融や先進的対企業サーヴィスといったもっともグローバル化を遂げた活発に移動する産業であっても、国家の領域内にある拠点を連関させるグローバルな網の目に究極的には組み込まれ、物的設備と労働過程を高度に集中させざるをえない。これらの多くは活発に移動する資本にとって戦略的に重要なものである。こうしたグローバルな網の目は、戦略的に重要でかつ資源や連関の集中度が高いため、ますます国際化する国家間システムが規制活動を行なう際の焦点となりうる空間である。しかしそのためには、規制の枠組および対象を少なからず変革する必要があろう。

グローバル化によって、経済統治の意味も、またそのための拠点も、変容してしまった。世界経済の長い歴史の観点から現局面を眺めるならば、そのおもな特徴は、情報技術の優位、それに伴う資本移動増大と資本の流動化、結果として生じる経済の基幹部門にたいする国民国家の規制能力の低下である。先端的情報産業、金融、先進的対企業サーヴィスといった本章が重点的に取り上げた事例は、こうした事態のよい例証となる。これらの動向は超国家的な経済空間をもち、その一部である電子空間は、旧来の法制や境界を無効にしている。しかし、この経済空間は、莫大な資源やインフラストラクチャーが集中する戦略拠点をも必要としているのである。こうした拠点は、国家の領域内に位置しており、グローバル経済にかんする一般向け解説でしばしば主張されるよりもはるかに移動性が低いのである。このことが暗示するのは、グローバル経済を統治することが可能であり、またそこで国民国家が役割を果たすことができるということである。グローバル経済において国家の重要性が低下しているという命題はたいていの場合、この可能性を見逃している。

本章では、グローバル化の裏面を検証しよう。資本移動激化と資本の流動化に力点をおく主流派理論は中途半端な説明にすぎないということを示すのがその目的である。さらにいえば、国家ないし非国家中心型の規制能力の問題、より一般的にはグローバル経済における統治と説明責任の問題に重要な意味をもつ事態にたいして、主流派理論は中途半端な説明しかできないのである。本章の焦点は一貫して、情報通信によるデータ処理が発達するにつれて地理的分散と移動の可能性が高まりつつある現代において、情報産業がいかなる経済空間をもっているのかにおかれる。本章で明らかにしたいのは、国家を超えた新たな経済過程のための経済空間が、主流派グローバル経済分析がグローバル／ナショナルの二項図式から導き出す想定と、多くの面で著しく食い違ったものとなっているという点である。グローバル経済における統治と説明責任の問題にかんしてより深い理解が得られるという点で、本章の考察は本質的に合理的なものである。

私の分析は二つの命題から成り立っている(より詳しい説明は、Sassen 1991a ; 1994b ; 1996a を参照せよ)。第一の命題は、グローバル経済が現実化する際の具体的過程は特定の場に存するというものである。これはもっとも先進的な情報産業にもあてはまる。グローバルな通信能力と、それを可能にする物的条件を区別する必要がある。

第二の命題は、情報通信によるデータ処理で可能となった経済活動の空間的分散が、現在の経済システムのような、管理・所有権・利潤取得がたえず集中化していく条件下で生じるならば、これは中枢機能の拡大をもたらす、というものである。より概念的に言えば、経済システムの集中化が強力に推進されるのに、物的集積がどこにも生じない経済空間などありうるのかと問うてもよい。

これら二つの命題から引き出される一連の分析によって、場と生産の問題、またそれゆえ経済のグローバル化における主要な過程が場に拘束されるという問題を考察してゆく。場への拘束性を再発見すれば、今日のグローバルな情報経済において国家がいかなる役割を果たすかについても、いくつかの側面が明らかになる。これは情報の生産物が高度な移動性をもつという議論において安易に見落とされていたのである。

しかし、先端的情報産業が情報通信によるデータ処理に深く組み込まれているというまさにその理由から、グローバル経済における管理の問題が浮かび上がる。すなわち、グローバル経済は国家を超越するばかりでなく、統治にかんする文献で流行中の非国家中心型協調システムをも超越しているのである。管理対象としなければならないのは、新技術によって迅速な取引が可能になった金融市場のようなとてつもない相手である。もっとも適切な例が外国為替市場であろう。為替取引は大半が電子空間で行なわれ、またその取引量は圧倒的で、中央銀行は為替レートにたいしてほとんど影響力を行使することができないのである。ここにみられる問題は経済が国家の領域を超えたことから生じたというよりむしろ新たな情報技術が生み出したものである。とりわけ取引速度が極度に高まったことが大きな要因となっているのである。

規制能力と経済空間――序論的覚え書き

現在の経済的超国家主義がもつ特徴は、統治問題を説明するうえで重要である。とりわけ重要なのは次の二点である(より詳細な議論についてはSassen 1996aを参照せよ)。ひとつは、今日の経済グローバル化の多くの主要な構成要素が、第二次大戦後の三〇年間と異なり、国家間システムを強化したわけではないという点である。ふたつめは、国家が依然としてグローバル資本の「諸権利」を究極的に保障するものであるという点である。すなわち、国家こそがグローバル資本の契約と所有権を保護するのである。

以下ではこの二つをそれぞれ簡潔に議論する。こうして文脈を整理したうえで、グローバル都市と新しい超国家的な都市システムが、グローバル経済における統治と説明責任の機構を実現するために潜在的に重要なものであることが説明される。

グローバル化と国家間システム

パクス・アメリカーナの時代には、経済の国際化が国家間システムを強化する効果をもっていた。製造業や原料採取といった経済の基幹部門が直面する国際貿易体制こそが国家間システムの大きな柱であった。米国の覇権がたびたび圧力をかけたにせよ、個々の国家は自国の経済政策を調整して、この国際経済システムの発展を助長した(しかし貿易に重点をおいた国家間レジームに当時すでにいくつかの部門は適合的でなくなっていた。この制約から逃れるために、ユーロ市場やオフショア課税回避地が一九六〇年代に生まれたのである)。

ブレトンウッズ体制崩壊によって生じた国際的な統治の空白を即座に埋めたのが、多国籍企業とグローバル金融市場であった。ここから生まれたのが、国家の役割が縮小したという見方と、非国家中心型統治システムにかんする議論である(Jessop 1990; Rosenau 1992; Young 1989; Kooiman and van Viet 1993; Leftwich 1994)。一九八〇年代の新自由主義が国民経済と国家間システムにおける国家の役割を再定義したとする論者もいる(Panitch 1996; Mittelman 1996; Drache and Gertler 1991 を参照)。さらに、先進国の国家構造そのものも、パクス・アメリカーナ時代の米国のような、国内の社会勢力に明らかに結びついた機関から、超国家的な合意形成に密接に関与する機関へと重点を移した。

国際金融と対企業サーヴィスに焦点を合わせることにより明らかになったのは、過去二〇年間、経済のグローバル化によって国家間システムが必ずしも強化されたわけではないという事実である。さらに、国際金融の優位は国家のみならず国家間システムの力すら及ばない規制の空白を生み出した。この点で、国際金融と対企業サーヴィスを分析すれば、国際化の初期段階における国家の役割と、(けっしてすべてではないが)いくつかの経済部門で明白になっている現在の経済活動のグローバル化との相違に注目せざるをえなくなる。

金融と対企業サーヴィスにみられる成長の力学と国家や国家間システムとの接合が弱まったことを説明するひとつの方法は、こうした産業の優位と密接に結びついた新たな価値付与の力学とでも呼ぶべきものを考察することである。新たな価値付与の力学とはすなわち、さまざまな経済活動とその生産物の価値ないし価格を新しい基準で規定することを意味する(より詳細な議論は、Sassen 1994b, chs. 4, 6を参照せよ)。われわれが目撃しつつあるのは、まったく異質な特徴をもった経済複合体の誕生である。そこでは、価値付与の力学と国家の公共経済機能との結びつきが、たとえばフォード主義的製造業と比べてずっと弱いのである。

資本のグローバルな権利の保障

超国家主義と規制緩和によって経済過程の統治に果たす国家の役割が減少したとしても、自国資本であれ外国資本であれ、資本の権利を究極的に保障するのが国家であることにかわりはない。国家を超えて活動する企業も、所有権や契約の保護をはじめ、伝統的に国家が自国の経済にたいして行使してきた諸機能が維持されることを望んでいる。国家を、他の組織には真似のできない技術的・行政的能力を体現するものと捉えることができる(Sassen 1996a)。さらに言えば、この能力は軍事力に裏づけられたものでもある。

しかし、こうした資本の権利保障は、特定の種類の国家、資本の権利にかんする特定の捉え方、特定の種類の国際的な法レジームのもとで行なわれる。これらはすなわち、世界でもっとも先進的でもっとも強力な国家、契約と所有権にかんする欧米流の概念、経済のグローバル化推進を意図した新たな法レジームである。(1)

規制緩和は、国家の役割を低下させるので、さまざまな市場や産業においてグローバル化を推進する決定的な方法であると広く理解されている。しかし規制緩和は、一方でグローバル化という事実と、他方で国家による契約と所有権の究極的な保障が依然として必要であるという事実の間で、うまく折り合いをつける手段と捉えることができる(Panitch 1996 ; Sassen 1996a ; さらに Negri 1995 を参照せよ)。金融業における主要活動および市場にたいする規制緩和は、国家に基盤をおく法レジームと、ますます多くの国々が世界経済の深化にかんして合意形成を行なっているという事実の間に、折り合いをつけるものとみなすことができる(Mittelman 1996 ; Trubek et al. 1993)。言い換えれば、規制緩和はたんに経済空間が国家の領域を超えるという問題ではない。形成されつつある超国家的な法レジームが国家の領域内で効力をもつという問題でもあるのだ。自国の法的領域をますます国際化させる先進国が存在する一方で、超国家的な法レジームがますます重要になり、これまで閉鎖的だった国内の領域に浸透しはじめているのである(たとえば Trubek et al. 1993 ; Aman 1995)(2)。新たな形態の経済活動にたいして法を制定するという点で、国家は依然として決定的に重要な役割を果たしているのである(3)。

超国家的な経済過程と国民経済の統治システムの間には不可避的に相互作用が生じる。国際金融や先進的対企業サーヴィス以外に規制緩和や超国家化が成長にとって重要である産業などほとんどない。金融の規制緩和によって明らかになったのは、規制緩和が国家の領域の一部を脱国家化する効果をもつということである。たとえば、米国の国際金融制度(International Banking Facilities)をその例と考えることができる。さらにより身近な例をあげるならば、製造業において生産が国際化される際のさまざまな形態を思い浮かべるとよい。たとえば輸出加工区は、とりわけ課税や労働法といった国家にたいする企業の義務を減免する特殊なレジームのもとにあるのだ(たとえば Bonacich et al. 1994 ; Gereffi 1996 ; Morales 1994 ; Mittelman 1996 をみよ)。グローバルな過程が具体的な場で現実化するかぎりそれは国家主権による規制の傘のもとで作動し続けるとはいえ、新しい超国家的なレジームのもとで、しばしば脱国家化された国家の領域でそうした過程が作動するのである。

超国家的なレジームの形成と国家の領域の脱国家化をつうじてこそ、国家が自国および外国資本にきわめて幅広い権利を保障することができるのである。これらの権利は国家的レジームをつうじて付与された権利に追加されることが多い。その意味で、規制緩和、ならびに経済のグローバル化を推進する同種の政策を国家の重要性低下の例とみなすことは断じてできない。規制緩和は、経済のグローバル化を推進し、グローバル資本に権利を保障するためにますます多くの国が採用している手段なのである。規制緩和その他の政策は新しい法レジームの構成要素であるが、グローバル化推進にかんして国々が合意するかどうかに左右されるものである。

新たな政策枠組の構成要素

情報産業のもつ経済空間に焦点を合わせることにより規制緩和の意味を詳述することができる。情報産業の重要な構成要素には、国家の領域内の特定の拠点に根ざすものもあれば、電子空間に位置して従来のあらゆる法や境界をくぐり抜けるものもある。

本章で扱う問題を統治にかんする幅広い議論のなかに位置づけるため、本章が土台としているより大きな研究計画に触れることにしよう。すなわち、先端的情報産業が拠点をおくグローバル都市などの国家より下位の構成単位を考察することで二つの条件が明らかにされる。それらはグローバル化によって課題となる統治問題の両端にあるが、従来のナショナル／グローバルの二項図式では捉えられないものである。この対照的な二つの条件とはすなわち、場への拘束性、および経済空間のヴァーチャル化である(本書第8章も参照)。

第一の条件によれば、グローバル都市における先端的情報産業に焦点を合わせれば、統治をめぐる議論に規制能力を生み出すことは可能かどうかという論点を導入することができる。つまり、固定資本を含む重要資源はグローバル経済に参加するために不可欠のものであるが、これらが戦略的に重要な場に集中することになれば、ここに規制能力が生まれる余地がある。こうした重要資源はかなりの程度、場に拘束される。これは高度な移動性をもつ情報産業の生産物とは対照的である。国家の規制能力は、高度な移動性をもつ生産物にたいする場合と、施設インフラにたいする場合とでは、かかわり方が異なる。施設インフラにはオフィスビルに配線される光ファイバーケーブルから専門的労働者に至るまで広範なものが含まれるが、それらはグローバル都市に集中して存在している。

もう一方の極端では、情報産業の多くが一部の活動を電子空間で行なうという事実から、管理問題が浮上する。新しい情報技術の主要な特徴、とりわけ途方もなく膨れ上がった取引量をいかに管理するかという問題である。取引量増大は、取引速度が上昇し、電子空間が旧来の法に束縛されないという事実から生じている。ここで問われているのはもはや、たんに国家がこうした過程を管理する能力だけではない。民間部門の側、すなわち、こうした電子市場を設置しそこで活動する主要な主体がそうした管理能力をもっているかということも、また問われているのである。この管理問題のよく知られた初歩的な例として、電子プログラム取引に起因する株式市場崩壊やグローバルに実行される投資や投資引き上げの決定があげられよう。ある通貨やエマージング・マーケットに投資したり、また投資をそこから引き上げたりする決定は、まるで世界的規模の群衆行動のようになだれを打って行なわれる。これらはすべて、グローバルな統合が進展し世界的規模で瞬時に意思決定できるという現実によって可能となったものである。最近のメキシコ危機とその後の動き、英ベアリングス銀行の破綻などは端的な例である。

場への拘束、および速度／ヴァーチャル化という二つの要因によって提起される問題は、ナショナル／グローバルの二項図式で通常想定される問題とはまったく異なる。本書の序章で論じたことを繰り返せば、このような二項図式から導かれるのはグローバルな経済主体にたいして国家の重要性が低下するという単純な命題だけである。グローバル化と先端的情報産業の通常の経済分析に見られる顕著な特徴は、次のような特定の側面ばかりを過度に強調することである。すなわち、生産物に注意を向けるが生産過程を軽視し、瞬時に世界中に情報伝達する能力に注目するが、この能力を可能にする基盤には目を向けず、そうした能力が国民国家の領域外に拡張する面ばかりを見て、生産物を規制する能力がないことを強調するのである。こうした強調はそれ自体まったく正しいのだが、グローバル化が統治にたいしてもつ意義を部分的にしか説明していないのである。

速度という新しい情報技術の主要な特質に焦点を合わせ、それが統治の問題にどのような含意をもっているのかを考察することにより、われわれがまったく新しい状況に直面しているということが明らかになる。これはグローバル経済における統治にかんする主流派の見方からは把握しえない問題なのである。この問題は、たんに一国家を超えた経済空間においてどのような協調体制を築くかということではなく、質の違う新たな要因なのである。すなわち、技術がもたらすさまざまな結果に政府も民間も対処することができないのは、そうした過程が速度を拠りどころとしており、これによって現在の経営・管理機構が時代遅れとなってしまっているからである。ここではこの論点にこれ以上立ち入ることはしない(より詳細な分析は Sassen 1996a をみよ。また本書第8章も参照)。

他方、場に焦点を合わせ、とりわけグローバル都市という特定の種類の場を考察することにより浮かび上がる事実は、グローバル経済に必要な資源の多くが活発に移動するわけでなく、原理的には有効な規制を行なうことができるということである。しかし、ここでいう規制とは、高度な移動性をもち電子空間を流通する情報産業の生産物を対象とするものではなく、物的・社会経済的なインフラに照準を合わせるものである。この命題に不可欠なのは、先端的情報産業の構成要素のうち場に拘束されるものがどれほどあって、そうでないものがどれほどあるか、言い換えれば、グローバル経済の構成要素のうちどの部分が場に具体化するかを理解することである。

グローバル化の文脈でインフラと生産複合体に再び焦点を合わせれば、国家の規制能力にかんする分析を、活発に移動する生産物とグローバルな情報通信に重点をおいた従来の理解とはまったく違ったやり方で行なうことができる。そうした分析に不可欠なのは、場および場への拘束がグローバルな経済過程において重要であるという点の詳細な検証である。本章の残りの部分でこの課題について述べよう。

グローバル経済における場と生産複合体

ここで展開される経済空間分析の核心は次の点にある。すなわち、グローバル経済システムを所与のものとみなしてはならず、むしろ諸経済のグローバル化を生み出す特定の諸条件を検証しなければならない、ということである。通信技術や多国籍企業の力ばかりでなくグローバル経済の裏面をも検証しなければならない、ということもこれに含まれる。

新たな情報技術と多国籍企業はグローバルな活動・協調・管理を行なう能力を有しているが、この能力は生産される必要がある。こうした能力が生産されるという側面に焦点を合わせることで、大企業や新技術の力という馴染み深い問題において無視されてきた視点を付け加えることができる。つまり、グローバルな管理の「実践」に重点を移すのである。実践とはすなわち、経済的な集中という状況におかれたグローバルな生産システムとグローバルな金融市場の組織および運営を生産し再生産する作業のことである。

生産者サーヴィスやとりわけ金融・先進的対企業サーヴィスは、グローバル経済システムの実現と運営に必要な組織化商品を生産する産業であると考えられる(Sassen 1991a, chs. 2-5)。[4] 国際金融や先進的対企業サーヴィス等の情報産業を含む、生産者サーヴィスにかんする豊富な研究成果がここ数年間に生み出されている(たとえば、Daniels 1985; Delaunay and Gadrey 1987; Noyelle and Dutka 1988; Daniels and Moulaert 1991)。いくつかの例外(たとえば、Portes et al. 1989; Sassen 1991a; Knox and Taylor 1995; Drennan 1992; Mitchelson and Wheeler 1994; Fainstein 1994; Stimson 1993; Corbridge et al. 1994)を除き、生産者サーヴィスと都市にかんする文献はグローバル経済自体の運営に必ずしも関心を示すものではないし、グローバル化にかんする文献の一部であるとみなすこともできない。[5]

グローバル化の分析に生産者サーヴィスの検証を導入することにより、場と生産過程のカテゴリーがどのように経済のグローバル化に関係するかが考察しやすくなる。場と生産過程のカテゴリーは、資本移動激化と多国籍企業の力を分析する視点からは見過ごされることが多いものである。場と生産過程というカテゴリーを展開するからといって、資本移動が激化し多国籍企業が大きな力を有するという現実を否認するわけではない。こうしたカテゴリーの展開によって別の次元が付け加えられ、またそれにより国家が規制に果たす異なった役割が、多数派の国際政治経済学とは違う見方から考察されることになるのである。

専門的サーヴィスは通常、専門化された生産物として理解され、これを生み出す生産過程は視野に入らない。専門的サーヴィスにおける生産過程に焦点を合わせることにより、(1)それらの産業の立地の特徴を把握し、(2)先進的対企業サーヴィスに新たな集積の力学が働いているという命題を検証することができる。後者の命題で新たな集積の力学が作用するとされるのは、先進的対企業サーヴィスが企業の統括本部に向けた生産複合体として機能すると考えられるからである。そうでなければ、先進的対企業サーヴィスの立地と生産は別の特徴をもつであろう。企業の統括本部一般ではなく、この生産者サーヴィス生産複合体こそが、都市への立地が利益となるだけでなく必要不可欠なことが多いのである。この集積の力学が、グローバルな水準から地域的な水準まで都市の階層構造のさまざまな次元で作用していることがわかる。いくつかの都市に集中するインフラとサーヴィスは、グローバルな管理とサーヴィス提供の能力を生み出すのである。

要するに、グローバルな管理能力をそなえたいくつかの都市は通信と市場の巨大なシステムにおける結節点となりつつある。電子工学と通信技術の発展によって地理的に離れた諸都市がグローバルな通信と遠隔地経営の中枢へと変容したのである。しかし地理的に分散した生産拠点、オフィス、サーヴィス拠点を集中的に管理・運営する体制が「世界システム」の一部として必然的に生じたわけではない。そのためには、高度に専門的なサーヴィスや最高レベルの経営・管理機能が幅広く発展することが必要だったのである。

続く三つの節でこれらの主題を詳細に論じよう。

グローバル化とサーヴィス集約化

経済活動のグローバル化によって取引の規模がますます拡大し、また複雑なものとなった結果、複数の国にまたがる最上位の統括機能と先進的対企業サーヴィスへの需要が生み出されるようになった。専門的サーヴィスへの需要は、さらにすべての産業でサーヴィス集約化が進むという第二の過程によって増幅された(Sassen 1991a, ch. 5 ; 1994b, ch. 4)。このことは、鉱工業から金融や消費者サーヴィスにいたるあらゆる産業に属する企業においてサーヴィス需要が急増するという結果をもたらした。そのうえ、工業サーヴィスといった非専門的サーヴィスにたいする需要が企業の間で高まったことも付け加えねばならない。

これらのうち、都市にとって重要であり、またそれゆえ本章が重視すべき要因とは、次の二つである。すなわち、(1)企業内で生産されるサーヴィスでなく企業が外注するサーヴィスが過去一五年間に急増していること。(2)専門的サーヴィスの生産には集積の経済が存在すること。もし企業がかつてのように自社内でサーヴィスを生産し続けるとすれば、とりわけ垂直統合が進んだ巨大企業がそうするならば、都市はサーヴィスの生産拠点としてこれほど重要な存在にならなかっただろう。大企業が都市から離れてゆくにつれて、その一部であるサーヴィス活動もまた都市から離れてゆくことになったはずである。専門的サーヴィス職は地理的にずっと分散することになっていたであろう。専門的サーヴィス職が、サーヴィス企業に限らず大企業の産業分類のどこに属していようと、同じことである。

次にこの二つの要因について見てゆこう。

対企業サーヴィス需要の高まり

サーヴィス購入の割合が上昇していることは、生産者サーヴィス職の増大を示す数字や、生産者サーヴィスを供給する企業の増大を表す数字、あるいはおそらく米国の産業連関表の数字から見てとれる事実であろう。生産者サーヴィスにおける雇用と企業数が増加しているという事実はいまではよく知られており、多くの出版物で論じられている。だが国民産業連関表においてはそれほど明らかではない。基幹部門のいくつかの産業にかんして数年間にわたって分析したところ、調査した産業においては購入されたサーヴィス投入物の価値が明らかに上昇傾向をもっていることが判明した。(6)

生産者サーヴィス利用の急増は、多様な過程の産物である。(7) 複数の事業所をもつ企業は、地域・国内・グローバルの各レベルで領域的に分散している。多くの生産拠点、オフィス、サーヴィス拠点を運営する企業は、企画、社内管理・配送、マーケティングといった中枢的な統括業務を調整しなければならない。形式的に言えば、現代企業が発展し世界市場や外国に大規模に参入するようになるにつれて、企画、社内管理、製品開発、研究といった業務がますます重要で複雑なものになってきたのである。生産ラインの多様化、企業買収、経済活動の超国家化はすべて高度に専門的なサーヴィスを必要とするのである。

グローバルに活動するものであれ地域で活動するものであれ、あらゆる企業にとって、訴訟が増え、保険・広告・資金の外部調達が重要なものとなってゆくにつれて、専門的サーヴィスの必要性がますます高まってきた。さらに、最終消費者サーヴィスの生産と販売に大企業が参入することにより、これまで自営の独立系消費者サーヴィス企業が行なっていた幅広い業務が、新たに所有者となった大企業の統括本部に移されるようになってきた。ホテル、食品販売、はては花屋といった業種の地域内・国内・グローバルな連関は集中化された巨大な管理・配送システムを必要としているのである。こうした複雑さが今度は専門的企業から購入される専門的対企業サーヴィスにたいする需要を生み出す。このようなことは、個人所有の小さな独立系消費者サーヴィス企業にはほとんど無縁の出来事である。これとよく似た中枢の企画・管理業務拡大が政府にも生じている。その原因の一部はこのような事態を可能にした技術進歩にあり、また一部は規制・行政業務がますます複雑化していることにある。こうした傾向はすべて大小の都市における生産者サーヴィス増大に起因するものである。

大企業の超国家的な活動がもたらした領域的分散を手短に検証すれば、ここで提起した論点を例証することができるであろう。たとえば、非金融・巨大多国籍企業上位一〇〇社が自国外で雇用している労働者の数は相当規模にのぼる(以下の事例にかんする詳細な数字については、UNCTC 1993 ; Sassen 1994b, ch. 4を参照)。エクソン、IBMの全労働力のうち約半数、フォード自動車とGMのおよそ三分の一は、米国以外で雇用されている。さらに巨大多国籍企業はきわめて多くの関連会社をもつことが知られている。一九九〇年のドイツ企業は一万九〇〇〇社以上の海外子会社をもっていたが、一九八四年の一万四〇〇〇社から増えているのである。米国企業もほぼ一万九〇〇〇社の海外子会社をもっていた。最後に、上位の多国籍企業は海外活動にきわめて高い比重を置いている。世界の巨大多国籍企業上位一〇社は、売り上げの六一パーセントを海外であげていた。巨大企業上位一〇〇社の平均はほぼ五〇パーセントである。

こうした数字が示すのは、膨大な業務が多数の立地に分散しているという事実である。ここから、国際会計から広告に至るまで、生産者サーヴィスの巨大な需要が生み出される。膨大な活動がこれほど分散していれば、経営・調整・管理・配送といった中枢諸機能の拡大が促進される。これらの諸機能には統括本部が遂行するものもあれば外注されるものもあり、後者が生産者サーヴィス複合体の成長を促進するのである。

新たな生産複合体の形成

第二の要因、すなわち集積の経済をめぐる問題は次の点にある。すなわち、専門的サーヴィス企業はなぜそれほど分散しなかったのか。専門的サーヴィス企業は情報通信によるデータ処理をもっとも先進的かつ集約的に利用しており、それゆえいかなる場所にも立地可能であると想像されるのだ。都市に集中する専門的サーヴィス企業の比率がこれほど高く、その密度がかつての工業地帯を思わせるほどであるのはなぜかを理解するために、専門的サーヴィスの現実の生産過程に焦点を合わせなければならない。

先端的情報産業の立地パターンにかんする実証研究によれば、主要都市に極度に集中していることは明らかである。たとえばニューヨークは、全米の人口の三パーセント強を占めるにすぎないが、生産者サーヴィス収入の三五パーセントを占め、同市が行なう生産者サーヴィス輸出は米国全体の五分の一から四分の一、つまり年間四〇〇億ドルにのぼる(Drennan 1992)。ロンドンが英国全体の生産者サーヴィス輸出に占める割合は約四〇パーセントであり、パリがフランス全体の生産者サーヴィス雇用に占める割合は約四〇パーセント、先進的対企業サーヴィスでは八〇パーセント以上にのぼる(Cordier 1992; *Le Débat* 1994)。同様の例は他にも数多くある。

情報産業の標準的な捉え方によれば、大都市における生産者サーヴィスの急成長と極度の集中は生じえなかったはずである。生産者サーヴィスの大半はもっとも先進的な情報技術と切り離せない関係にあり、それゆえ生産者サーヴィスは大都市によく見られる高コストと密集を避け、別の立地を選択することができるはずである。生産者サーヴィスが大都市に過度に集中するのはどうしてなのか理解するためには、その現実の生産過程に焦点を合わせる必要がある。これが私の主張点である。

生産者サーヴィスの生産過程は、他の専門的サーヴィスに近接しているほうが有利である。このことは先進的で技術革新が活発な部門ほどよくあてはまる。複雑で技術革新が活発な部門の生産過程は他のいくつかの産業の高度に専門化したさまざまな投入物を必要とすることが多い。たとえば、金融商品の生産には、会計・広告・法律・コンサルティング、広報活動・デザイン・印刷といった投入物が必要である。生産者サーヴィスの生産に特有の性格、とりわけ複雑で技術革新の活発な業務の特徴を考察すれば、どうしてそれらが主要都市に過度に集中するのかを説明することができる。高度な専門職ほど直に会って交流する必要があるという説明をしばしば聞かされるが、これはいくつかの点で修正する必要がある。生産者サーヴィスは、他のサーヴィスと違って、サーヴィスを受ける顧客(消費者や企業)に近接している必要が必ずしもない。むしろ、そうした専門的企業において集積の経済が発生するのは、重要な投入物を生産する他企業の近くに立地する場合か、近接しているおかげでサーヴィスの提供機会が結合生産される場合である。超一流の会計会社は遠方の顧客にもサーヴィスを提供することができるが、会計サーヴィスの性質上、弁護士やプログラマーなどの専門家が近くにいる必要がある。さらに、よく知られていることであるが、新しい高所得の専門職の多くは大都市センターが提供する娯楽や生活様式に魅力を感じる傾向がある。直に会って意思疎通すると考えられていることの多くが、実際にはしばしば、受け手の反応を見ながら多様なサーヴィスを同時に投入しなければならない生産過程をそのように捉えているだけなのだ。技術発展の現段階においては、当を得た専門家に直接その場で聞くのがもっとも効果的な方法なのである。高度に専門的な生産物を扱う場合はなおさらである。もっとも先進的な情報通信とコンピューター・ネットワークの設備が主要都市に集中していることは、情報産業の生産過程にとって核心的事実なのである。(8)

さらに、生産者サーヴィス部門の集積をもたらす力として、時間が重量にとって代わった。過去、鉄鉱石から未加工の農産物に至るまで、重量こそが集積を推進する主要な制約であり、もっとも重量のある投入物が産出される場所に立地が集積した。今日、経済取引が加速し、時間に課せられるプレミアムが増大していることから、集積をめぐる新たな焦点が形づくられた。このことは日常業務にはあてはまらない。しかし、今日の生産者サーヴィスにおける先端部門のように時間が死活問題であるところでは、集積の利益は依然として極端に高く、集積によって費用上の優位が得られるというよりも、むしろ集積が立地にとって必要不可欠の条件となっているほどである。さらにその根底には、金融のうちでも極度に投機的で技術革新が活発な分野で市場がすべての中心にあるという事実がある。規制緩和とグローバル化を背景にした投機と技術革新は、金融における市場の作用を根本から変えてしまい、はるかに不安定なものにしてしまった。こうした状況のもと、市場が新たな利潤機会を得るための主要拠点であり、また速度が不可欠である以上、集積はさらなる利点をもつ(Sassen 1991a, chs. 2-4; Mitchelson and Wheeler 1994を参照。また、Lyons and Salmon 1995もみよ)。

こうした制約の組み合わせを考察してわかることは、主要都市における生産者サーヴィスの集積が現実に生産複合体を形づくっているということである。この生産者サーヴィス複合体は企業の統括本部に密接に結びついている。ここからしばしば、統括本部と対企業サーヴィスの統合された複合体が形成されていると考えられている。しかし私の理解では、これら二つは区別する必要がある。(9) たしかに統括本部はいまだに都市に過度に集中しているが、過去二〇年間にわたって都市を離れたものも多い。統括本部は実際、都市以外に立地することができるが、専門的サーヴィスや金融を購入したり契約したりするためには、生産者サーヴィス複合体がどこかに存在していることが必要である。さらに、海外活動の比重が非常に高いか、技術革新が活発で複雑なビジネスを行なう企業の場合、統括本部は主要都市に立地することが多い。要するに、日常業務の比重が高く、地域や国内の市場をおもな対象にしている企業ほど、統括本部を都市以外に移転・設置する自由度が高いように思われる。競争が激しく技術革新が活発な分野の企業であったり、世界市場志向が強い企業であれば、どんなに費用が高くても主要な国際ビジネス・センターに立地する利点が大きいようだ。

しかしながら、どちらの企業も対企業サーヴィス複合体がどこかに立地していることを必要としている。(10) この複合体がどこに立地するかは、すべてとは言わないまでも多くの企業の統括本部にとって、ますます重要でなくなってゆくであろう。生産者サーヴィス企業の視点からみれば、こうした専門的サーヴィス複合体は都市に立地する可能性が高いであろう。たとえば、郊外のオフィスパークのような場所に立地する可能性は低いにちがいない。そのような場所はたしかに生産者サーヴィス企業のためにつくられた拠点ではあるが、サーヴィス複合体に適した拠点ではないからである。そしてこの生産者サーヴィス複合体だけが、きわめて先進的で複雑な企業の需要に応えることができるのである。別稿(Sassen 1994b, ch. 5)で、このような空間的集中に向かう傾向には別の側面もあることを詳細に検証した。[11] ここでは紙幅の制限からいくつかの観察結果を述べるにとどめたい(Abu-Lughod 1995もみよ)。たとえばマイアミの事例では、国際的な企業部門がどのようにして一拠点に移植されるかを、ほとんど実験室のようなやり方で観察することができる。そこから現代のグローバル化の力学がいかに場と切り離せないものであるかを見てとることができる。マイアミはニューヨークやロンドンと違い、銀行業やビジネスにおける国際センターとしての長い歴史をもつわけではないが、グローバル都市機能を果たすための重要な地域拠点として登場してきたのである。

トロントの場合、金融街は近年ようやく建設されたのだが、金融企業の空間的集中をもたらす圧力はおもに経済力学によるものであって、ニューヨークやロンドンのような古い金融センターをみて連想しがちなようにインフラ等の過去の遺産によるものではない、ということがわかる。[12] さらにトロントの事例から、空間的集中の圧力にさらされる産業は金融やそれに関連する特定の産業に限られるということがわかる(Gad 1991 ; Todd 1995)。

シドニーの事例は、大陸を覆う巨大な経済規模、および空間的集中への圧力の間で作用する相互作用の例証となっている。一九八〇年代にオーストラリア経済が急速に国際化し、海外からの投資が急増し、基幹部門が金融・不動産・生産者サーヴィスへと急激に移行したため、オーストラリアの都市システムは多極化を強めるよりむしろ主要な経済活動と経済主体がシドニーへとますます集中することになった。この過程で、長らくオーストラリアの商業と富の中心地であったメルボルンが経済活動や経済主体を喪失していったのである(Daly and Stimson 1992)。

最後に、世界の主要な金融センターの事例が今日なお興味深いのは、ますます多くの金融センターがグローバル市場に統合されれば、上位の金融センターへの金融活動の集中度が低下するかもしれないと予想されるからである。(13) グローバルな取引量が激増していることを踏まえれば、そのような予想はいっそう強まるかもしれない。しかし金融業とその技術インフラが大きく変容しても、主要な金融センターへの集中度は不変なままなのである。(14)

たとえば、国際的な銀行貸付は、一九八〇年の一兆八九〇〇億米ドルから一九九一年には六兆二四〇〇億米ドルへと、一〇年間で五倍に増大した。国際決済銀行(世界規模で銀行活動を監督する機関)のデータによれば、ニューヨーク、ロンドン、東京が国際貸付全体に占めるシェアは、一九八〇年に四二パーセントであったが、一九九一年にも四一パーセントであった。構成は変化している。すなわち、日本のシェアが六・二パーセントから一五・一パーセントに上昇し、英国のシェアが二六・二パーセントから一六・三パーセントに低下している。米国のシェアは不変である。絶対額ではすべて増大している。三か国以外に、スイス、フランス、ドイツ、ルクセンブルクを含めた上位の金融センターが占めるシェアは、一九九一年に六四パーセントだったが、これは一九八〇年に同じ国々が占めていたシェアとほぼ等しい。シカゴは、一都市だけで、世界のフューチャーズ取引を支配している。一九九一年の世界全体のオプション・フューチャーズ取引のうち、シカゴのシェアは六〇パーセントに達した。

上位の金融センターへの集中をもたらした一つの要因は、もっとも先進的な金融技術がこれらのセンターに集中していることである。別の要因は、マクロ経済の特殊な状況である。とりわけ、資金の流出入が容易になったこともあり、新市場はリスクが高いと考えられていることが大きい。一九九四年一二月にメキシコがペソを切り下げ、金融危機が必至であると外国人投資家が確信するに至り、いわゆるエマージング・マーケットから資金が逃避している事実は、そのよい例である。

戦略拠点のグローバルな網の目

金融市場のグローバルな統合は、金融センター間でさまざまな連関が実現するかどうかに左右されるし、そのような連関の実現を促進するものでもある。[15] こうした連関の好例が、関連会社・子会社の多国籍ネットワークである。これらは製造業や生産者サーヴィスの大企業によくみられるものである。対企業サーヴィス企業は膨大な多国籍ネットワークを展開しているが、そこに含まれる特殊な地理的・組織的連関によって、多国籍企業や銀行などの顧客企業は同一の供給元から幅広いサーヴィスの提供を受けることができるのである(Marshall et al. 1986 ; Noyelle and Dutka 1988 ; Daniels and Moulaert 1991 ; Fainstein 1994, ch. 2)。[16] ただちに経済的とはいえない連関もますます増えてきている。なかでも都市の自治体は積極的に活動するが、これが結局のところ都市による都市のための外交政策という性格をもつに至るのである。たとえばニューヨーク州は海外のいくつかの主要都市にビジネス事務所を開設している。

こうした連関が超国家的な都市システムを生み出しているのかどうかは明らかではない。これは理論および概念化の問題でもある。社会科学の大半が最終的な分析単位を国民国家においているため、過程やシステムを超国家的なものとして概念化すれば必ず大きな論争を引き起こすことになる。世界都市ないしグローバル都市にかんする文献の多くにおいてさえ、必ずしも超国家的な都市システムが実在するとは論じられていない。かろうじてグローバル都市は超国家的なレベルで中枢的な場としての機能を果たすと論じるものもある。だがそれでも、グローバル都市間の接合の問題が未解決のまま残されている。グローバル都市はグローバル・ビジネスにおいて相互に競い合っていると論じるだけならば、グローバル都市はグローバルな都市システムを構成していないことになる。この場合、いくつかのグローバル都市を研究することは比較研究という伝統的な姿勢の現れなのである。

グローバル都市が競合するばかりでなく、複数の立地を含む超国家的な過程の拠点にもなっていると論じるならば、グローバル都市を拘束する全体的な力学を把握する第一歩を踏み出すことになる。別稿で論じたが(Sassen 1991a, chs. 1, 7)、グローバル都市がグローバルなレベルで果たす中枢的な場としての機能に加えて、システム全体としてもグローバル都市は相互に関連しているのである。この論点は Hall (1991)、Sassen (1982) が提起した。たとえば、ニューヨーク、ロンドン、東京の間でとりわけ金融と投資の分野で働く相互作用は、金融における生産連鎖の一部をなすと捉えることができる。こうしてみると、一九八〇年代半ばの世界において、東京が貨幣という原料をおもに輸出していたのにたいし、ニューヨークが主要な加工センターだったといえる。新しい金融技術が開発されるのはニューヨークにおいてであり、そこでは貨幣が原料すなわち債務の形態から、収益の最大化を意図してさまざまな金融手段に加工されたのである。他方、ロンドンは主要な倉庫だったといえる。ロンドンがネットワークの中心となって小規模の資本を集中し、世界中の多くの小規模金融センターへと配分したのである。これは、大英帝国の古いネットワークが果たしていた機能と部分的に重なるものである。以上はこれらの都市が同一のビジネスをめぐってたんに競合していただけではないことを示す一例にすぎない。これらの都市に表されるような三つの異なる種類の立地に基礎をおく、ひとつの経済システムが存在すると思われる[17]。私の考えでは、単一のグローバル都市といったものは存在しない。単一の世界都市がシステムの頂点にそびえ立っていたかつての帝国の首都の場合とは異なるのである。グローバル都市とは、グローバルな取引の網の目がもつひとつの機能であり、グローバルな過程のひとつの拠点なのである。グローバルな過程とは、複数国にある複数の立地を含んでいるからこそグローバルなのである(Abu-Lughod 1995 ; Smith and Timberlake 1995もみよ)。

金融と先進的対企業サーヴィスが実際にこうした超国家的システムに根ざすものであるとすれば、こうした超国家的システムは規制緩和やグローバル化を生み出すばかりでなく、拠点間の連関をますます複雑で濃密なものとしてゆく要因でもあるのかもしれない。金融や対企業サーヴィスが活発に移動し規制が困難であるという側面ばかりがきわめて熱心に研究され議論されているが、それはたんに全体像の一部にすぎない。拠点間の相互連関が形づくるグローバルな網の目こそが全体像であり、そのなかで金融・サーヴィスが活発に移動しているのである。これを明らかにするためにさらなる研究が必要となろう。

結論——場が織りなすグローバルな網の目をいかに規制するか

都市を視野に入れて経済のグローバル化と情報産業の優位を分析すれば、以下の三つの重要な次元が切り開かれる。第一に、国民国家がさまざまな構成要素に分解されるが、これは国際的な経済活動と規制能力の理解に役立つ。第二に、大企業が国民経済にたいして優位に立つという視点から、生産拠点・サーヴィス活動・市場のグローバルなネットワークを実現し維持してゆくためにはどれほど幅広い活動や組織形態が必要かという視点に切り替えることができる。多国籍企業や銀行の活動は、こうしたネットワークのほんの一部しか含んでいないのである。第三に、場の重要性を理解し、またグローバルな経済活動が必要とするインフラの戦略拠点への集中ないし生産複合体といったものに焦点を合わせることが可能になる。経済のグローバル化は、このようにして、具体的な生産複合体が特定の場で多様な活動を営むというふうに再構成されることになる。都市に照準を絞れば、戦略的な場が織りなすグローバルな地理を把握することができるばかりか、そうした場の内部で展開される微細な地理と政治をも明らかにすることができる。

世界経済の構造変化、とりわけ金融と先進的対企業サーヴィスが基幹産業として興隆したことにより、金融センター・グローバル市場・多国籍企業が支配する新たな国際経済秩序が生み出された。同時に、国家より下位のものと国家を超えるものの両方の政治的カテゴリーがきわめて重要になってきた。国際金融・ビジネスセンターとして機能する都市は世界市場と直接に取引を行なうための拠点なのである。

国際金融・ビジネスセンターとして機能する都市とグローバル志向の市場、そこに含まれる企業は、世界経済と国民国家、および国民国家間の関係の仲立ちとなる。超国家的な経済過程と国民経済を統治するシステムの間に相互作用が生じるのは不可避である。さらに、情報通信インフラから生産者サーヴィス生産複合体まで、グローバルな経済過程の多くが必要とする物的条件は、グローバル経済における統治と説明責任の問題と合わせて考察する必要がある。これらは、新たな規制形態と説明責任のあり方を示唆しているのである。

要するに、場と生産に焦点を合わせる分析にはグローバル化を読み解く力が備わっているのである。グローバル化は国家を超えた中心性の地理的力学というふうに概念的に再構成され、さまざまな連関と物的インフラの集中を含むものと理解されるのである。グローバル化はこうした連関と物的インフラに依存するものと捉えられる。グローバルな過程とは、連関し合う拠点が織りなす網の目にほぼ等しいものである。

こうした場と連関が織りなす網の目が実在し、金融や専門的サーヴィスがグローバル化してゆく際の基盤となっているとすれば、ここに規制の可能性を見出すことができよう。新たな中心性の地理的力学において資源と連関が中枢に極度に集中するからこそ、中枢を集中化された規制活動のための空間とすることもできよう。しかし、どのような規制の枠組や活動が必要とされるかは、今後の発見と考案に待たねばならない。それはちょうど、新たなグローバル情報経済における説明責任と民主化が何を意味するのかが、今後の探究に委ねられているのと同様である。

（1）　たとえばフランスは、情報サーヴィスと産業工学サーヴィスの供給者として欧州でも最上位にあり、金融・保険サーヴィスにおいても飛び抜けてはいないにせよ強力な地位にあるが、法律および会計サーヴィスにおいてますます不利になっている。フランスの法律事務所は、英米法が国際取引を支配しているため、著しく不利な状況におかれている。パリに事務所をおく外国企業が、フランス企業であれ外国企業であれ国際業務を営む企業の法的ニーズを一手に独占しているからである。

（2）　市場、規制緩和、自由貿易を強調する新自由主義的経済観が一九八〇年代に米国と英国の政策に影響を及ぼし、いまや大陸欧州諸国でもますます影響力を拡大しつつある。この動きは、欧米中心の概念にもとづく超国家的な法レジーム形成に寄与した。国際通貨基金（ＩＭＦ）や国際復興開発銀行（世界銀行＝ＩＢＲＤ）、関税と貿易に関する一般協定（ＧＡＴＴ）などをつうじてこの経済観は途上国にも広められた。欧米の法概念普及を見るうえで重要な問題は、欧米の法分野を規定する著作権や財産権の哲学的前提を批判的に検証することである（たとえば、Coombe 1993）。同様に国際的な商業の仲裁においてもますます英米法が支配的になっているが、これはもともとフランスやスイスなど大陸法の伝統にもとづく制度であった（Dezalay and Bryant 1995）。

（3）　こうした変化の多くはもちろん、政府のはっきりとした行動を必要とした。適例としてあげられるのがパスターの研究(Pastor 1980)である。彼は、外国投資にたいして自国を開放する法律を制定するまでに米国がたどった苦難の道を明らかにした。

（4）　生産者サーヴィスとは、企業が購入するサーヴィスであるという意味で、中間財である。以下のものがこれに含まれる。金融、法律、全般的な経営問題、技術革新、開発、企画、管理業務、人材、生産技術、保全、輸送、通信、卸売販売、広告、企業向け清掃サーヴィス、保安、倉庫。生産者サーヴィスというカテゴリーの中心的な構成要素には、企業向けと個人向けが混在する市場をもつ産業が含まれる。保険、銀行、金融サーヴィス、不動産、法律サーヴィス、会計、その他専門職の同業組織などがそれにあたる。

（5）　しかしながら、上記した以外にも、グローバル化が都市におよぼす影響を生産者サーヴィスの検証と合わせて考察した文献が増えている。Friedmann (1986)；Fainstein et al. (1993)；Hitz et al. (1995)；von Petz and Schmals (1992)；Machimura (1992)；Frost and Spence (1992)；Rodriguez and Feagin (1986)；Levine (1993)；*Le Débat* (1994).

（6）　一九七二年から一九八七年までの産業連関表を用いて、四桁のＳＩＣ(標準産業分類)の一一の産業(卸売から鉱業にわたる)において、サーヴィス商品の利用を調査した。投入される中間財として調査したサーヴィス産業は、四桁のＳＩＣに合わせて、金融・保険、および対企業サーヴィス、その他である。単純化のため、ここでは一九七二年から一九八二年までの数字のみ取り上げることにする。これ以降の時期の数値比較は、ここで説明するにはやや複雑すぎるからである。調査したすべての産業のうち、金融業からのサーヴィス購入がもっとも顕著に増大しており、銀行業、卸売業、保険業において一九七二年から一九八二年までの期間、三倍に増加している。対企業サーヴィスの利用がきわだって増大した産業グループは、自動車と装置産業、保険業、卸売業、銀行業である。銀行業における対企業サーヴィスの利用は、一九七二年から一九八二年までの期間に三倍以上に伸びている(全調査結果については、Sassen and Orlow 1995 を参照せよ)。

(7) この点にかんする参照文献、ならびに自営の生産者サーヴィス部門形成が可能かという問題の背後にある動向をめぐる議論については、Sassen (1991a, ch. 5)を参照。

(8) 情報通信インフラは、他の基幹部門が主要都市に集中することにも寄与している。遠距離通信システムは光ファイバーケーブルを利用することが多くなってきた。光ファイバーケーブルは従来の銅線より優れた点がいくつもある。すなわち、大容量・高速・より高い安全性・よりすぐれた信号強度、などである。光ファイバーシステムは、主要通信ハブの間で結ばれることが多いが、それは光ファイバーを継ぎ合わせるのが容易でなく、また多数の中継点に接続することが望ましくないからである。光ファイバーシステムは、鉄道・水道・高速道路といった既存の線の占有権に沿って敷設されることが多い(Moss 1991)。したがって、光ファイバーシステムの利用度が高まれば、情報通信における既存の集中を増幅し、それゆえ既成の階層構造を強化することになろう(本書第8章も参照)。

(9) 一般向けの文献やいくつかの学問的な研究において、統括本部の集中度をその都市が国際ビジネス・センターであるか否かの指標として利用していることがよくある。そこからすれば、統括本部の喪失はその都市の地位低下を示すことになる。統括本部の集中度を指標に用いることは、企業の分類法を所与としている点で、実際には問題の多いやり方である。主要な国際金融・ビジネスセンターに統括本部を集中するのがどのような企業であるかは、多くの要因に依存している。第一に、統括本部の集中度を測定すると、あるいはたんにその数を数えるだけでも、違いが生じる。たいていの場合、おもな尺度は雇用や総収入で測った企業規模である。その場合、世界最大の企業のいくつかは依然として製造業企業であるということになる。製造業企業の多くは、統括本部を自社の工場複合体の近くにおくが、それは空間的制約により大都市以外の場所である場合が多い。さらに、多くの製造業企業は、国内市場志向が強いので国際ビジネス・センターに統括本部をおく必要がない。こうして、一九六〇年代と七〇年代に多くの統括本部がニューヨークを去ったことが大々的に報じられたが、その多くは上述の種類に含まれるものであった。全米のフォーチュン五〇〇企業(『フォーチュン』誌五〇〇企業リスト)をみれば、その多くがニューヨークや他の大都市を去ったことがわかる。規模のかわりに海外売り上げが総収入に占める比率を用いれば、フォーチュン五〇〇企業以外の多くの企業が視野に入る。たとえばニューヨークの場合、結果は劇的に変わる。海外の売り上げが半分に達する企業の四〇パーセントが、統括本部をニューヨーク市内かその近郊においているのである。

第二に、その国の都市システムがどのような性質をもっているかがひとつの要因となる。都市に大きな優先度を与えている国では、どのような尺度を用いたとしても、統括本部は極度に集中するという結果が出るだろう。第三に、経済の歴史や伝統が異なれば、結果もおのずと違ってくるであろう。さらに、統括本部の集中は特定の経済段階に結びついている。たとえば、フォーチュン五〇〇企業の統括本部を失ったニューヨークとは異なり、東京にはますます同様の企業の統括本部が集まっている。日本で東京に次ぐ経済センターである大阪と名古屋が統括本部を東京へと流出させているのである。このうちのかなりの部分は、日本経済の国際化の進展およびそれに伴う主要な国際ビジネス・センターの管理・サーヴィス機能増大に連動した動きである。日本の場合、これに加えて経済にたいする政府の広範な規制が、統括本部の立地が東京に集中することの促進要因となっている。すべての国際業務について政府のさまざまな認可を得る必要があるからである。

(10)　たとえば、Wheeler (1986)が米国の主要企業と金融機関の空間的な結びつきを調査して見出した結論によれば、企業は、必ずしも自社の近辺で利用可能な企業を活用するとは限らず、むしろ巨大都市の階層構造の上位に位置する企業と連携する傾向があり、大企業ほどこの傾向が顕著であるという。Schwartz(1992)によれば、ニューヨークのメトロポリタン地区に立地する大企業は自社のサーヴィス需要のほとんどを依然としてマンハッタンの企業を活用することで満たしている。

(11)　これらの問題を別の概念を用いて検証することもできる。すなわち、「中心性(centrality)」の概念である。伝統的なビジネス中心街(CBD)から、情報通信ネットワークで密接に結ばれた大都市圏の網の目にいたるまで、今日、中枢は空間においてさまざまな形態をとりうる(本書第8章を参照)。いくつかの主要都市について検証した結果、中枢へと向かう明確な傾向がみられるものの、伝統的なCBDよりもずっと幅広い空間的形態が見出された。情報通信によるデータ処理とグローバル経済の成長は、相互に結びつきながら、新たな中心性(および周縁性)の地理的力学を生み出したのである。別稿(Sassen 1994b)で行なった分析を単純化して言えば、今日、中枢には四つの形態がある。第一に、CBDが依然として中枢の主要な形態として存続している。もっともかつてと異なり、商業地区(downtown)やビジネス中心街などの地理概念を中枢と単純に等置することはもはやできない。しかし、主要な国際ビジネス・センターのCBDは、技術と経済の変革によって変貌を遂げている。

第二に、ビジネス活動の結節点を結ぶ網の目という形態で、中枢は大都市圏にまで広がっている。私の分析において、こうした地域的な結節点の網の目は、地域概念の再構成を表現するものである。地理を中立化する「地理的な中心・周辺関係を解消する」どころか、地域的な網の目は、とりわけ空港につながる高速鉄道や高速道路といった旧来の交通インフラに根ざすものなのである。おそらくは皮肉にも、旧来のインフラが経済的利益をもっとも上げるのは、情報通信によるデータ処理からであろう。このことは、情報通信によるデータ処理が地理的な中心・周辺関係を解消するという議論において見落とされてきた重要問題であると思われる。第三に、情報通信によるデータ処理と密接な経済取引によって領域を超えた「センター」が形成されるのをわれわれは目撃しているのである。この新たな中枢の地理は都市間のレベルにまで強大な力を及ぼし、ニューヨーク、ロンドン、東京、パリ、フランクフルト、チューリヒ、アムステルダム、ロサンゼルス、シドニー、香港などの主要な国際的金融・ビジネスセンターを結びつけている。しかし、今日の中枢の地理には、サンパウロ、ボンベイといった都市も含まれる。金融市場、サーヴィス貿易、投資をつうじたこうした都市における取引の集中度は急上昇しており、規模も格段に大きくなっている。第四に、中枢の新たな形態が電子空間で構成されている(本書第8章を参照)。このうち最初の三つの中枢の形態において都市が戦略拠点となっている。

(12)　Longcore (1993)は、マンハッタンの金融街にかんする研究において、先進的な情報通信技術の利用によって「インテリジェント」ビル建設のための余分な空間が必要となり、金融街の空間的組織化に大きな影響を及ぼしたとしている(Moss 1991 もみよ)。こうした条件を満たす新たなオフィスビルがここ一〇年にわたってウォール街の旧中心部を取り巻いて環状に建設された。一方、旧中心部では、区画や街路が狭いために新オフィスビル建設は困難であったし、ウォール街中心部の古いビルを建て直すことは、費用がきわめて高くつき不可能な場合が多かった。新しいビルの入居者はほとんどが企業の統括本部と金融サーヴィス産業であった。こうした企業は情報通信によるデータ処理を集約的に利用することが多く、もっとも先進的な設備が利用できるかどうかが不動産や立地を決定する際の主要な要因となっている。こうした企業は、情報通信システムのバックアップ設備が完備していることや大容量などを必須としており、さらに自社専用の接続ポイントを必要とする場合も多い。これらはたいていの場合、広大な空間を必要とする。たとえば、企業のトレーディング・フロアを支えるシステムを導入するには、トレーディング・フロアと同じ面積が追加で必要になる。

(13) さらに言えば、金融サーヴィスの移動がかつてないほど激化している時代にもかかわらず、上位の金融センターの集中度は不変にとどまっているのである。グローバル化、規制緩和(これはグローバル化に不可欠の要素である)、証券化が金融サーヴィスの移動を容易にした鍵である。高度に移動する金融活動をめぐってセンター間で競争が激化しているというのがひとつの結論である。私の考えでは、一般的に言ってもこの話題に限っても、競争が強調されすぎていると思われる。別稿で論じたとおり(Sassen 1991a, ch. 7)、多様な主要金融センターの間では機能の分業も行なわれているのである。その意味で、超国家的なシステムには多様な立地が伴うと考えることができる(Abu-Lughod 1995 もみよ)。

(14) 欧州の市場統合・金融統合をめぐる論議によって、従来通り各国が一都市を主要金融センターに育成するよう望むのでなく、金融機能と資本を少数の都市に集中する可能性が生じてきた。欧州が競争力をもつためには、このことが必要であるとさえ言えよう。

(15) 都市間を結ぶ国境を越えた多様な経済的連関に焦点を合わせた文献は、いっそう専門的なものが数多く出されるようになっている(Portes et al. 1989; Noyelle and Dutka 1988; Daniels and Moulaert 1991; Sassen 1991a)。

(16) 多国籍対企業サーヴィス企業の発展が多国籍企業のニーズと関連したものだということを示す実証研究が豊富になされている。多国籍広告企業は、世界中にいる潜在的な顧客の特定の層にグローバルな広告を行なうことができる。さらには、関連会社と市場のグローバルな統合により先進的な情報通信技術を利用する必要が生じる。こうした新技術が費用のかなりの部分を占めることになる。費用とは、たんに営業費用ばかりでなく、おそらく最重要なのが新製品や既存の製品の改良のための研究開発費用である。こうしてあらゆる局面で規模の経済を追求する必要が高まっているという事実が、最近の企業の買収・合併増加の主要因であろう。買収・合併によって少数の巨大企業の地位が強化され、さらに必要とされる通信設備を備えた主要拠点間の国境を越えた連関が強化されるのである。これらの企業は、国内・国際市場のかなりのシェアを占める企業として姿を現しつつある。サーヴィスにおける海外直接投資の急増は、主要なサーヴィス企業が超国家的に活動する傾向を高めていることと密接に連動する動きである。より大きな企業の下請けや多種多様の特殊な市場が存在するということは、独立した小企業も主要センターで繁栄してゆくことが可能だということを意味する(Sassen 1991a ; Noyelle and Dutka 1988)。

(17)　このようなグローバルな都市システムの可能性をさぐる際に問題になるのは、グローバル都市と国内の都市システムとの接合である。主要な国際金融・ビジネスセンター間で国家を超えた結びつきが強まるほど、それらの都市と後背地や国内都市システムとの連関が弱まることはおおいにありうる(Sassen 1991a)。デトロイト、リヴァプール、マンチェスター、マルセイユ、ルール諸都市、あるいは名古屋・大阪といった諸都市は、主要な製造業が国内でも国際的にも立地を分散化させる動きに多大な影響を受けた。こうした分散化の過程はサーヴィス産業の成長を促した。サーヴィス産業が生産する専門的な投入物は、空間的に分散した過程および投入・産出物のためのグローバル市場を運営するのに必要なものだからである。国際的な法律・会計サーヴィス、経営コンサルティング、金融サーヴィスといった専門的な投入物は、製造業都市でなく金融・ビジネスセンターに過度に集中するものなのである。

訳者解題――グローバル化の深層分析

本書は、Saskia Sassen, *Globalization and Its Discontents*, New York : The New Press, 1998 の邦訳であり、これに著者から送られてきた「日本語版への序文　グローバルなものをローカル化する」および「序章　グローバル化に対抗する地理的力学――生き残りの女性化」を新たに加えたものである。ただし、原著一〇章のうち、原論文が一九八九年に発表された Chapter 3　America's Immigration "Problem" は、すでに統計的事実が古くなっていると判断し、本訳書では割愛した。したがって、本翻訳の第3章から第9章は、原著の第4章から第10章にそれぞれ対応している。

さて、著者サスキア・サッセンはすでに多くの場で紹介され、その名前はわが国においても広く知られており、都市社会学、地理学、開発社会学、国際政治学、国際経済学、グローバリゼーション研究、ジェンダー論等々の諸分野で大きな影響力をもつ存在として認知されている。彼女の経歴を簡単に紹介すると、以下のようになる。

アルゼンチン生まれ。ブエノスアイレス国立大学、イタリア・ローマ大学卒業。米国には当初、観光ビザで入国、未登録移民として清掃の仕事に就く。米国インディアナ州ノートルダム大学で社会学修士、同博士、経済学博士号を取得。フランス留学中にフーコー、ドゥルーズ、ガタリ、ハイデガー等の哲学を学ぶ。ハーヴァード大学、ニューヨーク市立大学、コロンビア大学を経て、現在シカゴ大学社会学教授。おもな邦訳に、『労働と資本の国際移動』(森田桐郎ほか訳、岩波書店、一九九二年)、

『グローバリゼーションの時代』（伊豫谷登士翁訳、平凡社、一九九九年）がある。サッセンの理論と業績にかんするもっとも包括的な紹介は、伊豫谷登士翁氏が行なったものである（上掲・伊豫谷訳書、「訳者解題」を参照）。また、サッセンが自らの研究史や方法論を回顧した応答形式の講演録「グローバリゼーションを掘り起こす」（『思想』岩波書店、二〇〇二年六月）もサッセン理解に欠かすことができない。さらに、わが国におけるサッセン理論の先駆的紹介が、故・森田桐郎氏によってなされてからすでに久しい（森田編『国際労働移動』東京大学出版会、一九八七年、および、上掲・森田ほか訳書）。ここでは、屋上屋を架することを避け、本書をとりまく新たな展開を紹介するにとどめよう。

Globalization and Its Discontents という原題をご覧になってすでに多くの読者がお気づきのとおり、サッセンは本書の命名にあたって、S・フロイトの有名な著作、『文化への不満』（*Das Unbehagen in der Kultur*, 1930. 英訳表題は *Civilization and Its Discontents*）を意識したにちがいない。そして、この題名はまた、ノーベル賞経済学者、J・スティグリッツによる世界的ベストセラー、『世界を不幸にしたグローバリズムの正体』（鈴木主税訳、徳間書店）の原題と同一である。スティグリッツの著書は二〇〇二年に世界同時発売されたものであるから、この題名の優先的使用権は本来サッセンに属するはずである。サッセンの原題の選択はたんなる語呂合わせではない。理論の本質的内容から言って、「グローバリゼーションを掘り起こす」というサッセンの方法論的視角には、無意識という人間の心理領域の深層に分け入ろうとしたS・フロイトの知的営為に親近性があると言ってよい。

実際、第1章で、本書を貫く方法的視点としてサッセンが提示したのは、まさにそのような観点である。すなわち、サッセンによれば、グローバル化の通常のイメージとは、資本の国際化、とりわけ表層をなす金融の世界的展開を思い描いたものである。サッセンはそうした通説にたいして、グローバル化の基底をなすのは「場」であるとする本書の中心テーマを提起する。グローバル資本は、抽象的な「世界経済」や同じく抽象的な「ヴァーチャル空間」に展開するわけではなく、具体的な場を必要とする。戦略的に重要な場が都市であり、とりわけグローバル都市である。戦略的な場としてのグローバル都市にはインフラなどの物的な設備が集積され、企業を顧客とするサーヴィスが集中し、専門家集団から低賃金移民労働者にいたる広範な階層からなる労働者が引き寄せられる。このようにグローバル化を把握すれば、グローバル化がナショナルな存在を侵食するといった通説の単純な二項対立図式はもはや棄却される。

戦略的な場としてのグローバル都市は、国家を超えた新しい政治的プロセスが展開される場でもある。すなわち、企業のみが政治システムの参加者であるとするレトリックと、力を奪われた労働者が「その場にいる」ということを足がかりにして行なう新たな「市民権」の主張とのせめぎ合いである。都市は企業のものか、それともそこに住まう人々のものか？　サッセンがまず眼差しを向けるのは、真の主体として登場する可能性を潜在的にもっている、そうした力を奪われた人々——移民(第Ⅰ部　第2章、第3章)と女性(第Ⅱ部　第4章、第5章)である。

第Ⅲ部(第6章、第7章)は、力をもった企業と力を奪われた人々が出会う場である労働市場と雇用レジームを、とりわけサーヴィス部門の分極化に照準を絞って分析する。グローバル都市において、経済部門間の利潤形成能力、家計の所得稼得能力、分断された市場ごとの価格設定能力にますます格差が拡大している。こうした新たな不平等のもとで、先進国内部にもインフォーマル部門が形成されてきたとされる。

第Ⅳ部(第8章、第9章)は、新しい政治プロセスの分析である。グローバル資本の展開が結局のところ、都市という戦略的な場に物的条件を集中させねばならないとすれば、そうした中枢を新たな規制活動のための空間とすることが可能になる。この結論は、「グローバル経済における統治と説明責任」という今後の研究課題を提起するものでもある。

最後に、この日本語版に独自に収録された序文および序章「グローバル化に対抗する地理的力学——生き残りの女性化」について触れよう。「グローバル化への不満」と題された本書に二〇〇四年の時点で新たに追加された文章で、九・一一同時攻撃やアフガニスタン・イラク戦争に言及せず、米国の「帝国」的スタンスにたいする批判も行なわないという点にたいして、意外の念を抱かれる向きもあろう。サッセンから送られてきた文章に初めて目を通した際、訳者も正直、同様の念を禁じえなかった。

もちろん、サッセンがこの間、情況への発言をいっさい行なっていないというわけではない(たとえば、以下を参照。"A Message from the Global South," *Guardian of London*, Sep. 12, 2001, "Governance Hotspots: Challenges We Must Confront in the Post-September 11 World," http://www.ssrc.org/sept11/essays/sassen.htm, および足立眞理子訳「豊かな国が逃れることができない罠」『現代思想』二〇〇一年一〇月臨時増刊)。

こうした文献のなかでサッセンが用いたキーワードは、「統治不能の二つのホットスポット=債務と移住」であった。サッセンは激発する暴力の背景に、増大する第三世界の債務と貧困、誘発される移住、これにたいして豊かな国が築いた障壁により生み出される非合法取引、という連鎖を見出すのである。

こうした情況認識がもたらす理論的帰結は、第一に問題解決のための新たな統治レジーム形成が要請されるというサッセン年来の主張であり、第二に、そうした統治レジーム形成が先送りされるかぎり、債務・貧困・移住・非合法取引という連鎖の解決は「女性化される」、すなわち女性の人身売買という一時しのぎが永続化される、ということである。

したがって、本書序章で行なわれた「生き残りの女性化」という深層分析は、たとえイラク戦争や「帝国」といった事柄に表面上は言及していないとしても、サッセンにとっては同時代の情況分析なのだと考えられる。この点の是非にかんしては読者諸氏の御判断に委ねたい。

参考までに、本書刊行以降のサッセンのおもな業績を以下にリストアップしておこう。

著　書

Guests and Aliens, New York : The New Press, 1999.

The Global City : New York, London, Tokyo, Princeton : Princeton University Press, 1991. New ed., 2001.

Global Networks/Linked Cities, New York and London : Routledge, 2002.（編著）

Reinventing the City? : Liverpool in Comparative Perspective, Liverpool : Liverpool U. P., 2003.（Ronald Munck との共著）

Contesting Globalization : Space and Place in the World Economy, New York and London: Routledge, 2004.（Andre C. Drainville との共著）

Denationalization : Economy and Polity in a Global Digital Age, Princeton : Princeton University Press.（過去五年間のグローバル経済における統治と説明責任についての研究成果、近刊）

論　文

"Cracked Casings : Notes toward an Analytics for Studying Transnational Process." In Janet L. Abu-Lughod ed., *Sociology for the Twenty-first Century : Continuities and Cutting Edges*, Chicago : U. P. Chicago, 1999.

"The Global City : Strategic Site/New Frontier." In Engin F. Isin ed., *Democracy, Citizenship and the Global City*, New York: Routledge, 2000.

翻訳作業の分担は次のように行なった。第1章・第6章・第9章を田淵が担当し、第4章・第7章・第8章を原田が、第2章・第3章・第5章を尹が担当した。日本語版序文は三者共訳、序章は原田・尹共訳である。また、索引の作成は尹が担当した。訳文作成後、相互の訳文チェックを経て、田淵が全体の訳語の調整を行なったが、訳文の責任は基本的に各章の担当者にある。

本書の中核をなす二論文、第4章および第6章はすでに別のところで翻訳されており、参考にさせていただいた(伊豫谷訳「グローバル経済のフェミニスト分析に向けて」伊豫谷編『経済のグローバリゼーションとジェンダー』明石書店、二〇〇一年、所収、および森本恭代訳「サービス雇用レジームと新しい不平等」『現代思想』二〇〇二年六月号)が、本書では、訳者の責任において新たに訳し直した。

原著は、論文集という成立事情もあってか、形式的な面がいささか不揃いである。文章が重複する部分がいくつか存在するが、煩瑣を避け、その点にかんして訳注を付すことはあえてしなかった。ただし、原著で章ごとに書式の異なっていた文献注については、本訳書で巻末の文献リストを参照する方式に統一した。

本書もまた、論理は明快だが文章表現が難解、というサッセンの特徴の例外ではなく、当初の予想を超えて翻訳作業は難航した。ジャーゴンとして定着した訳語に極力頼らず、一読して理解できる訳文をつくろうとの統一方針で臨み、何度か調整の機会をもったが、訳者の力量不足ゆえ、生硬な直訳調がかなり残存してしまった点、忸怩たる思いがある。読者諸氏の御叱正を賜りたい。

翻訳にあたって、京都大学の本山美彦先生が紹介の労をとってくださったことにまず謝意を表したい。また、一橋大学の伊豫谷登士翁先生、立命館大学の向壽一先生、板木雅彦先生には大きな御支援をいただいた。先生方の御尽力がなければそもそもこの出版計画自体が存在しなかったであろう。サッセンの先駆的紹介者であり、本書でも何度か業績が引用されている故・森田桐郎先生の学恩に、本書の出版がわずかでも報いることができれば、これにまさる喜びはない。最後に、岩波書店編集部の高橋弘氏には、滞りがちな作業を叱咤激励し要所で的確な助言をくださるなど、たいへんお世話になった。心より御礼申し上げたい。

二〇〇四年一一月四日
米国大統領選で共和党現職ブッシュ候補の再選が確定した日に

田淵太一
訳者一同　原田太津男
尹　春　志

グローバル空間の政治経済学

■岩波オンデマンドブックス■

グローバル空間の政治経済学　サスキア・サッセン
──都市・移民・情報化

2004年12月15日　第1刷発行
2007年7月5日　第3刷発行
2016年10月12日　オンデマンド版発行

訳　者　田淵太一《たぶちたいち》　原田太津男《はらだたつお》　尹春志《ゆんちゅんじ》

発行者　岡本　厚

発行所　株式会社　岩波書店
〒101-8002　東京都千代田区一ツ橋2-5-5
電話案内　03-5210-4000
http://www.iwanami.co.jp/

印刷／製本・法令印刷

ISBN 978-4-00-730507-8　Printed in Japan

索　引

欧　文

あ　行

さ 行

た 行

な 行

は 行

ま 行

参考文献

Abbott, Kenneth W. 1992. "GATT as a Public Institution : The Uruguay Round and Beyond." *Brooklyn Journal of International Law* 18, 1 : 31–85.

Abu-Lughod, Janet Lippman 1995. "Comparing Chicago, New York and Los Angeles : Testing Some World Cities Hypotheses." In Paul L. Knox and Peter J. Taylor, eds., *World Cities in a World-System*, 171–91. Cambridge, U.K. : Cambridge University Press.

Acuerdo de Cartagena, Junta 1991a. *Acta Final de la lra. Reunión de Autoridades Migratorias del Grupo Andino*. Lima : JUNAC.

—— 1991b. *Bases de Propuesta para la Integración Fronteriza Andina*. Lima : JUNAC.

—— 1991c. *La Migración Internacional en los Procesos Regionales de Integración en América del Sur*. Lima : JUNAC.

Adilkno 1998. *The Media Archive. World Edition*. New York : Autonomedia, and Amsterdam : ADILKNO.

Aksen, Gerald 1990. "Arbitration and Other Means of Dispute Settlement." In D. Goldsweig and R. Cummings, eds., *International Joint Ventures : A Practical Approach to Working with Foreign Investors in the U. S. and Abroad*. 2nd ed. Chicago : American Bar Association.

Alarcon-Gonzalez, Diana, and Terry McKinley 1999. "The Adverse Effects of Structural Adjustment on Working Women in Mexico." *Latin American Perspectives* 26, 3 : 103–17.

Altink, Sietske 1995. *Stolen Lives : Trading Women into Sex and Slavery*. New York : Harrington Park Press and London : Scarlet Press.

Aman, Alfred C., Jr. 1995. "A Global Perspective on Current Regulatory Reform : Rejection, Relocation, or Reinvention?" *Indiana Journal of Global Legal Studies* 2 : 429–64.

Ambrogi, Thomas 1999. "Jubilee 2000 and the Campaign for Debt Cancellation." *National Catholic Reporter* (July).

AMPO 1992. *Japan-Asia Quarterly Review* 23, 4.

—— 1988. "Japan's Human Imports : As Capital Flows Out, Foreign Labor Flows In." *Japan-Asia Quarterly Review* 19, 4.

Appelbaum, Eileen, and Peter Albin 1990. "Shifts in Employment, Occupational Structure, and Educational Attainment." In T. Noyelle ed., *Skills, Wages, and Productivity in the Service Sector*, 31–66. Boulder,

Colo. : Westview Press.
Arrighi, Giovanni 1994. *The Long Twentieth Century : Money, Power, and the Origins of Our Times*. London : Verso.
Asian Women's Association 1988. *Women from Across the Seas : Migrant Workers in Japan*. Asian Women's Association.
Aspen Roundtable 1998. *The Global Advance of Electronic Commerce : Reinventing Markets, Management, and National Sovereignty*. A Report of the Sixth Annual Aspen Institute Roundtable on Information Technology. Aspen, Colorado, 21-3 August 1997. Washington, D.C. : Aspen Institute, Communication and Society Program.
Balmori, D. 1983. "Hispanic Immigrants in the Construction Industry : New York City, 1960-1982." *Occasional Papers* 38. Center for Latin American and Caribbean Studies, New York University.
Banco Interamericano de Desarrollo/JUNAC 1993. *Política de Integración Fronteriza de los Países Miembros del Grupo Andino. Cooperación Técnica*. Lima : JUNAC.
Bandarage, Asoka 1997. *Women, Population, and Crisis*. London : Zed.
Barlow, John Perry 1997. "A Declaration of Independence in Cyberspace." In Edeltrand Stiftinger and Edward Strasser, eds., *Binary Myths : Cyberspace —The Renaissance of Lost Emotions*. Vienna : Zukunfts und Kulturwerkstätte (in English and German).
Basch, Linda, Nina Glick Schiller, and Cristina Szanton-Blanc 1994. *Nations Unbound : Transnational Projects, Postcolonial Predicaments, and Deterritorialized Nation-State*. New York : Gordon and Breach.
Baubock, Rainer 1994. *Transnational Citizenship : Membership and Rights in International Migration*. Aldershot, U.K. : Edward Elgar.
Bauche, Gilles 1996. *Tout savoir sur Internet*. Paris : Arlea.
Beckford, G. 1984. *Persistent Poverty*. London : Oxford University Press.
Bednarzik, Robert 1990. "A Special Focus on Employment Growth in Business Services and Retail Trade." In T. Noyelle, op. cit., 67-80.
Bello, Walden 1998. *A Siamese Tragedy : Development and Disintegration in Modern Thailand*. London : Zed.
Benamou, C. 1985. " 'La Aguja' : Labor Union Participation among Hispanic Immigrant Women in the New York Garment Industry." *Occasional Papers*. Center for Latin American and Caribbean Studies, New York University.
Beneria, Lourdes, and Catherine Stimpson, eds. 1987. *Women, Households, and the Economy*. New Brunswick, N.J. : Rutgers University Press.

—— and Shelley Feldman, eds. 1992. *Unequal Burden : Economic Crises, Persistent Poverty, and Women's Work*. Boulder, Co. : Westview Press.

Berman, Nathaniel 1995. "Economic Consequences, Nationalist Passions : Keynes, Crisis, Culture, and Policy." *The American University Journal of International Law and Policy* 10, 2 (Winter) : 619–70.

Berner, Erhard, and Rudiger Korff 1995. "Globalization and Local Resistance : The Creation of Localities in Manila and Bangkok." *International Journal of Urban and Regional Research* 19, 2 : 208–22.

Bishop, Ryan, and Lillian Robinson 1998. *Night Market : Sexual Cultures and the Thai Economic Miracle*. New York : Routledge.

Bluestone, B., B. Harrison, and L. Gorham 1984. "Storm Clouds on the Horizon : Labor Market Crisis and Industrial Policy." Boston : Economics Education Project.

Blumberg, P. 1980. *Inequality in an Age of Decline*. New York : Oxford University Press.

Body-Gendrot, Sophie 1993. *Ville et violence : L'irruption de nouveaux acteurs*. Paris : PUF (Presses Universitaires de France).

Bohning, W. R., and M. L. Schloeter-Paredes, eds. 1994. *Aid in Place of Migration*. Geneva : International Labor Office.

Bonacich, Edna, Lucie Cheng, Norma Chinchilla, Nora Hamilton, and Paul Ong, eds. 1994. *Global Production : The Apparel Industry in the Pacific Rim*. Philadelphia : Temple University Press.

Bonilla, A. F., and R. Campos 1982. "Imperialist Initiatives and the Puerto Rican Worker : From Foraker to Reagan." *Contemporary Marxism* 5 : 1–18.

Bonilla, Frank, Edwin Melendez, Rebecca Morales, and Maria de los Angeles Torres, eds. 1998. *Borderless Borders*. Philadelphia : Temple University Press.

Booth, William 1999. "Thirteen Charged in Gang Importing Prostitutes." *Washington Post*. August 21.

Bose, Christine E., and Edna Acosta-Belen, eds. 1995. *Women in the Latin American Development Process*. Philadelphia : Temple University Press.

Boserup, E. 1970. *Woman's Role in Economic Development*. New York : St. Martin's Press.

Bosniack, Linda S. 1992. "Human Rights, State Sovereignty and the Protection of Undocumented Migrants Under the International Migrant Workers Convention." *International Migration Review* xxv, 4 : 737–70.

Boulding, E. 1980. *Women : The Fifth World*. Washington, D.C. : Foreign

Policy Association, Headline Series 248 (February).
Boyd, Monica 1989. "Family and Personal Networks in International Migration : Recent Developments and New Agendas." *International Migration Review* 23, 3 : 638-70.
Bradshaw, York, Rita Noonan, Laura Gash, and Claudia Buchmann 1993. "Borrowing against the Future : Children and Third World Indebtness." *Social Forces* 71, 3 : 629-56.
"Brides from the Philippines?" www. geocites. co. jp/Milkyway-Kaigan/5501/ph7.html
Brigg, P. 1973. "Some Economic Interpretations of Case Studies of Urban Migration in Developing Countries." Washington, D.C. : International Bank for Reconstruction and Development, Staff Working Paper 10. 151 (March).
Briggs, Vernon M., Jr. 1992. *Mass Immigration and the National Interest*. Armonk, N.Y. : M. E. Sharpe.
Buchmann, Claudia 1996. "The Debt Crisis, Structural Adjustment and Women's Education." *International Journal of Comparative Studies* 37, 1-2 : 5-30.
Burbach, R., and P. Flynn 1980. *Agribusiness in the Americas*. New York : Monthly Review Press and NACLA [中野一新・村田武監訳『アグリビジネス——アメリカの食糧戦略と多国籍企業』大月書店, 1987 年].
Byerlee, D. 1972. "Research on Migration in Africa : Past Present and Future." Department of Agricultural Economics, African Rural Employment Paper No. 2. Michigan State University (September).
Cagatay, Nilufer, and Sule Ozler 1995. "Feminization of the Labor Force : The Effects of Long-term Development and Structural Adjustment." *World Development* 23, 11 : 1883-1894.
Cahn, Edgar S. 1994. "Reinventing Poverty Law." *Yale L. J.* 103 : 2133.
Calabrese, Andrew, and Jean-Claude Burgelman 1999. *Communication, Citizenship and Social Policy : Re-thinking the Limits of the Welfare State*. London, MD : Rowman and Littlefield.
—— and Borchert Mark 1996. "Prospects for Electronic Democracy in the United States : Rethinking Communication and Social Policy." *Media, Culture and Society* 18 : 249-68.
Capecchi, Vittorio 1989. "The Informal Economy and the Development of Flexible Specialization in Emilia-Romagna." In Portes et al., eds., *The Informal Economy*, 189.
Carbonneau, Thomas E., ed. 1990. *Lex Mercatoria and Arbitration : A Discus-*

sion of the New Law Merchant. Dobbs Ferry, N.Y. : Transnational Juris Publications.
Castells, Manuel, and Yuko, Aoyama 1994. "Paths towards the Informational Society : Employment Structure in G-7 Countries, 1920-90." *International Labor Review* 133, 1 : 5-33.
—— and Alejandro Portes 1989. "World Underneath : The Origins, Dynamics, and Effects on the Informal Economy." In Portes et al., eds., *The Informal Economy*.
Castles, Stephen and Mark J. Miller 1998. *The Age of Migration : International Population Movements in the Modern World* (Second Edition). New York : Macmillan [関根政美・関根薫訳『国際移民の時代』名古屋大学出版会，1996年(ただし第1版訳)].
Castro, Mary Garcia 1986. "Work Versus Life : Columbian Women in New York." In June Nash and Helen Sefa, eds., *Women and Change in Latin America*.
—— 1982. "Mary and Eve's Reproduction in the Big Apple : Colombian Voices." *Occasional Papers* 35. Center for Latin American and Caribbean Studies, New York University.
Castro, Max, ed. 1999. *Free Markets, Open Societies, Closed Borders?* Miami : North-South Center Press, University of Miami.
Caughman, S., and M. N'diaye Thiam 1980. "Soap-making : The Experiences of a Woman's Co-operative in Mali." *Appropriate Technology* 7, 3 (Dec.) : 4-6.
CEPAL 1994. *Desarrollo reciente de los procesos de integración en América Latina y el Caribe*. Santiago, Chile : CEPAL.
—— 1992. "Consideraciones sobre la formación de recursos humanos en Centroamérica." (Mimeo) Mexico : CEPAL.
Chaney, Elsa M. 1984. *Women of the World : Latin America and the Caribbean*. Washington, D. C. : Office of Women in Development, United States Agency for International Development (May).
—— and M. W. Lewis 1980. "Women, Migration and the Decline of Small Holder Agriculture." Washington, D.C. : Office of Women in Development, United States Agency for International Development (Oct).
Chang, Grace 1998. "Undocumented Latinas : The New 'Employable Mothers.' " In M. Andersen, and Patricia Hill Collins, eds., *Race, Class, and Gender* (Third Edition), 311-19. Belmont : Wadsworth.
Chant, Sylvia, ed. 1992. *Gender and Migration in Developing Countries*. London and New York : Belhaven Press.

Charlesworth, Hilary 1992. "The Public / Private Distinction and the Right to Development in International Law." *Austrl. Y.B. Int'l. Law* 12 : 190.

—— et al. 1991. "Feminist Approaches to International Law." *American Journal of International Law* 85 : 613.

Chen, Xiangming 1995. "Chicago as a Global City." *Chicago Office* 5.

Chin, Christine 1997. "Walls of Silence and Late 20th Century Representations of Foreign Female Domestic Workers : The Case of Filipina and Indonesian Houseservants in Malaysia." *International Migration Review* 31, 1 : 353-85.

Chinkin, Christine 1992. "A Gendered Perspective to the International Use of Force." *Austl. Y.B. Int'l. Law* 12 : 279.

Cho, S. K. 1984. "The Feminization of the Labor Movement in South Korea." Department of Sociology, University of California, Berkeley. Unpublished.

Chossudovsky, Michel 1997. *The Globalisation of Poverty*. Lodnon : Zed/ TWN [郭洋春訳『貧困の世界化——IMF と世界銀行による構造調整の衝撃』柘植書房新社，1999 年].

Chuang, Janie 1998. "Redirecting the Debate over Trafficking in Women : Definitions, Paradigms, and Contexts." *Harvard Human Rights Journal* 10 (Winter).

Clark, Gracia 1996a. "Implications of Global Polarization for Feminist Work." A Discussion of Saskia Sassen's Presentation at the Conference on Feminism and Globalization, Ind. Univ. Law School, March 22.

—— 1996b. "Implications of Globalization for Feminist Work." *Ind. J. Global Legal Stud*. 4, 43 : 46.

Clark, Rebecca L., et al. 1994. *Fiscal Impacts of Undocumented Aliens : Selected Estimates for Seven States*. Report to the Office of Management and Budget and the Department of Justice. September. Washington, D. C. : The Urban Institute.

Coalition Against Trafficking in Women (Annual). *Reports*.

Coalition to Abolish Slavery and Trafficking (Annual). *Factsheet*. www.traffickedwomen.org/fact.html

Cohen, Michael A., Blair A. Ruble, Joseph S. Tulchin, and Allison M. Garland, eds. 1996. *Preparing for the Urban Future : Global Pressures and Local Forces*. Washington, D.C. : Woodrow Wilson Center Press.

Cohen, S. M., and S. Sassen-Koob 1982. *Survey of Six Immigrant Groups in Queens, New York City*. Queens College, City University of New York.

Cohen, Stephen S., and John Zysman 1987. *Manufacturing Matters : The Myth of the Post-Industrial Economy*. New York : Basic Books [大岡哲・岩田悟志訳『脱工業化社会の幻想——「製造業」が国を救う』TBS ブリタニカ，1990 年].

Columbia University, Program in Urban Planning 1986. Development and Preservation in Manhattan's Chelsea (コロンビア大学都市計画学部所蔵).

Comisión Migraciones, Seguridad e Informática 1992. ACTA. Montevideo, 17–20 November.

Competition and Change 1995. *The Journal of Global Business and Political Economy* 1, 1. Harwood Academic Publisher.

Coombe, Rosemary J. 1995. "The Cultural Life of Things : Anthropological Approaches to Law and Society in Conditions of Globalization." *Am. U. J. Int'l. L. & Pol'y* 10 : 791.

—— 1993. "The Properties of Culture and the Politics of Possessing Identity : Native Claims in the Cultural Appropriation Controversy." *The Canadian Journal of Law and Jurisprudence* 6, 2 (July) : 249–85.

Copjec, Joan, and Michael Sorkin, ed. 1999. *Giving Ground*. London : Verso.

Corbridge, S., R. Martin, and N. Thrift, eds. 1994. *Money, Power and Space*. Oxford, England ; Cambridge, Mass. : Blackwell.

Cordier, Jean 1992. "Paris, place financiére bancaire." In M. Berger and C. Rhein, eds., *L'Ile de France et la recherche urbaine*. STRAITES-CNRS Univ. Paris 1, et Plan Urbain-DATAR.

Cornelius, Wayne A., Philip L. Martin, and James F. Hollifield, eds. 1994. *Controlling Immigration : A Global Perspective*. Stanford, Calif. : Stanford University Press.

Cox, Robert 1987. *Production, Power, and World Order : Social Forces in the Making of History*. New York : Columbia University Press.

Daes, Erica-Irene A. 1995. "Equality of Indigenous Peoples Under the Auspices of the United Nations — Draft Declaration on the Rights of Indigenous Peoples." *St. Thomas Law Review* 7 : 493.

—— 1993. "Explanatory Note Concerning the Draft Declaration on the Rights of Indigenous Peoples." 20–23. UN Doc. E/CN. 4/Sub. 2.

Dallmeyer, Dorinda G., ed. 1993. *Reconceiving Reality : Women and International Law* (American Society of International Law Series, Studies in Transnational Legal Policy 25 : 143).

Daly, M. T., and R. Stimson 1992. "Sydney : Australia's Gateway and Finan-

cial Capital." In E. Blakely and T. J. Stimpson, eds., *New Cities of the Pacific Rim*, chap. 18. Institute for Urban & Regional Development, University of California, Berkeley.

Daniels, Peter W. 1985. *Service Industries : A Geographical Appraisal*. London and New York : Methuen.

—— and Frank Moulaert, eds. 1991. *The Changing Geography of Advanced Producer Services*. London and New York : Belhaven Press.

Dauber, R., and M. L. Cain, eds. 1981. *Women and Technological Change in Developing Countries*. Boulder, Colo. : Westview Press.

David, Natacha 1999. "Migrants Made the Scapegoats of the Crisis." *ICFTU Online*. International Confederation of Free Trade Unions : www.hartford-hwp.com/archives/50/012.html

Deere, C. D. 1976. "Rural Women's Subsistence Production in the Capitalist Periphery." *Review of Radical Political Economy* 8, 1 : 9-17.

Delaunay, Jean Claude, and Jean Gadrey 1987. *Les Enjeux de la société de service*. Paris : Presses de la Fondation des Sciences Politiques.

Delaunoy, I. V. 1975. "Formación, Empleo y Seguridad Social de la Mujer en América Latina y el Caribe." In Henriques de Paredes, P. Izaguirre, and I. V. Delaunoy eds., *Participación de la Mujer en el Desarollo de América Latina y el Caribe*, 59-114. Santiago, Chile : UNICEF Regional Office.

Dencker, Klaus Peter, ed. 1997. *Labile Ordnungen : Netze Denken*. Hamburg : Verlag Hans Bedrow.

Dezalay, Yves, and Garth Bryant 1995. "Merchants of Law as Moral Entrepreneurs : Constructing International Justice from the Competition for Transnational Business Disputes." *Law and Society Review* 29, 1 : 27-64.

—— 1992. *Marchands de Droit*. Paris : Fayard.

Directores Generales de Migraciones, Centroamérica 1992. "Políticas de control sobre las corrientes migratorias en Centroamérica." *La migración internacional : Su impacto en Centroamérica*. San Jose, Costa Rica.

Drache, D., and M. Gertler, eds. 1991. *The New Era of Global Competition : State Policy and Market Power*. Montreal : McGill-Queen's University Press.

Drennan, Mathew P. 1992. "Gateway Cities : The Metropolitan Sources of U. S. Producer Service Exports." *Urban Studies* 28, 2 : 217-35.

Dunlap, Jonathan C., and Ann Morse 1995. "States Sue Feds to Recover Immigration Costs." NCSL *Legisbrief* 3, 1 (January). Washington, D.C. : National Conference of State Legislatures.

Dunn, Seamus, ed. 1994. *Managing Divided Cities*. Staffs, U.K. : Keele University Press.

Eisenstein, Zillah 1996. "Stop Stomping on the Rest of US : Retrieving Publicness from the Privatization of the Globe." *Indiana Journal of Global Legal Studies*. Special Symposium on *Feminism and Globalization : The Impact of The Global Economy on Women and Feminist Theory* 4, 1 (Fall).

Elshtain, Jean Bethke 1991. "Sovereign God, Sovereign State, Sovereign Self." *Notre Dame Law Review* 66 : 1355-85.

Elson, Diane 1995. *Male Bias in Development* (Second Edition). Manchester ; New York : Manchester University Press.

Engle, Karen 1993. "After the Collapse of the Public/Private Distinction : Strategizing Women's Rights." In Dorinda G. Dallmeyer et al. eds., *Reconceiving Reality : Women and International Law* (Am. Soc'y Int'l. Law Series, Studies in Transnational Legal Policy 25 : 143-56).

Enloe, Cynthia 1988. *Bananas, Beaches, and Bases*. California : University of California Press.

Espenshade, Thomas J., and Vanessa E. King 1994. "State and Local Fiscal Impacts of U.S. Immigrants : Evidence from New Jersey." *Population Research and Policy Review* 13 : 225-56.

Fagen, Patricia Weiss, and Joseph Eldridge 1991. "Salvadorean Repatriation from Honduras." In Mary Ann Larkin ed., *Repatriation Under Conflict : The Central American Case*, Washington, D.C. : HMP, CIPRA, Georgetown University.

Fainstein, Susan 1994. *The City Builders : Property, Politics, and Planning in London and New York*. Cambridge, Mass. : Blackwell.

Fainstein, S., I. Gordon, and M. Harloe 1993. *Divided Cities : Economic Restructuring and Social Change in London and New York*. Cambridge, Mass. : Blackwell.

Falk, Richard 1989. "A New Paradigm for International Legal Studies : Prospects and Proposals." *Revitalizing International Law* 3, 38.

Farrior, Stephanie 1997. "The International Law on Trafficking in Women and Children for Prostitution : Making It Live Up to Its Potential." *Harvard Human Rights Journal* 10 (Winter).

Fernandez-Kelly, M. P., and Anna M. Garcia 1990. "Power Surrendered Power Restored : The Politics of Home and Work among Hispanic Women in Southern California and Southern Florida." In Louise Tilly and P. Guerin eds., *Women and Politics in America*, 130-49. New York :

The Russell Sage Foundation.

—— and Anna M. Garcia 1989. "Informalization at the Core : Hispanic Women, Homework, and the Advanced Capitalist State." In Portes et al., eds., *The Informal Economy*, 247.

—— 1983. *For We Are Sold, I and My People : Women and Industry in Mexico's Frontier*. Albany : SUNY Press.

Foner, Nancy 1986. "Sex Roles and Sensibilities : Jamaican Women in New York and London." In Rita James Simon and Caroline B. Brettell eds., *International Migration : The Female Experience*, 133-49. Totowa, N. J. : Rowman and Allanheld.

Franck, Thomas M. 1992. "The Emerging Right to Democratic Governance." *American Journal of International Law* 86, 1 : 46-91.

Friedmann, John 1995. "Where We Stand : A Decade of World City Research." In Knox and Taylor, eds., op. cit. 21-47.

—— 1986. "The World City Hypothesis." *Development and Change* 17 : 69-84.

Frost, Martin, and Nigel Spence 1992. "Global City Characteristics and Central London's Employment." *Urban Studies* 30, 3 : 547-58.

Gad, Gunter 1991. "Toronto's Financial District." *Canadian Urban Landscapes* 1 : 203-07.

Garcia, Linda 1995. "The Globalization of Telecommunications and Information." In William J. Drake ed., *The New Information Infrastructure : Strategies for U.S. Policy*, New York : Twentieth Century Fund Press.

Gardan, Judith G. 1993. "The Law of Armed Conflict : A Feminist Perspective." In Kathleen E. Mahoney and Paul Mahoney eds., *Human Rights in the Twenty-First Century : A Global Challenge*. Dordrecht : M. Nijhoff.

General Accounting Office (GAO) 1995. *Illegal Aliens : National Net Cost Estimates Vary Widely*. July, GAO/HEHS-95-133. Washington D.C. : U. S. GAO.

—— 1994. *Illegal Aliens : Assessing Estimates of Financial Burden on California*. November, GAO/HEHS-95-22. Washington D.C. : U.S. GAO.

George, S. 1977. *How the Other Half Dies : The Real Reasons for World Hunger*. Montclair, N.J. : Allanheld, Osmun [小南祐一郎・谷口真里子訳『なぜ世界の半分が飢えるのか——食糧危機の構造』朝日新聞社，1980 年].

Georges, Eugenia 1990. *The Making of a Transnational Community : Migration, Development, and Cultural Change in the Dominican Republic*. New York : Columbia University Press.

Gereffi, Gary 1996. "The Elusive Last Lap in the Quest for Developed Coun-

try Status." In James H. Mittelman. ed., *Globalization : Critical Reflections. International Political Economy Yearbook* 9. Boulder, Colo. : Lynne Reinner Publishers.
Gershuny, Jonathan, and Ian Miles 1983. *The New Service Economy : The Transformation of Employment in Industrial Societies*. New York : Praeger［阿部真也監訳『現代のサービス経済』ミネルヴァ書房，1987年］.
Giddens, Anthony 1987. *The Nation-State and Violence*. Berkeley : University of California Press［松尾精文・小幡正敏訳『国民国家と暴力』而立書房，1999年］.
Glenn, Evelyn Nakano 1986. *Issei, Nisei, War Bride : Three Generations of Japanese-American Women in Domestic Service*. Philadelphia : Temple University Press.
Global Survival Network 1997. "Crime and Servitude : An Expose of the Traffic in Women for Prostitution from the Newly Independent States." www.globalsurvival.net/femaletrade.html (November)
Goldstein, Judith, and Robert O. Keohane, eds. 1993. *Ideas and Foreign Policy : Beliefs, Institutions, and Political Change*. Ithaca, N.Y. : Cornell University Press.
Goodwin-Gill, G. S. 1989. "Nonrefoulement and the New Asylum Seekers." In D. A. Martin ed., *The New Asylum Seekers : Refugee Policy in the 1980s*, Dordrecht Netherlands : Martinus Nijhoff.
Graham, Stephen, and Simon Marvin 1996. *Telecommunications and the City : Electronic Spaces, Urban Places*. London and New York : Routledge.
Grasmuck, S. 1982. "The Impact of Emigration on National Development : Three Sending Communities in tile Dominican Republic." *Occasional Papers* 32. Center for Latin American and Caribbean Studies, New York University.
Grasmuck, Sherri, and Patricia Pessar 1991. *Between Two Islands : Dominican International Migration*. Berkeley : University of California Press.
Gross, R. 1979. "Women's Place in the Integrated Circuit." *Southeast Asia Chronicle* 66 : 2-17.
Gunning, Isabelle R. 1991. "Modernizing Customary International Law : The Challenge of Human Rights." *Va. J. Int'l L.* 31 : 211.
Hall, S. 1991. "The Local and the Global : Globalization and Ethnicity." In Anthony D. King, ed., *Culture, Globalization and the World-System : Contemporary Conditions for the Representation of Identity. Current Debates in Art History 3*. Department of Art and Art History, State University

of New York at Binghamton [山中弘・安藤充・保呂篤彦訳『文化とグローバル化——現代社会とアイデンティティ表現』玉川大学出版部, 1999 年].
Hanami, T., and Y. Kuwahara, eds. 1989. *Tomorrow's Neighbors : Foreign Workers* [花見忠・桑原靖夫編『明日の隣人外国人労働者』東洋経済新報社, 1989 年].
Harris, J., and M. Todaro 1970. "Migration, Unemployment and Development : A Two-Sector Analysis." *American Economic Review* 60, 1 (March) : 126-42.
Harrison, Bennet and Barry Bluestone 1988. *The Great U-Turn : Corporate Restructuring and the Polarizing of America*. New York : Basic Books.
Hartmann, Heidi 1987. "Changes in Women's Economic and Family Roles in Post-World War II United States." In Beneria and Stimpson, op. cit. 33.
Hassan, Farooq 1983. "The Doctrine of Incorporation." *Human Rights Quarterly* 5 : 68-86.
Haus, Leah 1995. "Openings in the Wall : Transnational Migrants, Labor Unions, and U.S. Immigration Policy." *International Organization* 49, 2 (Spring) : 285-313.
Heisler, Martin 1986. "Transnational Migration as a Small Window on the Diminished Autonomy of the Modern Democratic State." *Annals* (American Academy of Political And Social Science) 485 (May) : 153-66.
Henkin, Louis 1990. *The Age of Rights*. New York : Columbia University Press [小川水尾訳『人権の時代』有信堂高文社, 1996 年].
Herrick, B. 1971. "Urbanization and Urban Migration in Latin America : An Economist's View." In F. Rabinovitz and F. Trueblood, eds., *Latin American Urban Research* 1. Beverly Hills, Calif. : Sage Publications.
Heyzer, Noeleen 1994. *The Trade in Domestic Workers*. London : Zed.
Hitz, Hansruedi, et al., eds. 1995. *Financial Metropoles in Restructuring : Zurich and Frankfurt En Route to Postfordism*. Zurich : Rootpunkt.
Hobsbaum, Eric 1991. *Nations and Nationalism since 1780 : Programme, Myth, Reality*. Cambridge, U.K. : Cambridge University Press [浜林正夫・嶋田耕也・庄司信訳『ナショナリズムの歴史と現在』大月書店, 2001 年].
Hollifield, James F. 1992. *Immigrants, Markets, and States*. Cambridge, Mass. : Harvard University Press.
Holston, James, ed. 1996. "Cities and Citizenship." A Special Issue of *Public Culture* 8, 2 (Winter).

Hondagneu-Sotelo, Pierrette 1994. *Gendered Transitions : Mexican Experiences of Immigration*. Berkeley : University of California Press.

Hugo, Graeme 1995. "Indonesia's Migration Transition." *Journal für Entwicklungspolitik* 11, 3 : 285–309.

Indiana Journal of Global Legal Studies 1996. Special Symposium on *Feminism and Globalization : The Impact of The Global Economy on Women and Feminist Theory* 4, 1 (Fall).

Information Technologies and Inner-City Communities 1995. Special issue of the *Journal of Urban Technology* 3 (Fall).

Institute for Social Research 1987. "Measurement of Selected Income Flows in Informal Markets 1981 and 1985–1986." University of Michigan, Ann Arbor.

Institute of Social Studies, New Delhi 1979. "A Case Study on the Modernization of the Traditional Handloom Weaving Industry in the Kashmir Valley : The Integrated Development Project for the Woolen Handloom Weaving Industry in Jammu and Kashmir." Bangkok : Asian and Pacific Centre for Women and Development (May).

International Covenant on Civil and Political Rights. G. A. Res. 2200 (XXI), 21 U.N. Gaor Supp. (No. 16) at 49, U.N. Doc. A/6516 (entered into force Mar. 23, 1976).

International Labor Office (ILO) 1982. *Yearbook of Labor Statistics, 1981*. Geneva : ILO.

—— 1981. *Employment Effects of Multinational Enterprises in Developing Countries*. Geneva : ILO.

International Migration Office (IOM). (Annual Quarterly) *Trafficking in Migrants* (Quarterly Bulletin). Geneva : IOM.

Isbister, John 1996. *The Immigration Debate : Remaking America*. West Hartford, Conn. : Kumarian Books.

Ismi, Asad 1998. "Plunder with a Human Face." *Z Magazine* (February).

Iyotani, T., and T. Naito 1989. "Tokyo no Kokusaika de Tenkan Semarareru Chusho Kigyo." *Ekonomisuto* (Sept. 5) : 44–49 [伊豫谷登士翁・内藤俊雄「東京の国際化で転換迫られる中小企業」『エコノミスト』9月5日号].

Jacobson, David 1996. *Rights From Across Borders : Immigration and the Decline of Citizenship*. Baltimore : Johns Hopkins University Press.

Jelin, E. 1979. "Women and the Urban Labor Market." International Labor Office, World Employment Programme Research. Working Papers No. 77 of the Population and Labor Policies Programme (Sept.).

Jessop, Robert 1990. *State Theory : Putting the Capitalist States in Its Place*.

University Park : Pennsylvania State University Press [中谷義和訳『国家理論——資本主義国家を中心に』御茶の水書房，1994年].
Johnston, Douglas M. 1988. "Functionalism in the Theory of International Law." *Can. Y.B. Int'l L.* 26, 3.
Jones, Erika 1999. "The Gendered Toll of Global Debt Crisis." *Sojourner* 25, 3 : 20–38.
Journal für Entwicklungspolitik 1995. *Schwerpunkt : Migration.* 11, 3. Frankfurt : Brandes & Apsel Verlag.
Judd, Dennis, and Susan Fainstein 1999. *The Tourist City.* New Haven, Ct. : Yale University Press.
JUNAC-OIM 1993. *Integración, migración y desarrollo sostenible en el grupo Andino.* Lima : JUNAC-OIM.
Kelly, D. 1984. "Hard Work, Hard Choices : A Survey of Women in St. Lucia's Export Oriented Electronics Factories." Unpublished Research Report.
Kempadoo, Kamala, and Jo Doezema 1998. *Global Sex Workers : Rights, Resistance, and Redefinition.* London : Routledge.
Kennedy, David 1992. "Some Reflections on 'the Role of Sovereignty in the New International Order.'" In *State Sovereignty : The Challenge of a Changing World : New Approaches and Thinking on International Law,* 237 (Proceedings of the 21st Annual Conference of the Canadian Council on International Law, Ottawa, October 1992).
Kessler-Harris, Alice, and Karen Brodkin Sacks 1987. "The Demise of Domesticity in America." In Beneria and Stimpson, op. cit. 65–84.
Kibria, Nazli 1993. *Family Tightrope : The Changing Lives of Vietnamese Americans.* Princeton : Princeton University Press.
King, Anthony D., ed. 1996. *Re-presenting the City : Ethnicity, Capital and Culture in the 21st-Century.* New York : New York University Press.
—— 1990. *Urbanism, Colonialism, and the World Economy : Culture and Spatial Foundations of the World Urban System.* The International Library of Sociology, London and New York : Routledge.
Knop, Karen 1993. "Re/Statements : Feminism and State Sovereignty in International Law." *Transnational Law and Contemporary Problems* 3 (Fall) : 293–344.
—— 1992. "The 'Righting' of Recognition : Recognition of States in Eastern Europe and the Soviet Union." In Kennedy, op. cit. 36–43.
Knox, Paul, and Peter J. Taylor, eds. 1995. *World Cities in a World-System.* Cambridge, U.K. : Cambridge University Press [藤田直晴訳編『世界都市

の論理』鹿島出版会，1997 年].
Komai, H. 1992. “Are Foreign Trainees in Japan Disguised Cheap Laborers?” *Migration World* 20 : 15–17.
Kooiman, Jan, and Martin van Vliet 1993. “Governance and Public Management.” In K. A. Eliassen and J. Kooiman eds., *Managing Public Organizations : Lessons from Contemporary European Experience*, 58–72. London : Sage.
Kratochwil, Friedrich 1986. “Of Systems, Boundaries and Territoriality : An Inquiry into the Formation of the State System.” *World Politics* 54 (October) : 27–52.
Kratochwil, K. Herman 1995. “Movilidad transfronteriza de personas y procesos de integración regional en América Latina.” *Revista de la OIM sobre Migraciones en América Latina* 13, 2 : 3–12.
Kroker, Arthur and Marilouise 1996. *Hacking the Future : Stories for the Flesh-eating 90s*. New York : St. Martin's Press.
Kunzmann, K. R., and M. Wegener 1991. “The Pattern of Urbanisation in Western Europe, 1960–1990.” Report for the Directorate General XVI of the Commission of the European Communities, as part of the study “Urbanisation and the Function of Cities in the European Community.” (March 15). Dortmund, Germany : Institut für Raumplanung.
Lamphere, Louise 1987. *From Working Daughters to Working Mothers : Immigrant Women in a New England Industrial Community*. Ithaca, N.Y. : Cornell University Press.
Land, K. 1969. “Duration of Residence and Prospective Migration : Further Evidence.” *Demography* 6, 2 : 133–40.
Lawrence, R. Z. 1984. “Sectoral Shifts and the Size of the Middle Class.” *Brookings Review*, Fall : 3–11.
Le Débat 1994. *Le Nouveau Paris*. Special Issue of *Le Débat*. Summer.
Leftwich, A. 1994. “Governance, the State, and the Politics of Development.” *Development and Change* 24, 4 : 363–86.
Leichter, Franz S. 1989. *Banking on the Rich : Commercial Bank Branch Closing and Openings in the New York Metropolitan Area, 1978–88* (未出版草稿．コロンビア大学都市計画学部所蔵).
Leon, Ramon, and K. Herman Kratochwil 1993. “Integración, migraciones y desarrollo sostenido en el Grupo Andino.” *Revista de la OIM sobre Migraciones en América Latina* 11, 1 (April) : 5–28.
Levine, Marc 1993. *Montreal*. Philadelphia : Temple University Press.
Lewis, W. Arthur 1955. *The Theory of Economic Growth*. London : Allen &

Urwin.
Lim, L. Y. C. 1980. "Women Workers in Multinational Corporations : The Case of the Electronics Industry in Malaysia and Singapore." In Krishna Kumar ed., *Transnational Enterprises : Their Impact on Third World Societies and Cultures*. Boulder, Colo. : Westview Press.
―― 1978. "Women in Export Processing Zones." New York : UNIDO.
Lim, Lin 1998. *The Sex Sector : The Economic and Social Bases of Prostitution in Southeast Asia*. Geneva : International Labor Office [津田守・さくまゆみこ他訳『セックス「産業」――東南アジアにおける売買春の背景』日本労働研究機構, 1999年].
Lin, Lap-Chew, and Wijers Marjan 1997. *Trafficking in Women, Forced Labour and Slavery-like Practices in Marriage, Domestic Labour and Prostitution*. Utrecht : Foundation Against Trafficking in Women (STV), and Bangkok : Global Alliance Against Traffic in Women (GAATW).
Longcore, T. R. 1993. "Information Technology and World City Restructuring : The Case of New York City's Financial District." Unpublished thesis, Department of Geography, University of Delaware.
Lovink, Geert 1997. "Grundisseeiner Netzkritik." In K. P. Dencker ed., *Labile Ordnungen : Netz Denken*, 234-45. Hamburg : Verlag Hans Bedrow.
Lyons, Donald, and Scott Salmon 1995. "World Cities, Multinational Corporations and Urban Hierarchy : The Case of the United States." In P. Knox & P. J. Taylor, eds., 98-114.
Machimura, Takashi 1992. "The Urban Restructuring Process in the 1980s : Transforming Tokyo into a World City." *International Journal of Urban and Regional Research* 16, 1 : 114-28.
MacKinnon, Catherine A. 1989. *Toward a Feminist Theory of the State*. Cambridge, Mass. : Harvard University Press.
Mahler, Sarah J. 1995. *American Dreaming : Immigrant Life on the Margins*. Princeton, N.J. : Princeton University Press.
Malkki, Liisa H. 1995. "Refugees and Exile : From 'Refugee Studies' to the National Order of Things." *Annual Review of Anthropology* 24 : 495-523.
Markusen, A., and V. Gwiasda 1994. "Multipolarity and the Layering of Functions in the World Cities : New York City's Struggle to Stay on Top." *International Journal of Urban and Regional Research* 18 : 167-93.
Marmora, Lelio 1994. "Desarrollo sostenido y políticas migratorias : su tratamiento en los espacios latinoamericanos de integración." *Revista de la OIM sobre Migraciones en América Latina* 12, 1/3 (April-December) :

5-50.
—— 1985a. *Las migraciones laborales en Colombia*. Washington : OEA.
—— 1985b. *Las migraciones laborales en Venezuela*. Washington : OEA.
Marshall, A. 1983. "Immigration in a Surplus-Worker Labor Market : The Case of New York." *Occasional Papers* 39. Center for Latin American and Caribbean Studies, New York University.
—— 1976. *Inmigración, demanda de fuerza de trabajo y estructura ocupacional en el área metropolitana*. Buenos Aires : Facultad Latinoamericana de Ciencias Sociales.
Marshall, J. N., et al. 1986. *Uneven Development in the Service Economy : Understanding the Location of Producer Services*. Report of the Producer Services Working Party, Institute of British Geographers and the ESRC. August.
Martin, Philip L. 1993. *Trade and Migration : NAFTA and Agriculture*. Washington D.C. : Institute for International Economics (October).
Martinotti, Guido 1993. *Metropoli : La nuova morfología sociale della città*. Bologna : Il Mulino.
Massey, Douglas S., et al. 1993. "Theories of International Migration : A Review and Appraisal." *Population and Development Review* 19, 3 : 431-66.
Mazlish, Bruce, and Ralph Buultjens, eds. 1993. *Conceptualizing Global History*. Boulder, Colo. : Westview Press.
McDougal, Myres S., and W. Michael Reisman 1983. "International Law in Policy-Oriented Perspective." In R. St. J. Macdonald and Douglas M. Johnston eds., *The Structure and Process of International Law : Essays in Legal Philosophy, Doctrine and Theory*. The Hague : M. Nijhoff.
Mehra, Rekha 1997. "Women, Empowerment and Economic Development." *Annals of the American Academy of Political and Social Science* (November) : 136-49.
Meng, Eddy 1994. "Mail Order Brides : Gilded Prostitution and the Legal Responses." *University of Michigan Journal of Law Reform* (Fall).
Milkman, Ruth 1987. *Gender at Work : The Dynamics of Job Segregation by Sex during World War II*. Urbana : University of Illinois Press.
Minow, Martha 1990. *Making All the Difference : Inclusion, Exclusion, and American Law*. Ithaca : Cornell University Press.
Mitchell, Christopher 1989. "International Migration, International Relations and Foreign Policy." *International Migration Review* (Fall).
Mitchelson, Ronald L., and James O. Wheeler 1994. "The Flow of Information in a Global Economy : The Role of the American Urban System in

1990." *Annals of the Association of American Geographers* 84, 1 : 87-107.
Mittelman, James, ed. 1996. *Globalization : Critical Reflections. International Political Economy Yearbook* 9. Boulder, Colo. : Lynne Reinner Publishers.
Miyajima, T. 1989. *The Logic of Receiving Foreign Workers : Amongst Dilemmas of Advanced Societies* [宮島喬『外国人労働者迎え入れの論理——先進社会のジレンマのなかで』明石書店, 1989年].
Morales, Rebecca 1994. *Flexible Production : Restructuring of the International Automobile Industry*. Cambridge, U.K. : Polity Press.
—— 1983. "Undocumented Workers in a Changing Automobile Industry : Case Studies in Wheels, Headers and Batteries." *Proceedings of the Conference on Contemporary Production : Capital Mobility and Labor Migration*. Center for U.S.-Mexican Studies, University of California, San Diego.
Morita, K. 1992. "Japan and the Problem of Foreign Workers." Research Institute for the Japanese Economy, Faculty of Economics, University of Tokyo-Hongo.
Morokvasic, Mirjana 1984. "Birds of Passage Are Also Women." *International Migration Review* 18, 4 : 886.
Morrison, P. 1967. "Duration of Residence and Prospective Migration : The Evaluation of a Stochastic Model." *Demography* 4 : 553-61.
Moser, Carolyn 1989. "The Impact of Recession and Structural Adjustment Policies at the Micro-level : Low Income Women and their Households in Guayaquil, Ecuador." *Invisible Adjustment* 2. UNICEF.
Moss, Mitchell 1991. "New Fibers of Urban Economic Development." *Portfolio : A Quarterly Review of Trade and Transportation* 4, 1 : 11-18.
Multinational Monitor 1982. "Focus : Women and Multinationals." Washington, D.C. (Summer).
Münker, Stefan, and Alexander Roesler, eds. 1997. *Mythos Internet*. Frankfurt : Suhrkamp.
Nash, June, and Helen Sefa, eds. 1986. *Women and Change in Latin America*. South Hadley : Bergin & Garvey Publishers.
Nedelsky Jennifer 1989. "Reconceiving Autonomy." *Yale J.L. & Feminism* 1, 7.
Negri, Toni 1995. "A quoi sert encore l'Etat." *Pouvoirs Pouvoir* 25-26 of *Futur Antérieur*, 135-52. Paris : L'Harmattan.
Nelson, J. 1974. "Sojourners vs. New Urbanities : Causes and Consequences of Temporary vs. Permanent Cityward Migration in Develop-

ing Countries." Center for International Affairs, Harvard University.
Nettime 1991. *Net Critique.* Compiled by Geert Lovink and Pit Schultz. Berlin : Edition ID-Archiv.
New York City Department of Finance 1986. *Unearthing the Underground Economy,* Report.
New York State Department of Labor 1982a. *Report to the Governor and the Legislature on the Garment Manufacturing Industry and Industrial Homework.* Albany : New York State Department of Labor.
—— 1982b. *Study of State-Federal Employment Standards for Industrial Homeworkers in New York City.* Albany : New York State Department of Labor.
—— 1980. *Occupational Employment Statistics : Services, New York State, April-June 1978.* Albany : New York State Department of Labor.
—— 1979. *Occupational Employment Statistics : Finance, Insurance, Real Estate, New York State, May-June 1978.* Albany : New York State Department of Labor.
New York State Legislature 1982. *New York State's Underground Economy : Untaxed and Growing,* Report, Common Oversight, Analysis, and Investigation.
North American Congress on Latin America (NACLA) 1978. "Capital's Flight : The Apparel Industry Moves South." *Latin America and Empire Report* 11, 3.
—— 1977. "Electronics : The Global Industry." *Latin America and Empire Report* 11, 4.
Noyelle, T., and A. B. Dutka 1988. *International Trade in Business Services : Accounting, Advertising, Law and Management Consulting.* Cambridge, Mass. : Ballinger Publishing.
OIM 1991a. *Proyecto Regional de la Organización Centroamericana de Migración. Políticas e Instrumentos Migratorios para la Integración de América Central.* Costa Rica : PROCAM/OIM.
—— 1991b. *Programa de Integración y Migraciones para el Cono Sur.* Buenos Aires : PRIMCOS/OIM.
—— 1991c. *Aspectos Jurídicos e Institucionales de las Migraciones : Peru, Colombia, Bolivia, Venezuela.* Geneva : OIM.
—— 1991d. *Aspectos Jurídicos e Institucionales de las Migraciones : Costa Rica, El Salvador, Honduras, Nicaragua y Panama.* Geneva : OIM.
Olds, Kris, Peter Dicken, Philip F. Kelly, Lilly Kong, and Henry Wai-Chung Yeung, eds. 1999. *Globalization and the Asian Pacific : Contested*

Territories. London : Routledge.

Ong, Aihwa 1996a. "Globalization and Women's Rights : The Asian Debate on Citizenship and Communitarianism." *Indiana Journal of Global Legal Studies*. Special Symposium on *Feminism and Globalization : The Impact of The Global Economy on Women and Feminist Theory* 4, 1 (Fall).

——1996b. "Strategic Sisterhood or Sisters in Solidarity ? Questions of Communitarianism and Citizenship in Asia." *Ind. J. Global Leg. Stud.* 4 : 107.

Organization for Economic Co-operation and Development (OECD) 1981. *International Investment and Multinational Enterprises : Recent International Direct Investment Trends*. Paris : OECD.

—— 1980. "International Subcontracting : A New Form of Investment." Paris : OECD, Development Center. 136.

Orlansky D., and S. Dubrovsky 1978. "The Effects of Rural-Urban Migration on Women's Role and Status in Latin America." *Reports and Papers in the Social Sciences* 41. Paris : UNICEF.

OXFAM 1999. "International Submission to the HIPC Debt Review." (April) www.caa.org/au/oxfam/advocacy/debt/hipcreview.html

Panitch, Leo 1996. "Rethinking the Role of the State in an Era of Globalization." In Mittelman, ed., op. cit.

Parra Sandoval, R. 1981. "The Impact of Industrialization on Women's Traditional Fields of Economic Activity in Developing Countries." New York : UNIDO.

—— 1975. "La des nacionalización de la industria y los cambios en la estructural ocupacional colombiana 1920-1970." Bogota : UIDE.

Pastor, Robert A. 1980. *Congress and the Politics of U.S. Foreign Economic Policy, 1929-1976*. Berkeley : University of California Press.

Pateman, Carole 1983. "Feminist Critiques of the Public/Private Dichotomy." In Stanley I. Benn and Gerald F. Gaus eds., *Public and Private in Social Life*, London : Croom Helm, New York : St Martin's Press.

Paul, Joel R. 1994/95. "Free Trade, Regulatory Competition and the Autonomous Market Fallacy." *The Columbia Journal of European Law* 1, 1 (Fall/Winter) : 29-62.

Peraldi, Michel, and Evelyne Perrin, eds. 1996. *Réseaux Productifs et Territories Urbains*. Toulouse : Presses Universitaires du Mirail.

Pessar, Patricia 1995. "On the Homefront and in the Workplace : Integrating Immigrant Women into Feminist Discourse." *Anthropological Quar-*

terly 68, 1 : 37–47.

Peterson, V. Spike, ed. 1992. *Gendered States : Feminist (Re) Visions of International Relations Theory*. Boulder, Colo. : Lynne Rienner.

Petritsch, M. 1981. "The Impact of Industrialization on Women's Traditional Fields of Economic Activity in Developing Countries." New York : UNIDO.

von Petz, Ursula, and Klaus M. Schmals, eds. 1992. *Metropole, Weltstadt, Global City : Neue Formen der Urbanisierung* 60, Dortmund : Dortmunder Beitrage zur Raumplanung, Universitat Dortmund.

Pillon, Thierry, and Anne Querrien, eds. 1995. *La Ville-Monde Aujourd'hui : Entre Virtualité et Ancrage*. Special issue of *Futur Antérieur* 30–32.

Pineda-Ofreneo, R. 1982. "Philippine Domestic Outwork : Subcontracting for Export Oriented Industries." *Journal of Contemporary Asia* 12, 3 : 281–93.

Plender, R. 1988. *International Migration Law*. Dordrecht, Netherlands : Martinus Nijhoff.

Port Authority of New York and New Jersey 1982. *Regional Perspectives : The Regional Economy, 1981 Review, 1982 Outlook*. New York : Planning and Development Department, Regional Research Section.

Portes, Alejandro, ed. 1995. *The Economic Sociology of Immigration*. New York : The Russell Sage Foundation.

——, Manuel Castells, and Lauren A. Benton, eds. 1989. *The Informal Economy : Studies in Advanced and Less Developed Countries*. Baltimore : Johns Hopkins University Press.

—— 1979. "Illegal Immigration and the International System : Lessons from Recent Legal Mexican Immigrants to the United States." *Social Problems* 26 (April).

Prieto, Yolanda 1992. "Cuban Women in New Jersey : Gender Relations and Change." In Donna Gabaccia ed., *Seeking Common Ground*, 185–201. Westport, Conn. : Greenwood Press.

Rahman, Aminur 1999. "Micro-credit Initiatives for Equitable and Sustainable Development : Who Pays ?" *World Development* 27, 1 : 67–82.

Rapp, L. 1995. "Toward French Electronic Highways. The New Legal Status of Data Transmissions in France." In L. Rapp ed., *Telecommunications and Space Journal* 2 (Annual Edition) : 231–46.

Reaume, Denise G. 1992. "The Social Construction of Women and the Possibility of Change : Unmodified Feminism Revisited." (Book Review) *Canadian Journal of Women and Law* 5, 2 : 463–83.

Recchini de Lattes, Z., and C. H. Wainerman 1979. "Data from Household Surveys for the Analysis of Female Labor in Latin America and the Caribbean : Appraisal of Deficiencies and Recommendations for Dealing with Them." Santiago : CEPAL.

Reding, Andrew A. 1995. *Democracy and Human Rights in Mexico*. New York : World Policy Institute, World Policy Papers.

Reimers, David M. 1983. "An Unintended Reform : The 1965 Immigration Act and Third World Immigration to the U.S." *Journal of American Ethnic History* 3 (Fall) : 9-28.

Reisman, W. Michael 1990. "Sovereignty and Human Rights in Contemporary International Law." *Am. J. Int'l L.* 84.

Renooy, P. H. 1984. *Twilight Economy : A Survey of the Informal Economy in the Netherlands* (Faculty of Economic Science, Univ. of Amsterdam ed.).

Rodriguez, Nestor P., and J. R. Feagin 1986. "Urban Specialization in the World System." *Urban Affairs Quarterly* 22, 2 : 187-220.

Rosen, Fred, and Deidre McFayden, eds. 1995. *Free Trade and Economic Restructuring in Latin America*. A NACLA Reader. New York : Monthly Review Press.

Rosenau, James N. 1992. "Governance, Order, and Change in World Politics." In Rosenau and Ernst-Otto Czempiel eds., *Governance without Government : Order and Change in World Politics*, 1-29. Cambridge, U.K. : Cambridge University Press.

Rotzer, Florian 1995. *Die Telepolis : Urbanität im Digitalen Zeitalter*. Mannheim : Bollmann.

Ruggie, John Gerard 1993. "Territoriality and Beyond : Problematizing Modernity in International Relations." *International Organization* 47, 1 (Winter) : 139-74.

Safa, H. I. 1995. *The Myth of the Male Breadwinner : Women and Industrialization in the Caribbean*. Boulder, Colo. : Westview Press.

—— 1981. "Runway Shops and Female Employment : The Search for Cheap Labor." *Signs* 7, 2 (Winter) : 418-33.

Salacuse, Jeswald 1991. *Making Global Deals : Negotiating in the International Marketplace*. Boston : Houghton Mifflin [則定隆男・亀田尚己・福田靖訳『実践グローバル交渉——国際取引交渉における障壁とその対策』中央経済社, 1996 年].

Salaff, J. 1981. *Working Daughters of Hong Kong*. New York : Cambridge University Press, ASA Rose Monograph Series.

Salomon, Ilan 1996. "Telecommunications, Cities and Technological Opportunism." *The Annals of Regional Science*, 30 : 75-90.
Sandercock, L. and A. Forsyth 1992. "A Gender Agenda : New Directions for Planning Theory." *APA Journal* 58 : 49-59.
Sassen, Saskia 2001. *The Global City : New York, London, Tokyo* (New Updated Edition). Princeton, N.J. : Princeton University Press.
—— 1999. *Guests and Aliens*. New York : The New Press.
—— 1998. *Globalization and Its Discontents : Essays on the Mobility of People and Money*. New York : The New Press [本書].
—— 1996a-1999. *Losing Control? Sovereignty in an Age of Globalization*. New York : Columbia University Press [伊豫谷登士翁訳『グローバリゼーションの時代——国家主権のゆくえ』平凡社, 1999 年].
—— 1996b. "Analytic Borderlands : Race and Gender in the City." In A. D. King ed., *Re-presenting the City : Ethnicity, Capital and Culture in the 21st-Century*. New York : New York University Press.
—— 1995 a. "Immigration and Local Labor Markets." In A. Portes, ed., *The Economic Sociology of Immigration*, op. cit.
—— 1995b. "The State and the Global City : Notes Toward a Conception of Place-Centered Governance." *Competition and Change* 1 : 1 (本書第 9 章).
—— 1994a. "The Informal Economy : Between New Developments and Old Regulations." *Yale Law Journal* 103, 8 (June) : 2289-2304 (本書第 7 章).
—— 1994b. *Cities in a World Economy*. Thousand Oaks, Calif. : Pine Forge/Sage Press.
—— 1991a. *The Global City : New York, London, Tokyo*. Princeton, N.J. : Princeton University Press.
——1991 b. "The Informal Economy." In John Hull Mollenkopf and Manuel Castells, eds., *Dual City : Restructuring New York*, 101 n. 52. New York : Russell Sage Foundation.
—— 1988. *The Mobility of Labor and Capital : A Study in International Investment and Labor Flow*. Cambridge, U.K. : Cambridge University Press [森田桐郎ほか訳『労働と資本の国際移動——世界都市と移民労働者』岩波書店, 1992 年].
—— 1984a. "The New Labor Demand in Global Cities." In M. P. Smith ed., *Cities in Transformation*, Beverly Hills, Calif. : Sage.
—— 1984b. "Foreign Investment : A Migration Push Factor?" In Bennett and Muller, eds., *Government and Policy* 2 (Nov.) : 399-416. Special Issue

on International Migration. London : Pion.
—— 1982. "Recomposition and Peripheralization at the Core." In *Immigration and Changes in the New International Division of Labor*, 88-100, San Francisco : Synthesis Publications.
—— 1981a. "Toward a Conceptualization of Immigrant Labor." *Social Problems* 29 (Oct.).
—— 1981b. "Exporting Capital and Importing Labor." *Occasional Papers* 28. Center for Latin American and Caribbean Studies, New York University.
—— In progress. *Immigration Policy in a Global Economy : From National Crisis to Multilateral Management.* Under preparation for 20th Century Fund.
—— and B. Orloff 1997. "Trends in Purchases of Services in Multiple Industries over the last Twenty Years." Department of Urban Planning, Columbia University, New York City.
—— and Bradley J. Orlow 1995. "The Growing Service Intensity in Economic Organization : Evidence from the Input Output Tables." Department of Urban Planning, Columbia University, New York City.
—— and M. P. Fernandez-Kelly 1992. "Hispanic Women in the Apparel and Electronic Industries in the New York Metro Region and Southern California" (レヴソン，フォード，ティンカー財団向け最終報告書).
—— and Rob Smith 1992. "Postindustrial Growth and Economic Reorganization : Their Impact on Immigrant Employment." In Jorge A. Bustamante et al., eds., *U. S. -Mexico Relations : Labour Market Interdependence*, 372-93. Stanford : Stanford University Press.
—— and Wendy Grover 1986. *Unregistered Work in the New York Metropolitan Area* (コロンビア大学都市計画学部所蔵，研究報告書).
Sassen-Koob, Saskia 1989. "New York City's Informal Economy." In Portes et al., eds., *The Informal Economy*, 60.
——1987. *The Informal Economy in Low-Income Communities in New York City* (コロンビア大学都市計画学部所蔵，研究報告書).
Scherer, J. 1995. "Regulatory Reform in Germany : Privatizing and Regulating Deutsche Bundespost Telekom." In L. Rapp ed., *Telecommunications and Space Journal* 2 (Annual Edition) : 207-30.
Schmink, M. 1982. "La mujer en la economía en América Latina." Working Papers No. 11. Mexico : The Population Council, Latin America and Caribbean Regional Office (June).
Schwartz, Alex 1992. "The Geography of Corporate Services : A Case

Study of the New York Urban Region." *Urban Geography* 13, 1 : 1–24.

Sclar, Elliot et al. 1988. "The Nonmedallion Tax Industry." In *City Almanac* (Fall).

Shah, N. M., and P. C. Smith 1981. "Issues in the Labor Force Participation of Migrant Women in Five Asian Countries." Working Papers No. 19. East-West Population Institute, East-West Center (Sept.).

Shank, G., ed. 1994. "Japan Enters the 21st Century." A Special Issue of *Social Justice* 21, 2 (Summer).

Shannon, Susan 1999. "The Global Sex Trade : Humans as the Ultimate Commodity." *Crime and Justice International*, May : 5–25.

Shapiro, Martin 1993. "The Globalization of Law." *Indiana Journal of Global Legal Studies* 1 : 37.

Sheets, Robert G. et al. 1987. *The Impact of Service Industries on Underemployment in Metropolitan Economies*. Lexington : Lexington Books.

SIECA 1991a. *III Reunión de la Organización Centroamericana de Migración.* Managua, Nicaragua : SIECA.

—— 1991b. *Antecedentes y Acuerdos de la Comisión Centroamericana de Migración*. Guatemala : OCAM.

Sikkink, Kathryn 1993. "Human Rights, Principled Issue-Networks, and Sovereignty in Latin America." *International Organization* 47 (Summer) : 411–41.

Sinclair, Timothy J. 1994. "Passing Judgment : Credit Rating Processes as Regulatory Mechanisms of Governance in the Emerging World Order." *Review of International Political Economy* 1, 1 (Spring) : 133–58.

Singelmann, J. 1978. *From Agriculture to Services : The Transformation of Industrial Employment*. Beverly Hills and London : Sage.

Singer, P. 1974. "Migraciones internas : consideraciones teóricas sobre su estudio." *Las migraciones internas en América Latina*. Fichas N. 38, Nueva Visión. Argentina.

Smith, David A., and Michael Timberlake 1995. "Cities in Global Matrices : Toward Mapping the World System's City System." In Knox and Taylor, op. cit. 79–97.

Smith, Joan, and Immanuel Wallerstein, eds. 1992. *Creating and Transforming Households : The Constraints of the World-Economy*. Cambridge and Paris : Cambridge University Press and Maison des Sciences de l'Homme.

Social Justice 1993. "Global Crisis, Local Struggles." Special Issue, 20, 3–4 (Fall-Winter).

Solorzano Torres, R. 1983. "Female Mexican Immigrants in San Diego County." Center for U.S.-Mexican Studies, University of California, San Diego. Research in progress.

Sontag, Deborah 1995. "Unlicensed Peddlers, Unfettered Dreams." *N. Y. Times*, June 14.

Soysal, Yasemin Nuhoglu 1994. *Limits of Citizenship : Migrants and Postnational Membership in Europe*. Chicago : University of Chicago Press.

Spain, Daphne 1992. *Gendered Spaces*. Chapel Hill : University of North Carolina Press.

Spelman, Elizabeth V. 1988. *Inessential Woman : Problems of Exclusion in Feminist Thought*. Boston : Beacon Press.

Stanback, T. M., Jr., and T. J. Noyelle 1982. *Cities in Transition : Changing Job Structures in Atlanta, Denver, Buffalo, Phoenix, Columbus (Ohio), Nashville, Charlotte*. New Jersey : Allanheld, Osmun.

Standing, G. 1975. "Aspiration Wages, Migration and Female Employment." ILO : World Employment Programme, Working Paper No. 25 of the Population and Employment Project (Nov.).

Standing, Guy 1999. "Global Feminization through Flexible Labor : A Theme Revisited." *World Development* 27, 3 : 583-602.

Stark, Barbara 1993. "The Other Half of the International Bill of Rights as a Postmodern Feminist Text." In D. G. Dallmeyer, ed., *Reconceiving Reality*.

Stein, Eduardo 1993. "Las dinámicas migratorias en el Istmo Centroamericano en la perspectiva de la integración y el imperativo de la sostenibilidad." *Revista de la OIM sobre Migraciones en América Latin*a 11, 2 (Aug.) : 5-51.

Steiner, Henry J. 1988. "Political Participation as a Human Right" *Harvard Human Rights Yearbook*, 1 (Spring) : 77-134.

Stepick, Alex 1989. "Miami's Two Informal Economy." In Portes et al., eds., *The Informal Economy*, 111.

Stimson, Robert J. 1993. "Processes of Globalisation and Economic Restructuring and the Emergence of a New Space Economy of Cities and Regions in Australia." Presented at the Fourth International Workshop on Technological Change and Urban Form : Productive and Sustainable Cities, Berkeley : California, April 14-16.

Stoewsand, Corinne 1996. "Women Building Cities." Ph. D. dissertation, Department of Urban Planning, Columbia University.

Storper, Michael, and Richard Walker 1989. *The Capitalist Imperative : Ter-*

ritory, Technology, and Industrial Growth. Oxford, U.K. : Blackwell.

Susser, Ida 1982. *Norman Street : Poverty and Politics in An Urban Neighborhood*. New York : Oxford University Press.

Thranhardt Dietrich, ed. 1992. *Europe : A New Immigration Continent*. Hamburg : Lit Verlag〔宮島喬ほか訳『新しい移民大陸ヨーロッパ——比較のなかの西欧諸国・外国人労働者と移民政策』明石書店，1994年〕.

Tilly, Charles, ed. 1975. *The Formation of National States in Western Europe*. Princeton, N.J. : Princeton University Press.

Tinker, I., and M. Bramsen, eds. 1976a. *Women Patterns of Trade in World Industry : An Empirical Study on Revealed Comparison Advantage*. (ID/281) Vienna : UNIDO.

—— and —— 1976b. *Women and World Development*. Washington, D.C. : Overseas Development Council.

Tinker, Irene, ed. 1990. *Persistent Inequalities : Women and World Development*. New York : Oxford University Press.

Todd, Graham 1995. " 'Going Global' in the Semi-Periphery : World Cities as Political Projects. The Case of Toronto." In *World Cities*, op. cit. 192–214.

Torales, Ponciano 1993. *Migración e integración en el Cono Sur. La Experiencia del Mercosur*. Buenos Aires : OIM.

Toussaint, Eric 1999. "Poor Countries Pay More under Debt Reduction Scheme ?" (July). www.twnside.org.sg/souths/twn/title/1921-cn.htm

Trachtman, Joel P. 1993. "International Regulatory Competition, Externalization, and Jurisdiction." *Harvard International Law Journal* 34 : 47.

Trubek, David M., et al. 1993. "Global Restructuring and the Law : The Internationalization of Legal Fields and Creation of Transnational Arenas." Working Paper Series on the Political Economy of Legal Change no. 1. Madison, Wis. : Global Studies Research Program, University of Wisconsin.

—— 1982. *Changing Patterns of Trade in World Industry : An Empirical Study on Revealed Comparative Advantage*. (ID/281) Vienna : UNIDO.

Tyner, James 1999. "The Global Context of Gendered Labor Emigration from the Philipines to the United States." *American Behavioral Scientist* 42, 40 : 671–94.

UNIDO 1980. *Export Processing Zones in Developing Countries*. New York : UNIDO.

—— 1979. *World Industry Since 1960 : Progress and Prospects*. (ID/229) Vienna : UNIDO.

United Nations 1948. *Universal Declaration of Human Rights*. G. A. Res 217 (111), U. N. Doc A810.

United Nations 1996. *World Population Monitoring 1993. With a Special Report on Refugees*. New York : UN Department for Economic and Social Information and Policy Analysis, Population Division.

United Nations Conference on Trade and Development, Program on Transnational Corporations (UNCTC) 1993. *World Investment Report 1993 : Transnational Corporations and Integrated International Production*. New York : United Nations.

—— 1992. *World Investment Report 1992 : Transnational Corporations as Engines of Growth*. New York : United Nations.

U.S. Department of Commerce, Bureau of the Census 1983. Census of Population 1980. *Characteristics of the Population. General and Social Characteristics. U.S. Summary*. Washington, D.C.

U.S. Department of Labor 1992. *The Underground Economy in the United States*, Occasional Paper Series on the Informal Sector, No. 2 : 11.

Waldinger, Roger, and Greta Gilbertson 1994. "Immigrants' Progress : Ethnic and Gender Differences Among U.S. Immigrants in the 1980s." *Sociological Perspectives* 37, 3 : 431–44.

Wallerstein, Immanuel 1990. "Culture as the Ideological Battleground of the Modern World-System." In Mike Featherstone, ed., *Global Culture : Nationalism, Globalization and Modernity*. London : Sage.

—— 1974. *The Modern World System*, vol. 1. New York : Academic Press [川北稔訳『近代世界システム——農業資本主義と「ヨーロッパ世界経済」の成立』(全2冊), 岩波書店, 1981年].

Ward, Kathryn 1999. "Women and the Debt." Paper presented at the Colloquium on Globalization and the Debt, Emory University (Atlanta).

—— ed. 1990. *Women Workers and Global Restructuring*. Ithaca, N.Y. : ILR Press.

—— and Jean Pyle 1995. "Gender, Industrialization and Development." In Christine E. Bose, and Edna Acosta-Belen, eds., *Women in the Latin American Development Process : From Structural Subordination to Empowerment*, 37–64. Philadelphia : Temple University Press.

Warren, R. and J. S. Passel 1983. "Estimates of Illegal Aliens from Mexico Counted in the 1980 U. S. Census." Washington, D.C. : Bureau of the Census, Population Division.

Weil, Patrick 1991. *La France et ses étrangers*. Paris : Calmann-Levy.

Weiner, Myron 1995. *The Global Migration Crisis : Challenge to States and*

to Human Rights. New York : Harper Collins［内藤嘉昭訳『移民と難民の国際政治学』明石書店，1999年］.
Wheeler, James O. 1986. "Corporate Spatial Links with Financial Institutions : The Role of the Metropolitan Hierarchy." *Annals of the Association of American Geographers* 76, 2 : 262-74.
WIDE. Multiple Issues. *Bulletin*. Network Women in Development Europe.
Williams, Joan 1996. "Restructuring Work and Family Entitlements Around Family Values." *Harvard Law Journal Public Policy* 19 : 753.
Wong, A. K. 1980. *Economic Development and Women's Place : Women in Singapore. International Reports : Women and Society*. London : Change.
World Bank Staff 1975. "Internal Migration in Less Developed Countries." Washington, D.C. : International Bank for Reconstruction and Development, Bank Staff Working Paper No. 215. Prepared by L. Y. L. Yap (Sept.).
Yamanaka, K. 1991. *Asian and Latin American Workers in Japan : Should Japan Open the Unskilled Labor Market?* Iowa : Department of Sociology, Grinnell College.
Yeoh, Brenda, Shirlena Huang, and Joaquin Gonzalez III 1999. "Migrant Female Domestic Workers : Debating the Economic, Social and Political Impacts in Singapore." *International Migration Review* 33, 1 : 114-36.
Young, Alma H., and Jyaphia Christos-Rodgers 1995. "Resisting Racially Gendered Space : The Women of the St. Thomas Resident Council, New Orleans." In Michael Peter Smith ed., *Marginal Spaces*, Comparative Urban and Community Research 5 : 95-112.
Young, O. R. 1989. *International Cooperation : Building Regimes for Natural Resources and the Environment*. Ithaca, N.Y. : Cornell University Press.
Youssef, N. H. 1974. "Women and Work in Developing Societies." University of California, Berkeley, Institute of International Studies.
Zhou, Min 1992. *Chinatown*. Philadelphia : Temple University Press.
Zlolniski, Christian 1994. "The Informal Economy in an Advanced Industrial Society : Mexican Immigrant Labor in Silicon Valley." *Yale L. J.* 103 : 2305.
Zolberg, Aristide R. 1990. "The Roots of U.S. Refugee Policy." In R. Tucker, Charles B. Keely, and L. Wrigley eds., *Immigration and U.S. Foreign Policy*. Boulder, Colo. : Westview Press.